ESG
Teoria e prática para a verdadeira sustentabilidade nos negócios

www.saraivaeducacao.com.br
Visite nossa página

ANA CLÁUDIA RUY CARDIA ATCHABAHIAN

ESG
Teoria e prática para a verdadeira sustentabilidade nos negócios

DADOS INTERNACIONAIS DE CATALOGAÇÃO NA PUBLICAÇÃO (CIP)
VAGNER RODOLFO DA SILVA – CRB-8/9410

A863e	Atchabahian, Ana Cláudia Ruy Cardia
	ESG Teoria e prática para a verdadeira sustentabilidade nos negócios / Ana Cláudia Ruy Cardia Atchabahian. – 1. ed. – São Paulo : Saraiva Jur, 2024.
	248 p.
	ISBN: 978-85-5362-054-8 (impresso)
	1. Direito. 2. ESG. 3. Sustentabilidade. 4. Negócios. I. Título.
2023-2992	CDD 340
	CDU 34

Índices para catálogo sistemático:

1. Direito — 340
2. Direito — 34

Av. Paulista, 901, Edifício CYK, 4º andar
Bela Vista – São Paulo – SP – CEP 01310-100

 sac.sets@saraivaeducacao.com.br

Diretoria executiva	Flávia Alves Bravin
Diretoria editorial	Ana Paula Santos Matos
Gerência de produção e projetos	Fernando Penteado
Gerência de conteúdo e aquisições	Thais Cassoli Reato Cézar
Gerência editorial	Livia Céspedes
Novos projetos	Aline Darcy Flôr de Souza
	Dalila Costa de Oliveira
Edição	Ana Carolina Gomes
	Samantha Rangel
Design e produção	Jeferson Costa da Silva (coord.)
	Verônica Pivisan
	Alanne Maria
	Lais Soriano
	Rosana Peroni Fazolari
	Tiago Dela Rosa
Planejamento e projetos	Cintia Aparecida dos Santos
	Daniela Maria Chaves Carvalho
	Emily Larissa Ferreira da Silva
	Kelli Priscila Pinto
Diagramação	Fernanda Matajs
Revisão	Elaine Pires
Capa	Lais Soriano
Produção gráfica	Marli Rampim
	Sergio Luiz Pereira Lopes
Impressão e acabamento	Gráfica Paym

Data de fechamento da edição: 20-2-2024

Dúvidas? Acesse www.saraivaeducacao.com.br

Nenhuma parte desta publicação poderá ser reproduzida por qualquer meio ou forma sem a prévia autorização da Saraiva Educação. A violação dos direitos autorais é crime estabelecido na Lei n. 9.610/98 e punido pelo art. 184 do Código Penal.

| CÓD. OBRA | 714402 | CL | 608846 | CAE | 854378 |

OP 236241

*Para Alexi, Martin Francisco e Mushi: meus
combustíveis sustentáveis de amor inenarrável.*

Agradecimentos

A primeira publicação deste livro nasceu junto com um filho de carne e osso. Duas semanas antes do nascimento de meu primeiro filho, recebi da Editora Saraiva, nas pessoas das queridas Dalila e Aline, o convite para escrever uma obra exclusiva sobre ESG para a Coleção Expressa, em formato de *e-book*. Lisonjeada com a lembrança de meu nome, aceitei participar desta empreitada, mas com um pedido: o de que pudesse ter um prazo maior para a escrita e para a pesquisa em função de minha licença-maternidade.

Eis que a resposta não poderia ter sido mais satisfatória. Todos(as) da Editora compreenderam meu pedido e me apoiaram para que a entrega da versão final deste livro que hoje é público ocorresse em um momento mais confortável para mim e, principalmente, para o meu filho de carne e osso.

O mesmo ocorreu com a primeira publicação no formato físico: a atualização deste trabalho também se deu em momento pessoal e profissional bastante desafiador para esta que vos escreve. Atualizar um livro é infinitamente mais complexo do que escrever um material do zero, sobretudo em uma temática em franca expansão como a agenda ESG no Brasil e no mundo. É necessária uma revisão de conceitos, de teses e até mesmo de percepções pessoais obtidas a partir de novos trabalhos, novas consultorias e novos cursos lecionados. Foi graças à compreensão e ao apoio de todos(as) da Editora Saraiva que meu livro completamente atualizado pôde chegar às suas mãos.

Para quem se pergunta por que escrevo essas histórias nestes agradecimentos deixo claro: o conceito de proteção ao meio ambiente, à sociedade e de governança, constante da sigla ESG – que dá nome a este livro –, perpassa justamente a compreensão de que todos(as) somos um. O entendimento de que vivemos em um planeta finito, de que somos nós, pessoas, quem damos o tom para a sociedade e para as relações sociais e de consumo e que, finalmente, a parametrização de todos esses fatores apenas reflete as escolhas que fazemos como sociedade.

Assim, a gentileza e a compreensão plena de todos(as) da Editora Saraiva para com a minha condição nos momentos de escrita foram essenciais para que eu pudesse dar continuidade aos meus trabalhos e à minha carreira, assim como a Saraiva Educação pudesse ter sucesso com mais uma publicação de qualidade. Todos ganham, o planeta ganha e, principalmente, você leitor(a).

Espero que as palavras e os conceitos aqui trazidos possam despertá-lo(a) para atitudes de gentileza para com o planeta e para com o próximo, sobretudo no âmbito de suas atividades laborais e corporativas. Um mundo melhor e mais sustentável definitivamente começa com cada um(a) de nós, e o conhecimento de qualidade é o que nos liberta para esse fim.

Além da Editora Saraiva, agradeço ao meu companheiro de tudo, Alexi. Sem seu apoio, esta obra jamais seria uma realidade. Obrigada por mais uma vez estar ao meu lado para ver este novo filho nascer. Seguimos voando juntos!

Para Martin Francisco e Mushi: meu coração bate no ritmo do de vocês em todos os segundos! Que as palavras aqui escritas, hoje por vocês não compreendidas, possam um dia confirmar meu ensinamento: o de que exemplo e texto devem sempre caminhar juntos.

Por fim, agradeço a todos(as) aqueles(as) que contribuíram para que esta obra pudesse se tornar uma realidade, seja por meio de conversas sobre ESG, seja pela troca de materiais e de conceitos nos mais variados eventos, cursos, consultorias e trabalhos sobre o tema nos últimos anos. À ex-aluna e colega Bruna Carolina Ribeiro Dueñas – que me auxiliou com pesquisas pontuais na primeira edição em formato digital desta obra durante minha licença-maternidade – deixo expressa minha eterna gratidão pela parceria, carinho e amizade.

Desejo-lhes uma boa e proveitosa leitura!

Um grande abraço,

Ana Cláudia Ruy Cardia Atchabahian
São Paulo, fevereiro de 2024.

Prefácio à nova edição

Evolução e amadurecimento. É assim que defino o processo de elaboração desta obra. Quando concluí a primeira edição em formato digital, em abril de 2022, sabia que tinha em mãos um material rico sobre ESG. Hoje, em 2024, pude ter a certeza de como não apenas a agenda ESG evoluiu em tão pouco tempo, mas também como eu, profissional da área que sou, pude avançar em meu entendimento e prática sobre muitos temas então analisados.

A nova edição que ora se apresenta traz alguns conceitos revisitados – e não por equívocos teóricos, mas sim por novas percepções de uma temática em franca expansão e avanço normativo e cultural. O primeiro deles se encontra na compreensão de que a agenda ESG hoje transcende o segundo pilar dos Princípios Orientadores da ONU sobre Empresas e Direitos Humanos, sobretudo a partir da implementação de novos arcabouços normativos estatais e supranacionais que obrigam empresas a se adequarem às temáticas ambientais e de direitos humanos não somente em suas atividades principais, mas também em suas respectivas cadeias produtivas, sob pena de responsabilização e exposição negativa na mídia, na percepção dos consumidores e nas bolsas de valores.

Outro ponto relevante e de grande atenção se dá no capítulo sobre governança, que ganha cores especiais com as novas normas de reporte e os novos casos de exposição pública e responsabilização de empresas que não somente não apresentaram gestão efetivamente transparente, mas que também propagandearam medidas inverídicas aos seus acionistas, colaboradores e consumidores no Brasil e em distintas jurisdições, além de desafios novos, como os impactos da inteligência artificial (IA) nos processos corporativos.

São dignos de nota também os avanços na agenda ambiental – com a implementação de medidas cada vez mais avançadas e novos consensos sobre a urgência de encontrar soluções para a emergência climática vivida pela humanidade – estampados em uma crescente de regulação e autorregulação.

A nova edição ainda ganha um capítulo inteiramente renovado sobre finanças sustentáveis, que abrange os avanços normativos e regulatórios nacionais e internacionais mais recentes sobre o tema, bem como apresenta visão crítica sobre a integração da sustentabilidade nos mercados financeiro e de capitais.

O capitalismo de *stakeholders* nunca esteve tão vivo! A sociedade nunca esteve diante de tamanha evolução na integração entre a proteção socioambiental/climática e os negócios, de forma que a atualização desta obra não poderia ter ocorrido em momento mais oportuno. Dois anos podem parecer pouco tempo, mas quando se busca diuturnamente a melhoria e a evolução necessárias aos direitos humanos e ao meio ambiente a partir da atividade corporativa, definitivamente há muito o que acrescentar.

Para os(as) entusiastas da agenda ESG, desejo-lhes frutífera leitura e lhes garanto que, assim como na primeira edição no formato digital, vocês estão diante de rico e completo material sobre o tema.

Até a próxima edição e, felizmente, aos novos avanços nesta temática tão instigante e desafiadora!

Prefácio

CACÁ TAKAHASHI
Chairman da BlackRock no Brasil, CEO da Monte Capital Management, e Vice-Presidente da ANBIMA e Coordenador da Rede de Sustentabilidade

A disseminação do tema Sustentabilidade e do acrônimo ESG (Ambiental, Social e Governança), adotado pelo Mercado Financeiro, vem passando por um processo de aceleração sem precedentes nos últimos anos.

De um tema protagonizado e vocalizado pelos ambientalistas engajados em alertar os governos e a sociedade civil sobre os riscos do aquecimento global, decorrente do uso indiscriminado de combustíveis fósseis e derivados poluentes, até o envolvimento do setor privado e do mercado financeiro, foram algumas décadas de muita persistência, resiliência e, por que não, obstinação.

O aprofundamento no conhecimento sobre o assunto, até então dominado pelas questões ambientais, fez emergir a necessidade de incluir os pilares social e de governança, nivelando a relevância de cada umas das dimensões, colocando-as no mesmo patamar, contemplando a sustentabilidade de uma forma ampla e conferindo a imprescindível intersecção entre todas.

A emergência em restabelecer as condições essenciais de vida em nosso planeta tem de passar, necessariamente, pela justiça social e por práticas éticas.

Diversos acordos e protocolos foram celebrados ao longo dos anos, visando estabelecer objetivos e metas para chegar a um nível de temperatura apropriado para a preservação das condições climáticas do planeta, a exemplo dos Acordos de Paris e do Protocolo de Kyoto, que estabeleceram metas específicas de redução da emissão de gases poluentes para esse propósito.

Ao mesmo tempo, mais recentemente, as preocupações relacionadas em reduzir as desigualdades sociais existentes no mundo foram tratadas pela ONU por meio da definição de norteadores para atingir a dignidade e a qualidade de vida para todos os seres humanos, sem comprometer o meio ambiente e promovendo o Desenvolvimento Sustentável, contemplado na Agenda 2030 e consubstanciado nos 17 Objetivos de Desenvolvimento Sustentável (ODS).

Metas, diretrizes, compromissos e acordos são essenciais quando temos propósitos e objetivos desafiadores. Estamos, na verdade, tratando de uma nova sociedade e de uma nova economia.

A travessia para essa nova economia, ambientalmente mais limpa e socialmente mais justa, demanda e demandará investimentos expressivos, trazendo um novo paradigma de riscos e oportunidades.

Matrizes tradicionais de mensuração e precificação de riscos terão de ser revistas diante dessa nova realidade, na qual os desastres climáticos, a inobservância de comportamentos éticos e as atitudes discriminatórias poderão acarretar severos custos financeiros e reputacionais.

Da mesma forma, a busca por fontes alternativas de energia limpa e eficiente e novas formas de produzir por meio do uso adequado dos recursos naturais demandarão novas tecnologias, criatividade e inovação, trazendo grandes oportunidades para a realização dessa transição.

Compreender a transição para uma economia ambientalmente limpa e socialmente justa requer uma nova compreensão de riscos e oportunidades.

A maior visibilidade e o aprofundamento dos conhecimentos sobre investimentos sustentáveis têm proporcionado o crescimento de ativos e produtos financeiros com objetivos ESG específicos ou integrando tais fatores à sua gestao.

Visando à proteção dos investidores e, ao mesmo tempo, garantir o crescimento desse novo mercado de forma consistente e segura, reguladores e autorreguladores têm exercido, cada vez mais, um papel de grande importância no estabelecimento de regras e orientações tanto principiológicas quanto prescritivas para evitar práticas inadequadas e enganosas, também conhecidas como *greenwashing*.

Requisitos informacionais também têm contribuído para conferir maior transparência, auxiliando na construção de históricos e possibilitando maior comparabilidade entre os ativos.

O engajamento e as ações dos diversos *stakeholders* têm sido cruciais para o fortalecimento do ESG.

Nenhuma transição de tamanha magnitude, como o advento dos princípios ESG, ocorre de forma linear e previsível. Eventos atuais, como a pandemia de COVID-19 e os conflitos geopolíticos, ora têm acelerado a agenda, ora tem desacelerado, em função das prioridades de curtíssimo prazo que não podem deixar de ser tratadas.

Iniciando pelo processo de sensibilização e passando pelo estágio de conhecimento, me parece que estamos perto de entrar no estágio da consciência e da convicção.

Contudo, temos de seguir persistindo no contínuo aprofundamento dos conhecimentos e na disseminação de todo os nossos aprendizados, para que o que hoje é transição se torne realidade imutável e inegociável, e consigamos resgatar o nosso planeta, construindo uma nova economia limpa e regenerativa em uma sociedade justa, igualitária e inclusiva.

Pra que amanhã não seja só um ontem com um novo nome.
Emicida ("AmarElo")

Sumário

Agradecimentos VII
Prefácio à nova edição IX
Prefácio XI
Lista de siglas e abreviaturas XXI

INTRODUÇÃO
Afinal, o que é ESG? 1
Por que hoje tanto se fala em ESG? 5
A abordagem do tema na presente obra 11

Capítulo 1
A URGENTE PROTEÇÃO AMBIENTAL NA AGENDA ESG
1.1. O "E" da questão: as mudanças climáticas e os impactos ao meio ambiente.. 13
1.2. Esforços estatais voltados à proteção ambiental em âmbito internacional, supranacional e doméstico: adaptação, resiliência e transparência 18
1.3. O posicionamento político, normativo e estratégico brasileiro no enfrentamento às mudanças climáticas 29
1.4. O papel das empresas no alcance de uma economia verde 40
    1.4.1. Mercados de créditos de carbono 41
    1.4.2. Economia circular 43
    1.4.3. Soluções baseadas na natureza (*Nature-based Solutions*) ... 45
    1.4.4. Integração da tecnologia e da inteligência artificial (IA) nos processos produtivos 47
    1.4.5. Parcerias e programas privados em prol de um planeta mais sustentável 48
1.5. Desafios e tendências para a implementação de programas corporativos de enfrentamento à crise climática 50
1.6. Justiça climática e litigância climática: empresas e Estados no banco dos réus 54

Capítulo 2
O "S": SOBRE PESSOAS

2.1. Breves apontamentos sobre o desenvolvimento internacional da agenda de Empresas e Direitos Humanos e seus impactos para o Brasil.. 61

2.2. A proteção aos direitos humanos dos(as) trabalhadores(as): condições laborais dignas para os(as) contratados(as) diretos(as) e sua extensão para toda a cadeia produtiva.................... 65

2.3. A essencialidade dos programas de diversidade, equidade e inclusão para o alcance do "S"... 72

    2.3.1. Gênero: inclusão justa e equitativa de metade da população mundial no mercado de trabalho........................ 75

    2.3.2. Raça, etnia e cor: superando as barreiras do racismo estrutural e institucional... 81

    2.3.3. Orientação sexual e identidade de gênero: a proteção aos grupos LGBTQIAPN+.. 84

    2.3.4. Pessoas com deficiência nos programas de ESG............... 86

    2.3.5. Migrantes e refugiados no mercado de trabalho nacional.. 88

    2.3.6. O etarismo e a sustentabilidade das relações intergeracionais.. 90

    2.3.7. A urgente inclusão laboral de povos indígenas................. 92

    2.3.8. Breves conclusões: empoderamento para a inclusão........ 93

2.4. A proteção aos direitos humanos dos consumidores: como evitar a falácia sustentável e garantir a prosperidade econômica em uma sociedade de consumo... 94

2.5. A proteção aos direitos humanos das comunidades afetadas pela atividade corporativa: a importância da atuação preventiva e da mitigação de riscos e impactos... 98

2.6. Uma tendência para o ESG: a *due diligence* em direitos humanos.. 104

Capítulo 3
O PREÇO DA TRANSFORMAÇÃO ESG: AS FINANÇAS SUSTENTÁVEIS

3.1. Introdução às finanças sustentáveis: aspectos internacionais públicos e privados 116

3.2. *Disclosure* de informações: peça-chave na transparência das finanças sustentáveis... 118

    3.2.1. O papel da IOSCO 119

3.2.2. *Global Reporting Initiative* (GRI): relevância global para o reporte de informações voltadas à sustentabilidade 120
3.2.3. *Carbon Disclosure Project* (CDP) e o *Climate Disclosure Standards Board* 122
3.2.4. *International Integrated Reporting Council* (IIRC), *Sustainability Accounting Standards Board* (SASB) e a formação da *Value Reporting Foundation* (VRF) 123
3.2.5. Uma força-tarefa para as finanças sustentáveis: a *Task Force on Climate-Related Financial Disclosures* (TCFD) 124
3.2.6. A crescente importância da *Taskforce on Nature-related Financial Disclosure* (TNFD) para os padrões de reporte .. 126
3.2.7. A consolidação de um caminho de padronização: o papel da *International Financial Reporting Standards Foundation* (IFRS) e do *International Sustainability Standards Board* (ISSB) 127
3.3. O desenvolvimento das finanças sustentáveis na União Europeia e os impactos da SEC norte-americana: importantes desincentivos ao *greenwashing* para as empresas de todo o planeta 129
3.4. O Brasil na esteira das finanças sustentáveis 135
3.4.1. Gerenciamento de riscos ESG pelo Banco Central e pelo Conselho Monetário Nacional 137
3.4.2. Comissão de Valores Mobiliários (CVM) e a regulação das finanças sustentáveis.. 139
3.4.3. Sustentabilidade na indústria de seguros brasileira.......... 141
3.4.4. A atuação da ANBIMA... 141
3.4.5. O Novo Mercado e os índices de sustentabilidade na Bolsa de Valores brasileira 143
3.5. Caminhos para a evolução das finanças sustentáveis no Brasil e no mundo 145

Capítulo 4
FECHANDO O CICLO E CRIANDO UM CÍRCULO VIRTUOSO: OS DESAFIOS DA GOVERNANÇA CORPORATIVA NA ERA DO ESG
4.1. Definindo a matriz de materialidade da empresa e seus indicadores-chave de *performance* (KPIs): passos essenciais para uma governança responsável... 154
4.2. Selos, certificações e guias setoriais relevantes para a prática ESG: um convite à tomada de consciência corporativa................ 157

4.3. Reporte de informações: resultado de práticas de conformidade
     orientadas à agenda ESG 162
4.4. Desafios à efetiva governança corporativa para a sustentabilidade. 165

Conclusão 171

Referências 175

Lista de siglas e abreviaturas

ABNT – Associação Brasileira de Normas Técnicas
ADPF – Arguição de Descumprimento de Preceito Fundamental
AIDH – Avaliação dos Impactos em Direitos Humanos
ANBIMA – Associação Brasileira das Entidades dos Mercados Financeiro e de Capitais
ASG – Ambiental, Social, Governança
B3 – Bolsa de Valores de São Paulo
BCB – Banco Central do Brasil
BID – Banco Interamericano de Desenvolvimento
BNDES – Banco Nacional de Desenvolvimento Econômico e Social
BTAR – *Banking Book Taxonomy Alignment Ratio*
CBAM – *Carbon Border Adjustment Mechanism*
CDC – Código de Defesa do Consumidor
CDH-ONU – Conselho de Direitos Humanos das Nações Unidas
CDP – *Carbon Disclosure Project*
CEBDS – Conselho Empresarial Brasileiro para o Desenvolvimento Sustentável
CEO – *Chief Executive Officer*
CER – Conduta Empresarial Responsável
CIM – Comitê Interministerial sobre Mudança do Clima
CLT – Consolidação das Leis do Trabalho
CMN – Conselho Monetário Nacional
CNPJ – Cadastro Nacional da Pessoa Jurídica
CO_2 – Gás carbônico
COP-26 – Conferência das Nações Unidas sobre Mudanças Climáticas 26
COVID-19 ou COVID – Pandemia de SARS-COVID-19
CPF – Cadastro de Pessoas Físicas
CSDDD ou CS3D – *Corporate Sustainability Due Diligence Directive*
CSRD – *Corporate Sustainability Reporting Directive*
CVM – Comissão de Valores Mobiliários

DEI – Diversidade, Equidade e Inclusão
DJSI – *Dow Jones Sustainability Index*
ECO-92 – Cúpula da Terra – Conferência das Nações Unidas sobre o Meio Ambiente e Desenvolvimento (CNUMAD)
EFRAG – *European Financial Reporting Advisory Group*
EGR – Estrutura de Gestão de Riscos
EPANB – Estratégia e Plano de Ação Nacionais para a Biodiversidade
ESG – *Environmental, Social, Governance*
ETS – *Emissions Trading System*
FEBRABAN – Federação Brasileira de Bancos
Fundo Clima – Fundo Nacional sobre Mudança do Clima
GAR – *Green Asset Ratio*
GEE – Gases do Efeito Estufa
GHG – *Greenhouse Gases*
GRI – *Global Reporting Initiative*
HRIA – *Human Rights Impact Assessment*
IA – Inteligência Artificial
IASC – *International Accounting Standards Committee*
IBASE – Instituto Brasileiro de Análises Sociais e Econômicas
IBGC – Instituto Brasileiro de Governança Corporativa
IBGE – Instituto Brasileiro de Geografia e Estatística
ICMA – *International Capital Market Association*
ICMM – *International Council on Mining and Metals* ou Conselho Internacional de Mineração e Metais
ICO2 B3 – Índice Carbono Eficiente
IDEC – Instituto Brasileiro de Defesa do Consumidor
IFC – *International Finance Corporation*
IFRS Foundation – *International Financing Reporting Standards Foundation*
IGC – Índice de Ações com Governança Corporativa Diferenciada
IGC-NM – Índice de Governança Corporativa – Novo Mercado
IGCT – Índice de Governança Corporativa *Trade*
IIRC – *International Integrated Reporting Council*
IOSCO – *International Organization of Securities Commissions*
IPCC – *Intergovernmental Panel on Climate Change*
IPIECA – *International Petroleum Industry Environmental Conservation Association*

Lista de siglas e abreviaturas

ISE B3 – Índice de Sustentabilidade Empresarial da Bolsa de Valores de São Paulo (B3)
ISO – *International Organization for Standardization*
ISSB – *International Sustainability Standards Board*
ITAG – Índice de Ações com *Tag Along* Diferenciado
KPI – *Key Performance Indicator*
LAB – Laboratório de Inovação Financeira
LGBTQIAPN+ – Lésbicas, Gays, Bissexuais, Transexuais, Queer, Intersexo, Assexuais, Pansexuais e não Binários, sendo o "+" definidor de outros grupos e variações de sexualidade e identidade de gênero
LGPD – Lei Geral de Proteção de Dados
LKSG – *Gesetz über die unternehmerischen Sorgfaltspflichten in Lieferketten*
LSE – *London School of Economics*
MCR – Manual de Crédito Rural
MDIC – Ministério do Desenvolvimento, Indústria, Comércio e Serviços
MSCI – *Morgan Stanley Capital International*
NBS – *Nature-based Solutions*
NFRD – *Non-Financial Reporting Directive*
OCDE – Organização para Cooperação e Desenvolvimento Econômico
ODS – Objetivos de Desenvolvimento Sustentável
OIT – Organização Internacional do Trabalho
OMS – Organização Mundial da Saúde
ONG – Organização não Governamental
ONU – Organização das Nações Unidas
PAC – Programa de Aceleração do Crescimento
PcD – Pessoa com deficiência
PIB – Produto Interno Bruto
PINSA – Política Nacional de Pagamento por Serviços Ambientais
PL – Projeto de Lei
PNUMA – Programa das Nações Unidas para o Meio Ambiente
PPA – Plano Plurianual da União
PREVIC – Superintendência Nacional de Previdência Complementar
PRI – *Principles for Responsible Investment*
PRS – Patrimônio de Referência Simplificado
PRSAC – Política de Responsabilidade Social, Ambiental e Climática

REDD+ – Redução das emissões para desmatamento e degradação florestal (*Reducing emissions from deforestation and forest degradation*)
Relatório GRSAC – Relatório de Riscos e Oportunidades Sociais, Ambientais e Climáticas
RFM – *Responsible Mining Foundation*
SASB – *Sustainability Accounting Standards Board*
SBN – Soluções Baseadas na Natureza
SBTI – *Science-Based Targets Initiative*
SBTN – *Science Based Targets Network*
SCE – Sistema de Comércio de Emissões
SCI – Sistema de Controles Internos
SEBRAE – Serviço Brasileiro de Apoio às Micro e Pequenas Empresas
SEC – *U.S. Securities and Exchange Commission*
S&P DJI – *Standard & Poor's* e *Dow Jones Industrial Average*
SFDR – Regulamento UE n. 2019/2088, *Sustainable Finance Disclosure Regulation*
STF – Supremo Tribunal Federal
SUSEP – Superintendência de Seguros Privados
TCFD – *Task Force on Climate-Related Financial Disclosure*
TNFD – *Taskforce on Nature-related Financial Disclosure*
UE – União Europeia
UICN – União Internacional para a Conservação da Natureza
UNEP FI – *United Nations Environment Programme Finance Initiative*
VRF – *Value Reporting Foundation*
WRI – *World Resources Institute*
WWF – *World Wide Fund for Nature*

Introdução

AFINAL, O QUE É ESG?

Environmental, Social, Governance. Três palavras que, juntas, compõem a sigla mais reconhecida pelo universo corporativo na atualidade: ESG. Preocupações com o meio ambiente e com o endereçamento dos impactos das mudanças climáticas, com o aspecto social em sentido amplo e com os novos traços da chamada governança corporativa estão hoje na pauta das discussões mais profundas sobre o futuro das empresas e do próprio capitalismo global.

No Brasil, apesar de o acrônimo ser um pouco diferente em função da tradução dos termos para o português (sendo, portanto, ASG – ambiental, social e governança), a utilização da sigla ESG é majoritária, sendo essa também uma tendência nos negócios nacionais cujo imperativo de aplicabilidade é irreversível.

Para que a definição de seu conteúdo seja efetivamente válida, é necessário, em um primeiro momento, determinar o que não se constitui como ESG, bem como quais são as implicações de uma análise holística[1] de sua essência.

O emprego de tais medidas ainda é voluntário por parte dos movimentos empresariais, para além do existente e já disposto nas normas nacionais e internacionais de governança ambiental, social e corporativa – inclusive em franca expansão, como se verá neste livro. Sendo assim, é interessante avaliar brevemente seu enquadramento histórico para compreensão de sua evolução nos planos interno e internacional.

A primeira menção à sigla ESG se deu com o relatório *Who Cares Wins: Connecting Financial Markets to a Changing World*, elaborado pelo

---

[1] CARDIA A., Ana Cláudia Ruy. **Agenda 2030, sustentabilidade e a proteção aos direitos humanos**: chegou a hora de modernizar a função social da empresa. JOTA. 2020. Disponível em: <https://www.jota.info/opiniao-e-analise/artigos/agenda-2030-sustentabilidade-e-a-protecao-aos-direitos-humanos-28022020>. Acesso em: 25 jan. 2022.

Pacto Global² em 2004³ em parceria com instituições financeiras domésticas e globais, marcando um momento em que o mercado passou a se debruçar com mais cuidado sobre as questões ambientais e sociais na perspectiva corporativa para além da mera obtenção de lucro. Até então, a nomenclatura empresarial indicada para as atividades voluntárias era tida por responsabilidade social corporativa (*corporate social responsibility*)⁴, que tinha por pressupostos tão-somente atividades dedicadas à filantropia – e que atualmente não se confundem com a agenda ESG.

Naquele momento, contudo, a agenda ESG foi construída para empresas que tivessem alguma relação com o mercado financeiro e de capitais. Em outras palavras, a visão crítica existente e amplamente difundida era a de que ESG seria uma espécie de roupagem agradável para as empresas de capital aberto seguirem justificando seus ganhos demasiados, mas sem efetiva transformação de cultura corporativa em prol do planeta e da sociedade – validando o chamado "capitalismo de *shareholders*" (ou capitalismo de acionistas)⁵. A mudança de rota atualmente constatada, assim como o desenvolvimento da temática em suas mais variadas vertentes sociais e sua perspectiva evolutiva à luz de uma agenda de riscos prova, no entanto, que somente sua gênese se voltou a um determinado grupo (acionistas), mas que sua essência é, definitivamente, comum (humanidade), como se verá adiante.

Sob um olhar de Empresas e Direitos Humanos – ramo do Direito voltado ao estudo das violações aos direitos humanos praticadas por

---

² O Pacto Global, instituído pela Organização das Nações Unidas em 2000, é a maior iniciativa voluntária corporativa do planeta para a observância de princípios de proteção ambiental, direitos humanos e governança, com redes localizadas em diferentes jurisdições. KINLEY, David; TADAKI, Junko. From talk to walk: the emergence of human rights responsibilities for corporations at international law. **Virginia Journal of International Law**, v. 44, n. 4, p. 931-1023, 2004. AMAO, Olufemi. **Corporate social responsibility, human rights and the law**: multinational corporations in developing countries. Nova Iorque: Routledge, 2011.
³ THE GLOBAL COMPACT. **Who Cares Wins**: connecting financial markets to a changing world. Recommendations by the financial industry to better integrate environmental, social and governance issues in analysis, asset management and securities brokerage. 2005. Disponível em: <https://pt.scribd.com/fullscreen/16876740?access_key=key-16pe23pd759qalbnx2pv>. Acesso em: 24 jan. 2022.
⁴ RASCHE, A.; WADDOCK, S. The UN Guiding Principles on Business and Human Rights: implications for corporate social responsibility research. **Business and Human Rights Journal**. v. 6, n. 2, p. 227-240, 2021.
⁵ FRIEDMAN, Milton. The social responsibility of business is increase its profits. **The New York Times Magazine**. Nova Iorque: The New York Times Company, 1970.

corporações em todo o planeta e de formas judiciais e extrajudiciais de remediá-las, o qual *não* deve ser lido como sinônimo de ESG[6], – a agenda ESG ainda se enquadra de maneira mais robusta no chamado segundo pilar dos Princípios Orientadores da Organização das Nações Unidas (ONU) sobre Empresas e Direitos Humanos ("Princípios Orientadores", "Princípios Orientadores da ONU" ou "Princípios Ruggie", este último em homenagem ao seu idealizador)[7], apesar de seus avanços mais recentes também demandarem um olhar cada vez maior para os primeiro e o terceiro pilar.

Os Princípios Orientadores, internacionalmente reconhecidos como a pedra angular da conexão entre a atividade corporativa e os direitos humanos[8], foram estabelecidos em 2011 perante a Organização das Nações Unidas e determinam a existência de três relevantes pilares de integração, a saber: (i) um primeiro pilar, voltado à atuação de Estados para o estabelecimento de regras vinculantes ou adesão a tratados que regulem e parametrizem os impactos da atividade empresarial em seus respectivos territórios e, consequentemente, a proteção aos direitos humanos (Proteger); (ii) um segundo pilar, de responsabilidade das empresas, de adaptar suas atividades à proteção aos direitos humanos e ao meio ambiente conforme as normas das jurisdições em que se encontram e, de forma voluntária, a outros parâmetros internacionalmente reconhecidos que entendam relevantes (Respeitar); e (iii) um terceiro pilar, relacionado à remediação e responsabilização judicial e extrajudicial de empresas por eventuais violações e abusos aos direitos humanos e ao meio ambiente a partir das normas estabelecidas no primeiro pilar (Reparar)[9].

---

[6] CARDIA A., Ana Cláudia Ruy. Empresas e Direitos Humanos e ESG: linhas iniciais de uma relação de gênero e espécie. ZAVANELLA, Fabiano; FELAMINGO, Fabrício; MATTOS, Henrique Araújo Torreira; SOUZA, Lucas Monteiro de (Org.). **Temas de direito internacional, direito do trabalho e direito internacional do trabalho**: estudos em homenagem ao Professor Carlos Roberto Husek. São Paulo: LTr, 2023, p. 26-36.

[7] UNITED NATIONS. **Guiding principles on business and human rights**: implementing the United Nations "protect, respect and remedy" framework. 2011. Disponível em: <http://www.ohchr.org/Documents/Publications/GuidingPrinciplesBusinessHR_EN.pdf>. Acesso em: 24 jan. 2022.

[8] RUGGIE, John Gerard. **Quando negócios não são apenas negócios**: as corporações multinacionais e os direitos humanos. São Paulo: Planeta Sustentável, Abril, Pacto Global Brasil, 2014.

[9] UNITED NATIONS. **Guiding principles on business and human rights**: implementing the United Nations "protect, respect and remedy" framework. 2011. Disponível em: <http://www.ohchr.org/Documents/Publications/GuidingPrinciplesBusinessHR_EN.pdf>. Acesso em: 24 jan. 2022.

Não obstante o movimento corporativo voluntário e com relação ao ESG ser anterior à implementação dos Princípios Orientadores (como na própria definição de princípios do Pacto Global, também da Organização das Nações Unidas, além de iniciativas por parte de Organização Internacional do Trabalho (OIT) e da Organização para a Cooperação e Desenvolvimento Econômico (OCDE)[10], igualmente relevantes e que serão avaliadas neste livro), é cediço que sua sistematização em certa medida esteve atrelada e se desenvolveu de maneira mais ampla especialmente na última década, sobretudo a partir da evolução da agenda inicialmente arquitetada por John Ruggie.

A implementação de programas de ESG, como visto, é em grande parte voluntária, de forma que os Estados atualmente têm tido ingerência em eventual parametrização de critérios, mas ainda criticamente distantes de um ideal de responsabilização em caso de descumprimento de tais metas. A ausência de regulamentação estatal, contudo, não pode e tampouco deve ser obstáculo para o correto e efetivo cumprimento dos programas de ESG estabelecidos por corporações de qualquer natureza e porte. Isso porque referida sigla carrega consigo o potencial de transformação social e planetária, sendo uma estratégia de sobrevivência corporativa – de grandes, médias e, também, pequenas empresas[11].

Ademais, novas normas estão sendo debatidas diuturnamente por Estados e por modelos privados (autorregulação) para regulamentar condutas corporativas que destoem da necessária proteção aos direitos humanos, ao meio ambiente e às condutas de governança. É o que se vê atualmente na elaboração de alguns mandamentos estatais e supranacionais voltados ao estabelecimento de parâmetros para a concretização da devida diligência em direitos humanos (DDDH em português ou *human rights due diligence,* HRDD, em inglês), bem como em regras de agentes privados nacionais de regulação do mercado. Essa é uma tendência que começa a ganhar força na atualidade e que representará nas próximas décadas um divisor de águas na responsabilidade – e na responsabilização! – de empresas que não adequarem suas cadeias produtivas aos ditames da crescente agenda ESG e de Empresas e Direitos Humanos.

---

[10] CARDIA, Ana Cláudia Ruy. **Empresas, direitos humanos e gênero**: desafios e perspectivas na proteção e no empoderamento da mulher pelas empresas transnacionais. Porto Alegre: Buqui, 2015.

[11] QUOTED COMPANIES ALLIANCE. **ESG in Small and Mid-Sized Quoted Companies**: perceptions, myths and realities. Reino Unido: 2020. Disponível em: <https://centaur.reading.ac.uk/94646/1/QCA_Research_Report_ESG_in_Small_and_Mid-Sized_Quoted_Companies.pdf>. Acesso em: 8 jan. 2024.

Deve-se também definir ESG de maneira distinta da sustentabilidade, sendo esta última parte de um conceito mais amplo, de equilíbrio planetário a partir dos esforços de diferentes partes interessadas. Uma empresa que aplique metas e métricas à luz de práticas ESG poderá ser tida como sustentável, mas não será a única responsável pela sustentabilidade do planeta.

Assim, ESG *não* deve ser entendido como (i) filantropia; (ii) voluntarismo corporativo sem conhecimento e técnica; (iii) uma agenda orientada somente ao lucro independentemente dos anseios e das necessidades humanas e planetárias; (iv) um conjunto de práticas focadas somente no *marketing* corporativo e sem propósito de integração em todos os campos da empresa; (v) uma área de custos corporativos exorbitantes sem efetivo retorno; e, tampouco, (vi) a arena de exposição de ideologias políticas infundadas.

ESG é o conjunto de medidas corporativas voluntárias e/ou regidas por regulação nacional e/ou autorregulação setorial com a finalidade de auxiliar as empresas a serem partícipes de um ideal de sustentabilidade planetária com medidas nas esferas ambiental, social e de governança e que têm por pressuposto uma abordagem proativa baseada em riscos e com a obrigatoriedade de apresentação de resultados efetivamente associados às suas práticas.

Passa-se, a seguir, a definir o que exatamente compreende essa sigla de potencial transformador para a sociedade e para o planeta.

POR QUE HOJE TANTO SE FALA EM ESG?

Sobrevivência. A palavra é a chave para as discussões que orientam a agenda ESG na atualidade. O capitalismo de *stakeholders* (*stakeholder capitalism*, ou capitalismo de partes interessadas)[12], que mobiliza não apenas corporações e fornecedores, mas todos os sujeitos e atores envolvidos nos processos de tomada de decisão e atividade empresarial (tais como consumidores, investidores, Estados, organizações internacionais e organizações da sociedade civil, na máxima de uma economia global que funcione para o progresso, para as pessoas e para o planeta) para a obtenção de lucro concomitante à criação de valores em curto, médio e, principalmente, em longo prazo a partir da atividade

---

[12] SCHWAB, Klaus. **Capitalismo stakeholder**: uma economia global que trabalha para o progresso, as pessoas e o planeta. Trad. Vic Vieira. Rio de Janeiro: Alta Books, 2023.

comercial[13], demanda cada vez mais a implementação de medidas por parte dos negócios para o atendimento de cada uma das letras que formam a sigla ESG.

Nessa toada, um ponto é essencial: o chamado capitalismo de *stakeholders* não apenas continua sendo uma vertente do capitalismo, mas também se compõe como a nova maneira em que todas as relações econômicas no planeta irão se orientar a partir de agora, sobretudo diante de amplas discussões sobre a Quarta Revolução Industrial[14] e da ingerência cada vez mais veloz da tecnologia em todos os aspectos da vida humana[15].

Em outras palavras, o capitalismo e a função social da empresa não são e não devem ser mais voltados somente à obtenção de lucro, como afiançava Milton Friedman nos anos 1970[16] e os defensores do então capitalismo de *shareholders*. É necessário ir além se a humanidade quiser prosperar.

Esse é também o pressuposto descrito por John Fullerton[17] e John Elkington[18] ao afirmarem que a sociedade global deve aderir ao chamado capitalismo regenerativo, que, além de observar as fundadas preocupações de todas as partes interessadas, deve ser organizado

---

[13] SCHWAB, Kkaus; VANHAM, Peter. **What is Stakeholder Capitalism?** World Economic Forum, 2021. Disponível em: <https://www.weforum.org/agenda/2021/01/klaus-schwab-on-what-is-stakeholder-capitalism-history-relevance/>. Acesso em: 18 jan. 2022. A esse respeito, ver também: SCHWAB, Klaus; VANHAM, Peter. **Stakeholder Capitalism**: a global economy that works for progress, people and planet. World Economic Forum. John Wiley & Sons, Inc: New Jersey, 2021.

[14] SCHWAB, Klaus. **A Quarta Revolução Industrial**. Trad. Daniel Moreira Miranda. São Paulo: Edipro, 2019.

[15] BLACKROCK. **Larry Fink's 2022 Letter to CEOs**: the power of capitalism. Disponível em: <https://www.blackrock.com/us/individual/2022-larry-fink-ceo-letter>. Acesso em: 18 jan. 2022. Nesse sentido, ver também: World Economic Forum. **Davos Manifesto 2020**: The Universal Purpose of a Company in the Fourth Industrial Revolution. Disponível em: <https://www.weforum.org/agenda/2019/12/davos-manifesto-2020-the-universal-purpose-of-a-company-in-the- fourth-industrial-revolution/>. Acesso em: 9 fev. 2022.

[16] FRIEDMAN, Milton. The social responsibility of business is increase its profits. **The New York Times Magazine**. Nova Iorque: The New York Times Company, 1970.

[17] FULLERTON, John. **Regenerative Capitalism**: how universal principles and patterns will shape our new economy. Capital Institute, 2015. Disponível em: <https://capitalinstitute.org/wp-content/uploads/2015/04/2015-Regenerative-Capitalism-4-20-15-final.pdf>. Acesso em: 4 jan. 2024.

[18] ELKINGTON, John. **Green Swans**: the coming boom in regenerative capitalism. New York: Fast Company Press, 2020.

estruturalmente de modo a garantir o equilíbrio planetário, sendo repensados até mesmo os modelos de negócio das empresas para o alcance desse fim e o próprio sistema financeiro que o sustenta. De acordo com John Fullerton, é a própria economia regenerativa que deve "nutrir as redes humanas das quais depende sua vitalidade"[19].

Dessa maneira, a abrangência do termo "sobrevivência" pode ser vista de maneira dupla: por um lado, a sobrevivência planetária depende de uma mudança de paradigma por parte de todos os sujeitos e atores que compõem a sociedade internacional. Por outro, a sobrevivência de um negócio sob o ponto de vista econômico-financeiro é a resposta para o estabelecimento de novos programas de sustentabilidade corporativa. É fato que empresas que hoje investem parte de seu capital e seus lucros em práticas de ESG obtêm retorno financeiro superior àquelas que não contam com programas semelhantes em seus quadros internos[20]. Apesar de essa ainda ser uma realidade iniciada e ainda mais premente em países do norte global[21], é de se notar nos últimos anos o crescimento exponencial das discussões sobre o tema no Brasil e nos demais países em desenvolvimento e receptores de investimentos estrangeiros.

A implementação de programas de ESG, contudo, não pode ser lida apenas sob a ótica do lucro – apesar de sua natural importância em uma sociedade cujo modelo econômico nele se sustenta. A percepção de uma coletividade amplamente orientada ao consumo[22] tem cada vez mais caminhado no sentido de que são os impactos reais provocados por tais programas que resgatam ou mesmo confirmam a credibilidade de uma empresa. As gerações mais novas tendem a buscar produtos e serviços que estejam mais alinhados aos propósitos que revestem a sigla ESG[23].

---

[19] FULLERTON, John. **Regenerative Capitalism**: how universal principles and patterns will shape our new economy. Capital Institute, 2015. Disponível em: <https://capitalinstitute.org/wp-content/uploads/2015/04/2015-Regenerative-Capitalism-4-20-15-final.pdf>. Acesso em: 4 jan. 2024.

[20] INFOSYS. **ESG Radar 2023**: ESG Redefined: from compliance to value creation. 2022. Disponível em: <https://www.infosys.com/about/esg-radar-report/esg-radar-report-2023.pdf>. Acesso em: 4 jan. 2024.

[21] GLOBAL SUSTAINABLE INVESTMENT ALLIANCE. **2018 Global Sustainable Investment Review**. Disponível em: <http://www.gsi-alliance.org/wp-content/uploads/2019/03/GSIR_Review2018.3.28.pdf>. Acesso em: 24 jan. 2022.

[22] BAUMAN, Zygmunt. **Vida para consumo**: a transformação das pessoas em mercadorias. Trad. Carlos Alberto Medeiros. Rio de Janeiro: Zahar, 2008.

[23] BUSINESS AND HUMAN RIGHTS RESOURCE CENTRE. **John Ruggie highlithgts positive contribution of ESG investing to advancing human rights**. Disponível em: <https://

A proteção ambiental, a percepção às mudanças climáticas[24], bem como a proteção aos direitos humanos (esta última estampada em movimentos como "#blacklivesmatter"[25], "#metoo"[26], entre outros voltados às mais variadas causas de proteção às pessoas em suas vulnerabilidades), são as principais forças motrizes para o investimento corporativo em programas de ESG em conformidade com a nova realidade a ser desenhada internacional e nacionalmente. Todas essas circunstâncias, potencializadas pelo amplo acesso à tecnologia e à Internet[27], contribuem para o reforço de tais pressupostos, tornando essa realidade um caminho sem volta.

Também para as novas gerações de investidores, a combinação dos critérios de proteção ambiental, social e de governança deve ser autêntica e efetiva, trazendo retorno concreto para as finanças e para o planeta. Assim, novos investidores têm buscado observar relatórios de ESG e de sustentabilidade produzido pelas corporações, com foco especial em aspectos de gerenciamento de riscos (*risk management*) e *compliance*. Os relatórios de desempenho não financeiro (*nonfinantial performance information*) também têm sido utilizados na criação de valor de longo prazo para as corporações[28], em uma verdadeira "remodelação dos mercados financeiro e de capitais" (palavras essas de Larry Fink, CEO da maior gestora de fundos de terceiros do mundo, BlackRock, e que teve importante papel em 2020 com a chamada aos CEOs de empresas para

---

www.business-humanrights.org/en/latest-news/john-ruggie-highlights-positive-contribution-of-esg-investing-to-advancing-human-rights/>. Acesso em: 11 jan. 2022.

[24] THUNBERG, Greta. **No one is too small to make a difference**. United Kingdon: Penguin Books, 2019.

[25] BROWNEN-TRINH, Ruby; ORUJOV, Ayan. **Corporate Support for Black Lives Matter**: determinants and effects on retail investors. 2020. Disponível em: <https://papers.ssrn.com/sol3/papers.cfm?abstract_id=3742730>. Acesso em: 16 fev. 2022.

[26] ABADE, Denise Neves. Brazilian Sexual Harassment Law, the #MeToo Movement, and the Challenge of Pushing the Future Away from the Past of Race, Class, and Social Exclusion. NOEL, Ann M.; OPPENHEIMER, David B. **The Global #MeToo Movement**. United States: Berkeley Center on Comparative Equality and Anti-Discrimination Law, 2020, p. 89-106.

[27] SCHWAB, Kkaus; VANHAM, Peter. **What is stakeholder capitalism?** World Economic Forum, 2021. Disponível em: <https://www.weforum.org/agenda/2021/01/klaus-schwab-on-what-is-stakeholder-capitalism-history-relevance/>. Acesso em: 18 jan. 2022.

[28] EY. **Does your nonfinancial reporting tell your value creation story?** Disponível em: <https://www.ey.com/en_gl/assurance/does-nonfinancial-reporting-tell-value-creation-story>. Acesso em: 11 jan. 2022.

o atendimento aos imperativos de sustentabilidade)[29]. Percebe-se que cada vez mais há uma busca para valorizar requisitos não tangíveis das corporações, ou seja, que não tenham relação direta com questões financeiras[30]. Também não se deve esquecer que novos programas em educação financeira também têm o condão de preparar os(as) novos(as) investidores(as) para uma economia mais sustentável, orientando-os(as) à avaliação das empresas investidas para além de seus relatos integrados e relatórios de sustentabilidade[31].

Ademais, a sociedade internacional viveu os últimos anos sob a égide de uma doença potencialmente letal e devastadora: a pandemia de SARS-COVID-19 (COVID-19 ou COVID)[32] evidenciou de maneira abrupta não apenas as discrepâncias e desigualdades entre os Estados desenvolvidos e os Estados em desenvolvimento (ou subdesenvolvidos)[33], mas demonstrou que atitudes que não sejam sustentáveis em sentido amplo não trarão resultados diferentes daqueles hoje vividos. Em outras palavras, é necessário que os diferentes *stakeholders* se reinventem e sigam reinventando o capitalismo também em prol de uma sociedade mais sustentável, livrando-a dos próprios excessos por ele criados[34].

---

[29] BLACKROCK. **Larry Fink's 2020 letter to CEOs**. Disponível em: <https://www.blackrock.com/corporate/investor-relations/larry-fink-ceo-letter>. Acesso em: 11 jan. 2022.

[30] HAZAN, Eric; SMIT, Sven; WOETZEL, Jonathan; CVETANOVSKI, Biljana; KRISHNAN, Mekala; GREGG, Brian; PERREY, Jesko; HJARTAR, Klemens. **Getting tangible about intangibles**: the future of growth and productivity? 2021. McKinsey Global Institute. Disponível em: <https://www.mckinsey.com/business-functions/marketing-and-sales/our-insights/getting-tangible-about-intangibles-the-future-of-growth-and-productivity>. Acesso em: 19 fev. 2022.

[31] ANBIMA. **Retrato da sustentabilidade no mercado de capitais**. Disponível em: <https://www.anbima.com.br/data/files/3C/C2/CA/05/72EBD71032ADBBD76B2BA2A8/Retrato%20da%20sustentabilidade%20no%20mercado%20de%20capitais.pdf>. Acesso em: 17 jan. 2022.

[32] WORLD HEALTH ORGANIZATION. **Coronavirus Disease (COVID-19) Pandemic**. Disponível em: <https://www.who.int/emergencies/diseases/novel-coronavirus-2019>. Acesso em: 24 jan. 2022.

[33] MINISTRY OF FOREIGN AFFAIRS OF DENMARK. Permanent Mission of Denmark to the UN in Geneva. **The Sustainable Recovery Pledge**: building a better future for all, with human rights at its heart. Disponível em: <https://fngeneve.um.dk/en/copy-of-human-rights/sustainable-recovery-pledge>. Acesso em: 18 jan. 2022.

[34] BUSINESS AND HUMAN RIGHTS RESOURCE CENTRE. **John Ruggie highlithgts positive contribution of ESG investing to advancing human rights**. Disponível em: <https://www.business-humanrights.org/en/latest-news/john-ruggie-highlights-positive-contribution-of-esg-investing-to-advancing-human-rights/>. Acesso em: 11 jan. 2022.

Por mais que haja diferentes entendimentos por parte dos *stakeholders* sobre o que se define exatamente por sustentabilidade, com diferentes percepções da seriedade e confiabilidade de seus pressupostos[35], essa deve ser compreendida como a total realização de práticas simultâneas e equilibradas que contribuam para a erradicação da pobreza, a implementação de sistemas de saúde e de educação de qualidade, a redução das desigualdades, a proteção aos direitos humanos e o incremento do crescimento econômico com o menor impacto ao meio ambiente[36], todos capitaneadas por uma gestão culturalmente consciente de tais necessidades e transparentes em seu agir. Exclui-se, assim, qualquer entendimento de que o termo "sustentabilidade" deve se correlacionar tão-somente com benevolência ou filantropia, como se entendia a responsabilidade social corporativa no passado.

Essa é também a percepção da sociedade internacional, expressa a partir do trabalho desenvolvido pela ONU e pela OCDE e com o uso do termo *build back better* (ou "reconstruir melhor", em sua tradução para o português). A partir dessa definição, a reconstrução de uma economia planetária pós-COVID não deve estar focada somente no lucro e na recuperação da rentabilidade sem propósito, mas também em promover mudanças comportamentais que garantam a resiliência e a sobrevivência da sociedade como um todo[37]. Resiliência, inclusive, é o que se espera dos indivíduos e das empresas para que a sustentabilidade se efetive em todas as suas vertentes, como se verá adiante.

É cediço que tais mudanças não serão implementadas com a rapidez idealmente esperada para transformar o planeta imediatamente[38],

---

[35] ANBIMA. **Retrato da sustentabilidade no mercado de capitais**. Disponível em: <https://www.anbima.com.br/data/files/3C/C2/CA/05/72EBD71032ADBBD76B2BA2A8/Retrato%20da%20sustentabilidade%20no%20mercado%20de%20capitais.pdf>. Acesso em: 17 jan. 2022.

[36] CARDIA A. Ana Cláudia Ruy. Empresas e direitos humanos no pós-pandemia: mudanças efetivas ou manutenção das aparências? FONSECA, Isabel Celeste M.; LIQUIDATO, Vera Lúcia Viegas; PINTO, João Vilas Boas; COELHO, Larissa (Coord.). **Desafios do Direito no século XXI**: diálogos luso-brasileiros, governação e COVID-19. Portugal: Escola de Direito da Universidade do Minho. Centro de Investigação em Justiça e Governação GLOB (Globalização, Democracia e Poder), 2021.

[37] OECD. **Building Back Better**: a sustainable, resilient recovery after COVID-19. Disponível em: <https://www.oecd.org/coronavirus/policy-responses/building-back-better-a-sustainable-resilient-recovery-after-covid-19-52b869f5/#section-d1e45>. Acesso em: 17 jan. 2022.

[38] UNITED NATIONS ENVIRONMENT PROGRAMME. **Are we building back better?**: evidence from 2020 and Pathways to Inclusive Green Recovery Spending. Disponível em: <https://wedocs.unep.org/bitstream/handle/20.500.11822/35281/AWBBB.pdf>. Acesso em: 17 jan. 2022.

sobretudo quando, ao menos no Brasil, há pesquisas que apontam que um número considerável de instituições financeiras ainda pouco sabem sobre a sigla e seu significado ou atribuem a ela o condão de haver apenas iniciativas internas em prol do meio ambiente[39]. A própria Organização das Nações Unidas reconhece a necessidade de programas de longo prazo, como visto a partir da estrutura da Agenda 2030 e dos Objetivos de Desenvolvimento Sustentável (ODS), estes compostos de 17 objetivos e 169 metas para o alcance de um mundo mais sustentável até o ano de 2030 e por todos os sujeitos e atores que compõem a sociedade internacional – e que também orientam a agenda ESG. Contudo, é necessário que as empresas estejam dispostas a dar o primeiro passo, e as razões aqui apresentadas por si sós confirmam a necessidade de mudança de abordagem cultural e prática nesse sentido. Este livro, assim, busca trazer aos(às) leitores(as) ensinamentos sobre como conduzir essa mudança de forma teórica, técnica, prática, justa e, principalmente, efetiva.

A ABORDAGEM DO TEMA NA PRESENTE OBRA

Esta obra tem por objetivo apresentar as principais características e nuances da sigla ESG de maneira objetiva, tendo por ponto de partida os pressupostos de cada uma das letras que a estruturam. É necessário, no entanto, que sua leitura seja feita de forma holística, ou seja, mesmo que dissociadas em capítulos para fins de fácil compreensão, iniciativas nas três letras que compõem a sigla ESG devem estar presentes nos programas corporativos a serem porventura implementados, assim como os índices, normas e metodologias de reporte ora apresentados. Ademais, a aplicação de programas de ESG com base nas considerações descritas deve ser integrada à própria cultura corporativa, sob pena de não ser condizente com a realidade planetária que se pretende modificar e evoluir.

Dessa maneira, será inicialmente analisada a contribuição das empresas para a ocorrência do chamado aquecimento global e das consequentes mudanças climáticas, bem como a parcela de responsabilidade corporativa nessa esfera a partir de preceitos voluntários e mesmo

---

[39] ANBIMA. **Retrato da sustentabilidade no mercado de capitais**. Disponível em: <https://www.anbima.com.br/data/files/3C/C2/CA/05/72EBD71032ADBBD76B2BA2A8/Retrato%20da%20sustentabilidade%20no%20mercado%20de%20capitais.pdf>. Acesso em: 17 jan. 2022.

focados em acordos globais eventualmente celebrados por Estados, além da franca expansão de normas nacionais relacionadas. Tais pressupostos constituem os esforços corporativos voltados ao "E" da sigla ESG e se consubstanciam em preceitos cada vez mais robustos sobre finanças sustentáveis e de métricas de reporte de informações não financeiras relevantes.

Em seguida, serão contemplados os principais aspectos de Direitos Humanos que se relacionam com o "S" do acrônimo ESG. Quais são os maiores desafios internos e externos a serem vencidos pelas empresas para o alcance da efetiva proteção dos indivíduos que compõem a sociedade de consumidores[40]? Quais são as possíveis formas de endereçar e resolver tais problemas? Como estender essa proteção à toda a cadeia produtiva e de suprimentos e avaliá-la de forma efetiva e eficaz? Serão também avaliados os projetos de auditorias internas que compõem a chamada devida diligência (*due diligence*), assim como os principais desafios e avanços normativos e regulatórios atualmente percebidos e implementados nessa frente.

Por fim, será avaliada a evolução dos mecanismos de governança ("G") para abarcar os novos cuidados com a sustentabilidade e com a implementação e a divulgação de programas de ESG efetivos, eficazes e transparentes, com foco sobretudo na integração das práticas de proteção social e ao meio ambiente.

Uma vez avaliados os três pontos essenciais que compõem a sigla ora estudada, serão feitas breves considerações com um viés crítico para a boa implementação de programas por parte de empresas independentemente de porte e ramo de atuação. A adaptação dos critérios a seguir apresentados deve não apenas ser setorial, mas também compreender os diferentes calibres corporativos e desafios a eles concernentes. Apenas um aspecto não pode ser desconsiderado, independentemente da pujança econômica da corporação envolvida e de seu campo de atuação: a implementação de políticas e programas de ESG é necessária, premente e, espera-se, permanente.

---

[40] BAUMAN, Zygmunt. **Globalização**: as consequências humanas. Trad. Marcus Penchel. Rio de Janeiro: Zahar, 1999. BAUMAN, Zygmunt. **Vida para consumo**: a transformação das pessoas em mercadorias. Trad. Carlos Alberto Medeiros. Rio de Janeiro: Zahar, 2008.

CAPÍTULO 1
A Urgente Proteção Ambiental na Agenda ESG

O capitalismo de *stakeholders* consagra a necessidade de todas as partes interessadas públicas e privadas contribuírem para o alcance de uma sociedade mais sustentável. Sendo assim, é também e principalmente das empresas, independentemente de seu porte e setor de atuação, o dever de buscar alternativas ao espectro de destruição planetária vivido pela humanidade. Serão a seguir apresentadas as discussões fundamentais relacionadas à proteção ambiental por entes corporativos, bem como seu papel no enfrentamento às mudanças climáticas e ao cumprimento e financiamento das métricas ambientais que compõem a letra "E" do acrônimo ESG.

1.1. O "E" DA QUESTÃO: AS MUDANÇAS CLIMÁTICAS E OS IMPACTOS AO MEIO AMBIENTE

O impacto das mudanças climáticas no planeta é uma realidade documentada, não obstante eventuais resistências por parte de alguns Estados e sujeitos privados. Sua consequência é clara e cada vez mais premente, sendo uma ameaça à existência de vida no planeta Terra em médio e longo prazo resultante principalmente do aumento da temperatura global provocado pela própria atividade humana, especialmente após o período de industrialização.

O efeito estufa é uma condição natural do planeta que garante seu equilíbrio e a sobrevivência das espécies. Ocorre que a emissão desenfreada de gases a partir da queima de combustíveis fósseis para a consecução de atividades humanas acaba por sobrecarregar esse efeito, ocasionando o acúmulo de gás carbônico (CO_2)[1] na atmosfera, o aumento

---

[1] São emitidos diferentes tipos de gases tidos por danosos à atmosfera terrestre. Os gases que ocasionam o efeito estufa (GEE em português, ou, em inglês, conhecidos como *greenhouse gases* – GHG) são, em realidade: gás carbônico, metano, óxido nitroso e gases fluorados. A conversão para CO_2 foi estabelecida de maneira a facilitar a avaliação de emissões, permitindo que os países pudessem ter uma métrica química para estabelecer seus planos de neutralização, adaptação, mitigação e resiliência. EPA. **Overview of Greenhouse Gases**. Disponível em: <https://www.epa.gov/ghgemissions/overview-greenhouse-gases#f-gases>. Acesso em: 10 jan. 2024.

de temperaturas em níveis elevados para a sobrevivência das espécies na Terra e as consequentes mudanças climáticas. As mudanças climáticas já ocasionaram o aumento das temperaturas em diferentes partes do globo, gerando secas, enchentes, estações do ano pouco definidas, constante poluição e alterações e colapsos nos mais variados ecossistemas, resultando em destruições e mudanças drásticas nas condições de vida[2], principalmente de grupos vulneráveis, mas não somente.

Cientistas afirmam que a ação humana provocou mudanças irreversíveis nos processos biológicos e físicos do planeta, definindo essa intensa intervenção como uma nova época geológica, a saber, o Antropoceno[3]. A partir desse período – cuja definição exata ainda é fruto de discussões técnico-científicas –, "a capacidade de interferência humana no meio ambiente equipara-se às influências geológicas no funcionamento básico do sistema terrestre"[4]. Para Mary Robinson, as mudanças climáticas deixaram de ser mera "abstração científica" para se tornarem efetivamente um "fenômeno fabricado pelo ser humano" com impacto direto na humanidade[5].

De acordo com a consultoria McKinsey & Company, em um cenário de aumento de temperatura global de 1,5 graus Celsius acima dos níveis pré-industriais até 2050 provocados pelas emissões desenfreadas de CO_2 na atmosfera, aproximadamente uma em cada quatro pessoas será exposta às mudanças climáticas mais severas a partir do que já se tem constatado na atualidade[6]. E a sociedade já está aquém do necessário para impedir o aumento da temperatura da Terra no médio e no longo prazo, conforme o sexto relatório do *Intergovernmental Panel on Climate Change* (IPCC)[7]. Não é por menos, portanto, que o Fórum

---

[2] ROBINSON, Mary. **Justiça climática**: esperança, resiliência e a luta por um futuro sustentável. Trad. Leo Gonçalves. Rio de Janeiro: Civilização Brasileira, 2021.

[3] Conceito estabelecido por Paul Crutzen e Eugene Soermer. CRUTZEN, Paul J.; STOERMER, Eugene F. The "Anthropocene". **Global Change Newletter**, n. 41, p. 17-18, maio 2000.

[4] JUMA. **Justiça climática**. Disponível em: <https://www.juma.nima.puc-rio.br/pesquisas-justica-climatica#:~:text=A%20nova%20%C3%A9poca%20geol%C3%B3gica%20da,funcionamento%20b%C3%A1sico%20do%20sistema%20 terrestre.>. Acesso em: 4 jan. 2024.

[5] ROBINSON, Mary. **Justiça climática**: esperança, resiliência e a luta por um futuro sustentável. Trad. Leo Gonçalves. Rio de Janeiro: Civilização Brasileira, 2021.

[6] BOWCOTT, Harry; FOMENKO, Lori; HAMILTON, Alastair; KRISHNAN, Mekala; MYSORE, Mihir; TRITTIPO, Alexis; WALKER, Oliver. **Protecting people from a changing climate**: the case for resilience. McKinsey & Company, 2021.

[7] IPCC. **Climate Change 20222**: impacts, adaptation and vulnerability. Contribution of Working Group II to the Sixth Assessment Report of the Intergovernmental Panel on Climate Change. Cambridge: Cambridge University Press, 2022.

Econômico Mundial define os eventos climáticos extremos como maiores riscos globais na próxima década[8].

É sabido também que o crescente número de zoonoses (doenças transmitidas entre animais e pessoas) também tem relação direta com os impactos ao meio ambiente[9], trazendo o risco de novas pandemias globais nos próximos anos se não houver uma recuperação efetiva do meio ambiente.

Percebe-se, assim, a razão central de o aspecto ambiental ("E") ter sido escolhido como a primeira letra do acrônimo ESG: sem um planeta habitável, as demais letras ("S" e "G", com, respectivamente, as pessoas e a governança corporativa) perdem sua razão de ser[10].

A perspectiva numérica é alarmante: é imperioso que as emissões de gás carbônico e demais combustíveis fósseis no planeta (hoje em aproximadamente 85% de todas as emissões[11], que resultam em 51 bilhões de toneladas de gases de efeito estufa[12]) decorrentes de todos os processos industriais em curso cheguem a zero até o ano de 2050 para que aludidas consequências não ocorram em tamanha magnitude. Esse número deve ser visto como inegociável[13]. Qualquer redução de emissões que não seja igual a zero (com o chamado *net zero* – quando se atinge a estabilização entre as emissões e as compensações de CO_2 nos chamados Escopos 1, 2 e 3 de emissões[14]) apenas retardará as

---

[8] WORLD ECONOMIC FORUM. **The Global Risks Report 2024**. 19th Edition. Genebra: WEF, 2024.

[9] UNITED NATIONS ENVIRONMENT PROGRAMME. UNEP. **Frontiers 2016 Report**: emerging issues of environmental concern. United Nations Environment Programme: Nairobi, 2016.

[10] KNOX, John. **Greening Human Rights**. Open Democracy, 2015. Disponível em: <https://www.opendemocracy.net/en/openglobalrights-openpage/greening-human-rights/>. Acesso em: 18 jan. 2022.

[11] CHOMSKY, Noam; POLLIN, Robert. **Crise climática e o Green New Deal Global**: a economia política para salvar o planeta. Trad. Bruno Cobalchini Mattos. Rio de Janeiro: Raça Nova, 2020.

[12] GATES, Bill. **Como evitar um desastre climático**: as soluções que temos e as inovações necessárias. Trad. Cássio Arantes Leite. São Paulo: Companhia das Letras, 2021.

[13] GATES, Bill. **Como evitar um desastre climático**: as soluções que temos e as inovações necessárias. Trad. Cássio Arantes Leite. São Paulo: Companhia das Letras, 2021.

[14] Os Escopos 1, 2 e 3 de emissões foram tecnicamente definidos pelo *GHG Protocol*, entidade internacional privada formada pelo *World Resources Institute* e o *World Business Council for Sustainable Development* e voltada ao bom funcionamento do controle de emissões de CO_2 pelas atividades corporativas e com ampla atuação em todo o planeta. As emissões do Escopo 1 são aquelas diretas, ou seja, quando ocorrem a partir de fontes próprias ou controladas pela

consequências catastróficas já sabidas, sem solucionar efetivamente o problema para o planeta Terra e para a humanidade.

Para que se alcance o equilíbrio entre as emissões de CO_2 e sua neutralidade, é essencial a transição para uma economia global de baixo carbono, que se afaste da queima maciça e diária de toneladas de combustíveis fósseis para a concretização dos mais variados processos industriais, de transporte, alimentares e domésticos. Não obstante a utilização atual de energias ditas como renováveis ou limpas, a maioria dos recursos utilizados nos processos humanos diversos é oriunda de fontes não renováveis, demandando, assim, cooperação internacional e investimentos globais em conhecimento e tecnologia para a reconstrução de uma economia que seja totalmente baseada em energias renováveis, impedindo consequentemente o aumento da temperatura da Terra em níveis impossíveis para a continuidade da vida humana.

Foi por esse motivo que o *Institute for Human Rights and Business* definiu em 2022 o enfrentamento às mudanças climáticas e a chamada transição energética justa, ou seja, a substituição de todas as fontes de energia não renováveis para energias renováveis a partir de políticas internacionais e domésticas, incentivos e desenvolvimento de tecnologia, geração de empregos e paralela proteção aos direitos humanos e ao meio ambiente, como a principal preocupação das discussões de Empresas e Direitos Humanos daquele ano[15] – e, por que não, também para a agenda ESG dos próximos anos e décadas.

Também nesse sentido, o Conselho de Direitos Humanos da ONU, em 2021, reconheceu expressamente em resolução que o acesso a um meio ambiente sadio é também um direito humano, com a menção às três dimensões do desenvolvimento sustentável (social, econômica e ambiental). De acordo com aquele documento, o gozo dos demais

---

empresa; as emissões do Escopo 2 são oriundas de energia adquirida ou trazida para os limites operacionais da empresa; as emissões do Escopo 3, por sua vez, são as indiretas, vistas como consequência das atividades da empresa, mas que não são formadas a partir de fontes próprias ou controladas pela corporação. De acordo com o GHG Protocol, as emissões dos Escopos 1 e 2 devem obrigatoriamente ser reportadas, ao passo que as emissões do Escopo 3 têm seu reporte voluntário por parte das empresas. Não se deve confundir *net zero* com carbono neutro, posto que a última definição se aplica às empresas que neutralizam suas emissões nos Escopos 1 e 2 apenas e por meio da compra de créditos de carbono. THE GREENHOUSE GAS PROTOCOL. **A Corporate Accounting and Reporting Standard**. Revised Edition. 2004. Disponível em: <https://ghgprotocol.org/sites/default/files/standards/ghg-protocol-revised.pdf>. Acesso em: 10 jan. 2024.

[15] <https://www.ihrb.org/uploads/top-10/IHRB_Top_10_Business__Human_Rights_Issues_for_2022.pdf>.

direitos humanos internacionalmente consagrados somente é possível a partir da existência de condições climáticas saudáveis para as presentes e futuras gerações, devendo haver a cooperação entre Estados e demais *stakeholders* no alcance dessas condições[16]. A Assembleia Geral da ONU, em 2022, endossou esse conceito, reforçando que a "degradação ambiental, as mudanças climáticas, a perda de biodiversidade, a desertificação e o desenvolvimento insustentável" são as maiores "ameaças prementes e graves à capacidade das gerações presentes e futuras de desfrutar efetivamente de todos os direitos humanos"[17]. Em outra resolução, publicada no início de 2023, afirmou os impactos das mudanças climáticas e seu endereçamento sustentável como forma de eliminar a abissal desigualdade entre Estados desenvolvidos e subdesenvolvidos[18].

Em 2023, a Assembleia Geral da ONU solicitou à Corte Internacional de Justiça (seu principal órgão jurisdicional) um parecer com a finalidade de estabelecer (i) quais são as obrigações dos Estados para garantir "a proteção do sistema climático e outras partes do meio ambiente de emissões antropogênicas de gases do efeito estufa para as presentes e futuras gerações"; e (ii) quais são as consequências legais e jurídicas para os Estados quando houver violação dessas obrigações, especialmente quanto aos Estados insulares em desenvolvimento e às pessoas das presentes e futuras gerações pelos impactos adversos das mudanças climáticas[19]. O parecer está pendente de emissão, mas indica um ponto de inflexão importante na compreensão jurídica internacional sobre como os Estados deverão se portar em relação à proteção ambiental em seus respectivos territórios, bem como suas responsabilidades jurídicas quando da ocorrência de graves violações ao meio ambiente – praticadas tanto por sua ação quanto por sua omissão no caso de atuações corporativas abusivas.

---

[16] UNITED NATIONS. **A/HRC/RES/48/13**. 2021. Disponível em: <https://documents.un.org/doc/undoc/gen/g21/289/50/pdf/g2128950.pdf?token=7gVOLIYusRAZu0Do9W&fe=true>. Acesso em: 7 fev. 2024.

[17] UNITED NATIONS. **A/RES/76/300**. 2022. Disponível em: <https://documents.un.org/doc/undoc/gen/n22/442/77/pdf/n2244277.pdf?token=Aiynfm6NLdAmaUCjbP&fe=true>. Acesso em: 7 fev. 2024.

[18] UNITED NATIONS. **A/RES/77/215**. 2023. Disponível em: <https://documents.un.org/doc/undoc/gen/n22/762/38/pdf/n2276238.pdf?token=ZXoL5gBWneRamlIb6t&fe=true>. Acesso em: 7 fev. 2024.

[19] UNITED NATIONS. **A/RES/77/276**. 2023. Disponível em: <https://documents.un.org/doc/undoc/ltd/n23/094/52/pdf/n2309452.pdf?token=3rvsr9hT8hGy1ZYHNw&fe=true>. Acesso em: 7 fev. 2024.

1.2. ESFORÇOS ESTATAIS VOLTADOS À PROTEÇÃO AMBIENTAL EM ÂMBITO INTERNACIONAL, SUPRANACIONAL E DOMÉSTICO: ADAPTAÇÃO, RESILIÊNCIA E TRANSPARÊNCIA

O tema tem ganhado espaço nas esferas públicas nacional e internacional e no universo empresarial. Essa inquietação geral é materializada, por exemplo, com o estabelecimento dos Objetivos de Desenvolvimento Sustentável, componentes da Agenda 2030 da Organização das Nações Unidas e cuja implementação é de responsabilidade coletiva de Estados, corporações, organizações da sociedade civil e indivíduos. Entre os 17 Objetivos e suas respectivas metas, destacam-se não somente o ODS 13, expressamente endereçado à ação contra a mudança global do clima[20], mas também os ODS 6, 7, 14 e 15, respectivamente, relacionados ao saneamento e à água potável, energia limpa e acessível, vida na água e vida terrestre. Não se deve perder de vista o fato de que a leitura de todos os ODS deve ser conjunta, de maneira que um ODS jamais poderá ser alcançado em prejuízo dos demais[21].

Ponto importante também relacionado aos ODS e à emergência climática encontra-se no ODS "13.a", que determina a implementação dos compromissos assumidos por Estados desenvolvidos e que são parte da Convenção Quadro das Nações Unidas sobre Mudança do Clima – esta última estabelecida após a Cúpula da Terra, ocorrida em 1992 no Rio de Janeiro (ECO-92). A política climática e o direito climático[22] ganham cada vez mais espaço, com iniciativas crescentes por parte dos Estados[23] e que impactam diretamente na atuação de entes corporativos em sua relação com a natureza.

Atualmente, os principais dados e ambições para atacar os impactos causados pelas mudanças climáticas encontram-se no chamado

---

[20] ORGANIZAÇÃO DAS NAÇÕES UNIDAS. **Objetivo de Desenvolvimento Sustentável 13**. Disponível em: <https://brasil.un.org/pt-br/sdgs/13>. Acesso em: 24 jan. 2022.

[21] VILLAS BOAS, Izabela Zonato; CARDIA A., Ana Cláudia Ruy. Mariana e Brumadinho: o (des)compromisso das empresas mineradoras envolvidas nas duas tragédias com a sustentabilidade e com os direitos humanos. CARDIA A., Ana Cláudia Ruy; VILLAS BOAS, Izabela Zonato (Coord.). **Quanto Vale?**: uma análise interdisciplinar do Direito sobre as tragédias de Mariana e Brumadinho. Londrina: Thoth, 2021.

[22] BEDONI, Marcelo. **Direito ambiental e direito climático**: intersecções entre meio ambiente e sistema climático no ordenamento jurídico brasileiro. Rio de Janeiro: Lumen Juris, 2023.

[23] AGÊNCIA GOV. **Governo Federal retoma política ambiental e climática em 2023**. Disponível em: <https://agenciagov.ebc.com.br/noticias/202312/governo-federal-retoma-politica-ambiental-e-climatica-em-2023>. Acesso em: 4 jan. 2024.

Acordo de Paris, tratado sobre o tema assinado por 196 países em 2015[24] – que entrou em vigor em 2016[25] –, que traz como principais demandas a manutenção da temperatura média global abaixo de 2 graus Celsius em relação aos níveis pré-industriais até o ano de 2050, com esforços para que haja um limite, inclusive, para 1,5 graus Celsius[26] – de maneira mais efetiva que a norma internacional que antecedeu tais esforços, a saber, o Protocolo de Kyoto[27]. Para tanto, outro objetivo é o aumento da capacidade de adaptação e resiliência da sociedade global às mudanças climáticas a partir do desenvolvimento de iniciativas de baixa emissão de gases que contribuem para o efeito estufa, tornando também os fluxos financeiros compatíveis, caso último em que a participação de ativos de ESG se faz essencial, como se verá a seguir.

É fundamental notar naquele tratado a conexão entre o alcance das temperaturas determinadas e o grau de desenvolvimento dos Estados, de maneira que cabe aos países mais ricos a adoção de metas mais duras de redução das emissões de carbono em comparação aos países em desenvolvimento. Assim, por meio dessa norma, é possível estabelecer diretrizes a serem seguidas internacionalmente, devendo também ser consideradas as particularidades e os níveis de desenvolvimento de cada país nesse processo, seguindo o princípio das chamadas "responsabilidades comuns, porém diferenciadas".

Em respeito ao Acordo de Paris, seus países signatários devem submeter à ONU relatórios com seus respectivos planos de ação climática, denominados Contribuições Nacionalmente Determinadas (*Nationally Determined Contributions*, ou NDCs). As NDCs devem não somente refletir as ambições dos países no enfrentamento às mudanças climáticas, mas também ser revisadas periodicamente (a cada cinco anos) a fim de que sejam reduzidas as emissões o mais rápido possível aos níveis

---

[24] O tratado conta atualmente com 195 membros. Interessante notar a participação da União Europeia como signatária, para além de seus Estados-membros.

[25] UNITED NATIONS TREATY COLLECTION. **Paris Agreement**. Disponível em: <https://treaties.un.org/Pages/ViewDetails.aspx?src=TREATY&mtdsg_no=XXVII-7-d&chapter=27&clang=_en>. Acesso em: 31 jan. 2022.

[26] UNITED NATIONS. **Paris Agreement**. 2015. Disponível em: <https://unfccc.int/sites/default/files/english_paris_agreement.pdf>. Acesso em: 26 jan. 2022.

[27] UNITED NATIONS. **Kyoto Protocol to the United Nations Framework Convention on Climate Change**. 1998. Disponível em: <https://unfccc.int/resource/docs/convkp/kpeng.pdf>. Acesso em: 15 fev. 2022.

pré-industriais, sem desconsiderar também grupos vulneráveis potencialmente envolvidos[28]. No caso do Brasil, por exemplo, sua NDC foi atualizada em 2023, determinando que o país deve (i) reduzir suas emissões em 48% até 2025 e 53% até 2030 em comparação com as de 2005; e (ii) neutralizar suas emissões líquidas até 2050 (com a respectiva compensação a partir de fontes de captura internacionalmente reconhecidas)[29].

Destacam-se também os conceitos de adaptação e resiliência previstos no Acordo de Paris. Os países signatários devem estabelecer ajustes em seus sistemas econômicos, ecológicos, sociais e em suas estruturas internas gerais para se adaptar de maneira resiliente e sustentável aos futuros impactos adversos das mudanças climáticas sem abandonar seus imperativos de progresso. Essas medidas devem ser implementadas de forma transparente e em parceria com todos os *stakeholders*: comunidades locais, setores públicos e privados, sociedade civil e organizações nacionais, regionais, multilaterais e internacionais que o Estado faça parte ou tenha relações relevantes[30]. Tais procedimentos dependem não somente da boa vontade política de todos os envolvidos, mas também e principalmente de vultosos montantes para sua consecução, que, em conformidade com o tratado, devem partir sobretudo dos Estados desenvolvidos.

As atenções também devem se voltar às discussões travadas nas Conferências das Nações Unidas sobre Mudanças Climáticas (COP), que têm o condão de materializar de maneira cooperativa e sustentável os conceitos estabelecidos no Acordo de Paris. Destaca-se, assim, a COP26, ocorrida em Glasgow em 2021. Naquela ocasião, líderes estatais e representantes corporativos e do terceiro setor se mobilizaram para buscar alternativas à crise climática em um cenário pandêmico e de crise econômica global. Não obstante os resultados alcançados, com

---

[28] THE DANISH INSTITUTE FOR HUMAN RIGHTS. **Human Rights in climate actions**: an analysis of nationally determined contributions to the Paris Agreement (NDCs) and EU National Energy and Climate Plans (NECPS). Copenhagen: The Danish Institute for Human Rights, 2023.

[29] BNDES. Banco Nacional de Desenvolvimento. **Painel NDC**: nossa contribuição para as metas de emissões do Brasil. Disponível em: <https://www.bndes.gov.br/wps/portal/site/home/desenvolvimento-sustentavel/resultados/emissoes-evitadas>. Acesso em: 5 jan. 2024.

[30] UNFCCC. **Adaptation and resilience**. Disponível em: <https://unfccc.int/topics/adaptation-and-resilience-the-big- picture/introduction>. Acesso em: 5 jan. 2024.

a publicação do chamado Pacto Climático de Glasgow[31] (em que se destacam, por exemplo, os compromissos para *mitigar* os impactos ao meio ambiente a partir da emissão de gás carbônico (CO_2) na atmosfera; *adaptar* as suas estruturas para a concretização dos objetivos de redução climática; mobilizar recursos *financeiros* para a consecução de tais mudanças e promover a *colaboração* dos *stakeholders* estatais e não estatais para o alcance dos objetivos apresentados naquela Conferência), não foi possível afirmar que os objetivos inicialmente e idealmente propostos foram atingidos[32], sobretudo em função de resistências variadas por diferentes atores privados e estatais, cada qual preocupado com seu interesse e eventual disposição política.

Durante a COP27, no Egito (2022), foi estabelecida a estrutura do chamado Fundo de Perdas e Danos, que tem por objetivo auxiliar Estados subdesenvolvidos em seus programas de adaptação e mitigação de impactos às mudanças climáticas para além dos repasses financeiros de Estados desenvolvidos e eventuais auxílios em desenvolvimento de tecnologia para a inovação na transição energética. Na COP28 – realizada em 2023 nos Emirados Árabes Unidos –, além dos aportes financeiros de mais de 700 milhões de dólares feitos ao Fundo de Perdas e Danos[33] (considerados insuficientes à luz das necessidades dos Estados subdesenvolvidos para efetiva adaptação[34]) foi apresentado pela primeira vez

---

[31] UN CLIMATE CHANGE CONFERENCE UK 2021. **COP 26**: The Glasgow Climate Pact. Disponível em: <https://ukcop26.org/wp-content/uploads/2021/11/COP26-Presidency-Outcomes-The-Climate-Pact.pdf>. Acesso em: 24 jan. 2022. Ver também: UNFCCC. **Glasgow Climate Pact**. Disponível em: <https://unfccc.int/sites/default/files/resource/cop26_auv_2f_cover_decision.pdf>. Acesso em: 24 de jan. 2022.

[32] NAÇÕES UNIDAS. ONU News. **"Passo importante, mas não suficiente", afirma Guterres sobre o acordo da COP-26**. Disponível em: <https://news.un.org/pt/story/2021/11/1770432>. Acesso em: 24 jan. 2022.

[33] UNFCCC. **Operationalization of the funding arrangements for responding to loss and damage referred to in paragraph 2, including the fund established in paragraph 3, of decisions 2/CP.27 and 2/CMA.4**. United Nations, 2023. Referido fundo não deve ser confundido com o Fundo Verde para o Clima (ou *Green Climate Fund*), estabelecido em 2010 e voltado para o financiamento de uma economia de baixo carbono em países subdesenvolvidos. PNUMA. **Fundo Verde para o Clima**. Disponível em: <https://www.unep.org/pt-br/sobre-o-pnuma/financiamento-e-parcerias/parceiros-de-financiamento/fundo-verde-para-o-clima>. Acesso em: 9 jan. 2024.

[34] THE GUARDIAN. **$700m pledged to loss and damage fund at Cop28 covers less than 0.2% needed**. 2023. Disponível em: <https://www.theguardian.com/environment/2023/dec/06/700m-pledged-to-loss-and-damage-fund-cop28-covers-less-than-02-percent-needed>. Acesso em: 5 jan. 2024.

o balanço global (ou avaliação global, definida em inglês como *global stocktake* – artigo 14 do Acordo de Paris) das medidas implementadas pelos países desde o estabelecimento daquele tratado. O texto conclusivo[35] da COP28 trouxe a previsão inicial de redução gradual do uso de combustíveis fósseis por meio de programas de transição energética justa[36], mas não primou por sua completa eliminação[37]. Por fim, foi assinada a Declaração sobre Agricultura Sustentável, Sistemas Resilientes e Ação Climática, com a finalidade de estabelecer um sistema agrícola mais sustentável em termos de biodiversidade e proteção aos direitos humanos, garantindo maior segurança alimentar a todos(as)[38].

As expectativas agora se voltam à COP30, a ser realizada no Brasil em 2025 (em Belém, PA)[39]. Espera-se que na ocasião sejam discutidos novos arranjos voltados à biodiversidade e especialmente à proteção da Amazônia, com decisões que enfrentem de maneira mais rígida o grave desmatamento na região e busquem o desenvolvimento de atividades a partir do primado da sustentabilidade.

Quanto à proteção da biodiversidade, é digno de menção o acordo histórico conhecido como Marco Global da Biodiversidade (*Kumming--Montreal Global Biodiversity Framework*, ou GBF) obtido durante a Conferência das Partes à Convenção das Nações Unida sobre Diversidade Biológica em 2022 (COP-15), com quatro grandes objetivos e vinte e três metas para alcançar a proteção da biodiversidade no planeta até 2030 (conservando 30% das áreas terrestre e marinha até 2030)[40], bem como a adoção, em 2023, do Tratado do Alto Mar (*Biodiversity Beyond National Jurisdiction*, ou BBNJ ou *High Seas Treaty*), primeiro tratado que prevê a obrigação de os Estados-membros administrarem e conservarem de maneira sustentável a biodiversidade marinha em áreas

---

[35] UNFCCC. **COP-28 The UAE Consensus**. United Nations, 2023.
[36] UNFCCC. **UAE Just Transition work programme**. United Nations, 2023.
[37] UNFCCC. **COP28 Agreement Signals "Beginning of the End" of the Fossil Fuel Era**. 2023. Disponível em: <https://unfccc.int/news/cop28-agreement-signals-beginning-of-the-end-of-the-fossil-fuel-era>. Acesso em: 5 jan. 2024.
[38] COP28 UAE. **COP28 UAE Declaration on Sustainable Agriculture, Resilient Food Systems and Climate Action**. United Nations, 2023.
[39] PRESIDÊNCIA DA REPÚBLICA. **Rumo à COP30**. Disponível em: <https://www.gov.br/planalto/pt-br/assuntos/cop28/cop-30-no-brasil>. Acesso em: 5 jan. 2024.
[40] UNITED NATIONS ENVIRONMENT PROGRAMME. **COP15**: nations adopt four goals, 23 targets for 2030 in landmark UN Biodiversity Agreement. Disponível em: <https://www.cbd.int/article/cop15-cbd-press-release-final-19dec2022>. Acesso em: 8 jan. 2024.

superiores às respectivas fronteiras marítimas delimitadas internacionalmente pelas normas de Direito do Mar[41].

Além do Tratado do Alto Mar, discute-se atualmente na ONU a elaboração de um tratado relacionado à poluição plástica terrestre e no ambiente marinho (Tratado Global sobre a Poluição Plástica, ou *Global Plastic Treaty*)[42]. Aguarda-se para 2024 a conclusão das discussões intergovernamentais relacionadas, naquele que pode ser o primeiro tratado relacionado a tema relevante para a proteção à biodiversidade no planeta e um primeiro passo para a eliminação de plásticos e microplásticos.

Percebe-se, assim, a evolução proativa[43] do tema na esfera internacional, sobretudo na última década, com o expresso reconhecimento dos Estados de que enfrentar a emergência climática ora instalada é responsabilidade de todos(as) – o que inclui, sobremaneira, as empresas. Os avanços subsequentes devem ser acompanhados, bem como avaliados de maneira crítica sobre o verdadeiro enfrentamento às mudanças climáticas e aos seus consequentes impactos à humanidade.

No contexto latino-americano, o Acordo Regional sobre Acesso à Informação, Participação Pública e Acesso à Justiça em Assuntos Ambientais na América Latina e no Caribe (também conhecido como Acordo de Escazú[44]) entrou em vigor em 2021 e demanda a cooperação entre os países signatários (e multinível entre outros *stakeholders*) para o alcance de uma justiça e uma democracia climáticas na região,

---

[41] UNITED NATIONS TREATY COLLECTION. **Agreement under the United Nations Convention on the Law of the Sea on the conservation and sustainable use of marine biological diversity of areas beyond national jurisdiction**. United Nations, 2023. Disponível em: <https://treaties.un.org/doc/Treaties/2023/06/20230620%2004-28%20PM/Ch_XXI_10.pdf>. Acesso em: 8 jan. 2024.

[42] UNITED NATIONS. **UNEP/EA.5/Res.14**. 2022. Disponível em: <https://digitallibrary.un.org/record/3999257>. Acesso em: 7 fev. 2024.

[43] CHAISSE, Julien; SOLANKI, Arjun. **Advancing climate-change goals**: from reactive to proactive systemic integration. Columbia Center on Sustainable Investment, n. 344, 2022. Disponível em: <https://ccsi.columbia.edu/sites/default/files/content/docs/fdi%20perspectives/No%20344%20-%20Chaisse%20and%20Solanki%20-%20FINAL.pdf?utm_source=CCSI+Mailing+List&utm_campaign=89848f528a-CCSI%27s+Fall+2020+Speaker+Series_COPY_01&utm_medium=email&utm_term=0_a61bf1d34a-89848f528a-62947537>. Acesso em: 8 jan. 2024.

[44] UNITED NATIONS. **Regional Agreement on Access to Information, Public Participation and Justice in Environmental Matters in Latin America and the Caribbean**. 2018. Disponível em: <https://treaties.un.org/doc/Treaties/2018/03/20180312%2003-04%20PM/CTC-XXVII-18.pdf>. Acesso em: 31 jan. 2022.

garantindo transparência, informação e assistência aos indivíduos cujos direitos ambientais tiverem sido violados (essencialmente a partir da atuação corporativa exploratória na América Latina). Ademais, é o primeiro acordo internacional a prever expressamente regras de proteção a defensores(as) de direitos humanos em matéria ambiental[45] – tema altamente complexo e de reavaliação urgente por parte de Estados e empresas. Referido tratado também será de grande valia em litígios climáticos na região, que serão analisados nos itens subsequentes.

No plano supranacional, o Pacto Ecológico Europeu (*European Green Deal*) foi adotado pela Comissão Europeia em 2019 e objetiva a completa descarbonização da União Europeia (UE) até 2050 e a redução em mais da metade dos gases emitidos até 2030[46] (55%) a partir da adoção de medidas radicais de enfrentamento à emissão de carbono, como a renovação energética de edifícios e meios de transporte marítimos, aéreos e terrestres; a despoluição do sistema energético a partir de fontes renováveis com abertura para novos empregos no setor[47] e agricultura e distribuição sustentáveis (programa "*from farm to fork*", ou "da fazenda ao garfo", em português)[48] – todas essas medidas idealizadas a partir da mobilização de vultoso montante de euros para investimentos sustentáveis[49].

---

[45] BARROSO, Luis Roberto; MELLO, Patrícia Perrone Campos. Los efectos transformadores del Acuerdo de Escazú. GUANIPA, Henry Jiménez; ÁVILA, Lina Muñoz; POISOT, Eduardo Ferrer Mac-Gregor (Ed.). LÓPEZ, Miguel Barboza; RANK, Hartmut (Coord.). **Comentario al Acuerdo de Escazú sobre derechos ambientales en América Latina y el Caribe**. Berlin: Konrad-Adenauer-Stiftung, 2023.

[46] EUROPEAN COMMISSION. **2030 Climate Target Plan**. Disponível em: <https://ec.europa.eu/clima/eu-action/european-green-deal/2030-climate-target-plan_en>. Acesso em: 31 jan. 2022.

[47] COMISSÃO EUROPEIA. **Concretizar o pacto ecológico europeu**. Disponível em: <https://ec.europa.eu/info/strategy/priorities-2019-2024/european-green-deal/delivering-european-green-deal_pt>. Acesso em: 31 jan. 2022.

[48] EUROPEAN COMMISSION. **Communication from the Commission**: The European Green Deal. COM(2019) 640. Disponível em: <https://eur-lex.europa.eu/legal-content/EN/TXT/HTML/?uri=CELEX:52019DC0640>. Acesso em: 8 jan. 2024.

[49] EUROPEAN COMMISSION. **The European Green Deal Investment Plan and Just Transition Mechanism**. Disponível em: <https://ec.europa.eu/info/publications/200114-european-green-deal-investment-plan_en>. Acesso em: 31 jan. 2022. É interessante mencionar que naquele período também entrou em vigor a diretiva da União Europeia que visava à redução do uso de plásticos no continente. EUR-LEX. **Directive (EU) 2019/904 of the European Parliament and of the Council of 5 June 2019 on the reduction of the impact of certain plastic products on the environment**. 2019. Disponível em: <https://eur-lex.europa.eu/eli/dir/2019/904/oj>. Acesso em: 8 jan. 2024.

Desde então, uma série de nomas foi estabelecida para regulamentar os principais aspectos daquele programa. Destacam-se no âmbito do pacote "*Fit for 55*" (ou "Objetivo 55", em português, que inclui políticas e normas a serem adotadas para que a União Europeia alcance a meta de redução de 55% de suas emissões de CO_2 até 2030, comparada às suas emissões em 1990[50]) algumas diretivas relevantes, a saber: (i) a Diretiva sobre Eficiência Energética, aprovada em 2023, e que visa à redução final de consumo de energia na União Europeia em 11,7% até 2030; e (ii) a Diretiva sobre Energias Renováveis, que busca incrementar o consumo de energia renovável da UE para 42,5% até 2030. Merece acompanhamento também a proposta de Diretiva sobre "reivindicações verdes" (*"Green Claims" Directive*), com foco em exigir das empresas requisitos sobre rotulagem e comunicação de produtos que tenham origem natural a fim de não induzir os consumidores em erro[51]. Referida proposta já teve sua redação aprovada pelo Parlamento Europeu[52], aguardando atualmente a aprovação pelo Conselho da Europa.

No enfrentamento ao desmatamento (outro grande vilão do aumento da temperatura do planeta), o Parlamento Europeu aprovou em 2023, por larga maioria, o Regulamento Europeu sobre Desmatamento (*EU Deforestation Regulation*). O objetivo de referida norma é combater o desmatamento, enfrentar mudanças climáticas e promover a biodiversidade na comercialização de determinados produtos na União Europeia. De acordo com a regra, empresas somente serão autorizadas a vender produtos naquele bloco após suas fornecedoras apresentarem

---

[50] O Programa "*Fit for 55*" tem metas gerais a serem normatizadas no plano supranacional europeu, tais como: estabelecimento de um sistema europeu de mercado de carbono (EU ETS); esforços compartilhados entre estados membros em mercados de carbono não regulados (ESR); sistemas de emissão e captura de CO_2 a partir de uso da terra, mudança no uso da terra e silvicultura (*land use, land-use change, and forestry*, com a sigla LULUCF); fundo social climático (SCF) e novos padrões de *performance* de emissões de CO_2 para carros e vans. EUROPEAN COUNCIL. **Timeline**: European Green Deal and Fit for 55. Disponível em: <https://www.consilium.europa.eu/en/policies/green-deal/timeline-european-green-deal-and-fit-for-55/>. Acesso em: 5 jan. 2024.

[51] EUROPEAN PARLIAMENT. **'Green claims' directive**: protecting consumers from greenwashing. Disponível em: <https://www.europarl.europa.eu/RegData/etudes/BRIE/2023/753958/ EPRS_BRI(2023)753958_EN.pdf>. Acesso em: 8 jan. 2024.

[52] EUROPEAN PARLIAMENT. **MEPs adopt new law banning greenwashing and misleading product information**. 2024. Disponível em: <https://www.europarl.europa.eu/news/en/press-room/20240112IPR16772/meps-adopt-new-law-banning-greenwashing-and-misleading-product-information>. Acesso em: 18 jan. 2024.

declarações de devida diligência (*due diligence*) que comprovem que o produto não teve origem em locais com desmatamento ou degradação ambiental. Ainda, determina que as empresas que fornecem produtos para a UE informem se suas práticas estão em conformidade com a legislação do país de origem não somente em questões sanitárias, mas também e principalmente em relação à proteção aos direitos humanos e de povos indígenas e tradicionais. São abarcados pelo novo regulamento os seguintes produtos: gado, cacau, café, dendê, soja, madeira, borracha, carvão vegetal, produtos de papel impresso e derivados do óleo de palma[53]. Sua aplicabilidade terá início em 2024 e a categorização de produtos afeta diretamente empresas brasileiras que fornecem tais *commodities* à Europa, perspectiva que deverá intensificar ainda mais a procura por programas e projetos em ESG e *compliance* ambiental e com a direta e consequente proteção aos direitos humanos.

Também em 2023, a União Europeia deu início ao processo de transição tributária do chamado Mecanismo Fronteiriço de Ajuste de Carbono (*Carbon Border Adjustment Mechanism*, ou CBAM)[54], focado na taxação da "pegada de carbono de um conjunto selecionado de produtos importados pela União Europeia (UE), vindo de países com regulações climáticas menos rigorosas" e com vistas ao alcance dos seguintes objetivos: (i) redução das emissões de GEE "associados aos produtos fabricados e consumidos pelos países do bloco a partir de insumos trazidos desde o exterior"; (ii) desincentivo à realocação de "parques fabris pertencentes a setores da indústria com alta pegada de carbono em países com políticas climáticas menos rigorosas"; e (iii) incentivo à redução das emissões "em nível global, em vez de deslocar a produção intensiva de carbono para fora das fronteiras europeias"[55]. O primeiro período para reporte de informações por parte de importadores se

---

[53] EUR-LEX. **Regulation (EU) 2023/1115 of the European Parliament and of the Council of 31 May 2023 on the making available on the Union market and the export from the Union of certain commodities and products associated with deforestation and forest degradation and repealing Regulation (EU) n. 995/2010**. 2023. Disponível em: <https://eur-lex.europa.eu/legal-content/EN/TXT/PDF/?uri=CELEX:32023R1115>. Acesso em: 4 jan. 2024.

[54] EUROPEAN COMMISSION. **Carbon Border Adjustment Mechanism**. Disponível em: <https://taxation-customs.ec.europa.eu/carbon-border-adjustment-mechanism_en>. Acesso em: 23 jan. 2024.

[55] IBP. **O mecanismo de ajuste fronteiriço de carbono e seus desafios para uma transição energética justa**. Rio de Janeiro: IBP, 2022, p. 2.

encerrará em 31 de janeiro de 2024 – cabe, assim, o acompanhamento da temática e de suas principais repercussões para as empresas exportadoras de produtos à Europa.

Quanto à proteção à biodiversidade, no âmbito da estratégia da UE sobre o tema até 2030, aguarda-se em 2024 a aprovação da Lei Europeia de Restauração da Natureza (*EU Nature Restoration Law*)[56], que busca estabelecer metas para a restauração de ecossistemas degradados, sobretudo aqueles com potencial de captura e armazenamento de carbono, com os objetivos primordiais de limitar o aquecimento global a 1,5° C, bem como prevenir desastres naturais e reforçar a segurança alimentar do continente. Em novembro de 2023, o Parlamento Europeu também chegou a um acordo provisório com vistas à atualização da lei europeia de crimes ambientais, ampliando-a para crimes como importação de mercúrio e gases fluorados, bem como aspectos sobre a poluição provocada por navios aos ecossistemas marinhos[57].

Dada a importância do tema para a agenda ESG, as demais regras europeias relacionadas ao *European Green Deal*, sobretudo no aspecto financeiro e de reporte de informações aos investidores, bem como de devida diligência em direitos humanos para avaliação de cadeia produtiva, serão analisadas nos itens subsequentes a partir de seus respectivos pontos de aplicabilidade.

Quanto às iniciativas domésticas voltadas à transição energética justa, o Presidente norte-americano Joe Biden assinou em 2022 o *Inflation Reduction Act* (IRA ou Lei de Redução da Inflação, em português), norma federal que prevê um pacote ambicioso e robusto de incentivos governamentais para a transição energética do país[58], que será concretizada por meio de: (i) créditos fiscais para consumidores de energias de baixo carbono e veículos elétricos ou que instalem painéis

---

[56] EUROPEAN COMMISSION. **Nature Restoration Law**. Disponível em: <https://environment.ec.europa.eu/topics/nature-and-biodiversity/nature-restoration-law_en>. Acesso em: 18 jan. 2024.

[57] EUROPEAN PARLIAMENT. **Environmental Crimes**: deal on new offences and reinforced sanctions. 2023. Disponível em: <https://www.europarl.europa.eu/news/en/press-room/20230929IPR06108/environmental-crimes-deal-on-new-offences-and-reinforced-sanctions>. Acesso em: 21 jan. 2024.

[58] THE WHITE HOUSE. **Building a Clean Energy Economy**: a guidebook to the inflation reduction act's investments in clean energy and climate action. Disponível em: <https://www.whitehouse.gov/wp-content/uploads/2022/12/Inflation-Reduction-Act-Guidebook.pdf>. Acesso em: 4 jan. 2024.

solares; (ii) descontos aos consumidores que comprarem aparelhos energeticamente eficientes; bem como (iii) a adoção de outras medidas tributárias e regulatórias que visem não somente mitigar a inflação norte-americana, mas também cumprir com as metas climáticas do país de redução e mitigação das emissões de CO_2 até 2050[59].

Um ponto interessante da norma se apresenta na preocupação em estimular que famílias de baixa renda também sejam capazes de contribuir com a transição energética a partir do consumo de materiais e veículos que consumam baixo carbono, bem como gerar empregos e um "crescimento econômico partilhado" com impactos em longo prazo[60]. Em paralelo ao IRA, o governo norte-americano também estabeleceu uma lei bipartidária de infraestrutura (*Bipartisan Infrastrucute Law*, parte da Lei de Investimentos e Empregos em Infraestrutura do país), que prevê investimentos bilionários em transporte público para modernização de equipamentos para redução das emissões de CO_2, com segurança e equidade nas frotas existentes[61]. Os incentivos em energia limpa e transporte foram recordes em 2023 para os setores de manufatura, produção industrial, doméstica e varejo, com investimentos de mais de 60 bilhões de dólares e impactos diretos na economia norte-americana[62].

Outras normas e iniciativas igualmente relevantes em todo o planeta são lançadas e promulgadas diuturnamente, em uma verdadeira corrida dos países para alcançar programas de descarbonização que não somente sigam fomentando suas economias com novos investimentos privados, mas também busquem eficiência energética com o uso de tecnologia de ponta, redução de custos e (espera-se) respeito aos

---

[59] INSTITUTO BRASILEIRO DE PETRÓLEO. **Implicações da Lei de Redução da Inflação nos Estados Unidos**. 2022. Disponível em: <https://www.ibp.org.br/personalizado/uploads/2022/10/lei-de-reducao-da-inflacao.pdf>. Acesso em: 4 jan. 2024.

[60] THE WHITE HOUSE. **Building a clean energy economy**: a guidebook to the inflation reduction act's investments in clean energy and climate action. Disponível em: <https://www.whitehouse.gov/wp-content/uploads/2022/12/Inflation-Reduction-Act-Guidebook.pdf>. Acesso em: 4 jan. 2024.

[61] UNITED STATES DEPARTMENT OF TRANSPORTATION. **Bipartisan Infrastructure Law**. Disponível em: <https://www.transit.dot.gov/BIL#:~:text=The%20Bipartisan%20Infrastructure%20Law%2C%20as,transportation%20in%20the%20nation's%20history.>. Acesso em: 4 jan. 2024.

[62] RHODIUM GROUP. MIT CENTER FOR ENERGY AND ENVIRONMENTAL POLICY RESEARCH. **Clean Investment Monitor**: Q3 2023 Update. Disponível em: <https://assets-global.website-files.com/64e31ae6c5fd44b10ff405a7/6571521b4738065807118c37_Clean%20Investment%20Monitor_Q3%202023.pdf>. Acesso em: 5 jan. 2024.

recursos naturais finitos e à redução da temperatura da Terra. Desdobramentos relevantes ainda serão vistos especialmente em questões envolvendo comércio internacional e, como se verá adiante, exploração de minerais críticos e proteção aos direitos humanos.

1.3. O POSICIONAMENTO POLÍTICO, NORMATIVO E ESTRATÉGICO BRASILEIRO NO ENFRENTAMENTO ÀS MUDANÇAS CLIMÁTICAS

O Brasil é – e deve ser – um forte protagonista nos processos de transição energética, não somente por conter em boa parte de seu território o maior bioma do planeta (Amazônia) e ampla biodiversidade, mas também por ser um dos países atualmente com maior porcentagem de utilização de energias renováveis e com potencial para geração de novas energias limpas a partir de processos altamente tecnológicos. Do outro lado da moeda, a região amazônica sofre por ser a "nova fronteira de expansão da agropecuária, de geração de energia, da mineração e da logística de transporte de cargas"[63], correndo o risco de chegar a um ponto de não retorno, ou seja, quando a sua capacidade de restauração é irreversível ante a atividade exploratória humana. A ilegalidade verificada em muitos processos e a constante corrupção também colocam o país em lugar de protagonismo em que não se deveria estar: o de impunidade diante da destruição do ecossistema e da biodiversidade nacionais.

O Governo brasileiro reconhece a necessidade estratégica de um posicionamento pioneiro e de eventual contraponto – se necessário – aos países desenvolvidos nas discussões sobre mudanças climáticas, sobretudo em função dos interesses exploratórios dos recursos naturais nacionais, de sua matriz energética e de sua mão de obra comparativamente mais barata. Não por acaso, conta desde 2009 com a Política Nacional sobre Mudança do Clima[64] e, em 2025, sediará a COP30[65], tendo

---

[63] OLIVEIRA, Karen. O Fundo Clima e a importância do financiamento de soluções baseadas na natureza. BORGES, Caio; VASQUES, Pedro Henrique (Org.). **STF e as mudanças climáticas**: contribuições para o debate sobre o Fundo Clima (ADPF 708). Rio de Janeiro: Telha, 2021, p. 133.

[64] BRASIL. **Lei n. 12.187, de 29 de dezembro de 2009**. Institui a Política Nacional sobre Mudança do Clima – PNMC e dá outras providências. Disponível em: <https://www.planalto.gov.br/ccivil_03/_ato2007-2010/2009/lei/l12187.htm>. Acesso em: 10 jan. 2024.

[65] PRESIDÊNCIA DA REPÚBLICA. **Rumo à COP30**. Disponível em: <https://www.gov.br/planalto/pt-br/assuntos/cop28/cop-30-no-brasil>. Acesso em: 5 jan. 2024.

de reforçar sua posição política em prol de uma bioeconomia[66] que enfrente as mazelas do desmatamento e das mudanças climáticas, mas também em demonstrar seus feitos nacionalmente para essa finalidade.

Grande parte da matriz energética nacional é proveniente de energias renováveis, sobretudo hidrelétricas, e o transporte e a indústria representam 75% do consumo final de energia no país. Apesar de contar com alta exploração de petróleo, o Brasil se destaca pela forte utilização de biocombustíveis, como o etanol, biodiesel, biogás e biometano, sendo o segundo maior produtor do planeta[67] e tendo, desde 2021, programa específico voltado à temática[68].

Ademais, considerando a NDC brasileira de reduzir suas emissões de gases na atmosfera para em 48% até 2025 e 53% até 2030, em comparação com as de 2005[69], são necessários novos investimentos públicos e privados para o alcance desse fim, bem como políticas efetivas que apoiem tais intentos e que sejam acompanhadas de um forte posicionamento perante a comunidade internacional. O Fórum Econômico Mundial estima que o Brasil precisará dispender por volta de um trilhão de reais até 2030 para alcançar sua transição[70].

Não se pode também ignorar o alto potencial geológico brasileiro na exploração dos chamados minerais críticos e estratégicos[71] (como lítio, grafite, cobalto, cobre, níquel, entre outros), essenciais para a produção de baterias, painéis solares e outros insumos relevantes para a

---

[66] Ver, nesse sentido, NOBRE, Carlos Afonso. Bioeconomia de floresta em pé e rios fluindo: uma solução para a Amazônia. BORGES, Caio; VASQUES, Pedro Henrique (Org.). **STF e as mudanças climáticas**: contribuições para o debate sobre o Fundo Clima (ADPF 708). Rio de Janeiro: Telha, 2021.

[67] IEA. **Latin America Energy Outlook**. Overview: Brazil. IEA, 2023.

[68] CONSELHO NACIONAL DE POLÍTICA ENERGÉTICA. **Resolução n. 7, de 20 de abril de 2021**. Institui o Programa Combustível do Futuro, cria o Comitê Técnico Combustível do Futuro e dá outras providências. Disponível em: <https://www.gov.br/mme/pt-br/assuntos/conselhos-e-comites/cnpe/resolucoes-do-cnpe/resolucoes-2021/ResCNPE72021.pdf>. Acesso em: 12 jan. 2024.

[69] BNDES. **Painel NDC**: nossa contribuição para as metas de emissões do Brasil. Disponível em: <https://www.bndes.gov.br/wps/portal/site/home/desenvolvimento-sustentavel/resultados/emissoes-evitadas>. Acesso em: 5 jan. 2024.

[70] WORLD ECONOMIC FORUM. **Finding Pathways, Financing Innovation**: tackling the brasilian transition challenge. White Paper. Genebra: World Economic Forum, 2023.

[71] CASTRO, Fernando Ferreira de; PEITER, Carlos Cesar; GÓES, Geraldo Sandoval. **Minerais estratégicos e críticos**: uma visão internacional e da política mineral brasileira. Instituto de Pesquisa Econômica Aplicada. Rio de Janeiro: Ipea, 2022.

Capítulo 1 • A Urgente Proteção Ambiental na Agenda ESG   31

produção de materiais voltados à transição para uma economia de baixo carbono e cuja demanda deve crescer exponencialmente[72] a partir dos novos processos globais de transição energética[73], devendo atualmente ser lida à luz do Decreto n. 10.657/2021 (Política Pró-Minerais Estratégicos)[74]. As reservas de lítio brasileiras (minério atualmente denominado de "petróleo branco", em função de sua cor branco-prateada e dado seu potencial econômico para os países e para a transição energética à semelhança daquele combustível fóssil) têm sido exploradas por empresas nacionais e estrangeiras[75], assim como a exploração de ouro no país (tanto legal quanto ilícita)[76] cresceu exponencialmente nos últimos anos, demandando atenção sobretudo quanto às violações aos direitos humanos sobretudo de povos indígenas e comunidades tradicionais, como se verá adiante.

O Brasil também tem vasto potencial na produção do chamado hidrogênio verde, obtido a partir de subprodutos de energias tidas como limpas, como a energia eólica e a energia solar. O potencial nacional de produção de hidrogênio verde tem sido objeto de vultosos investimentos estrangeiros[77], além de fruto de programas governamentais com objetivos à sua regulamentação e operacionalização e geração

---

[72] IEA. **Critical minerals market review 2023**. IEA, 2023.

[73] POPE, Nicholas; SMITH, Peter. **Minerais críticos e estratégicos do Brasil em um mundo em transformação**. Instituto Igarapé, 2023.

[74] BRASIL. **Decreto n. 10.657, de 24 de março de 2021**. Institui a Política de Apoio ao Licenciamento Ambiental de Projetos de Investimentos para a Produção de Minerais Estratégicos – Pró-Minerais Estratégicos, dispõe sobre sua qualificação no âmbito do Programa de Parcerias de Investimentos da Presidência da República e institui o Comitê Interministerial de Análise de Projetos de Minerais Estratégicos. Disponível em: <https://www.planalto.gov.br/ccivil_03/_Ato2019-2022/2021/Decreto/D10657.htm>. Acesso em: 9 jan. 2024.

[75] Sobretudo a partir da publicação do Decreto n. 11.120/2022, que "permite as operações de comércio exterior de minerais e minérios de lítio e seus derivados". BRASIL. **Decreto n. 11.120, de 5 de julho de 2022**. Permite as operações de comércio exterior de minerais e minérios de lítio e de seus derivados. Disponível em: <https://www.planalto.gov.br/ccivil_03/_ato2019-2022/2022/decreto/d11120.htm#:~:text=DECRETO%20N%C2%BA%2011.120%2C%20DE%205,l%C3%ADtio%20e%20de%20seus%20derivados.>. Acesso em: 9 jan. 2024.

[76] MINISTÉRIO PÚBLICO FEDERAL. **Mineração ilegal de ouro na Amazônia**: marcos jurídicos e questões controversas. Brasília: MPF, 2020.

[77] MINISTÉRIO DE MINAS E ENERGIA. **União Europeia anuncia construção de usina de hidrogênio verde no Brasil**. 2023. Disponível em: <https://www.gov.br/mme/pt-br/assuntos/noticias/uniao-europeia-anuncia-construcao-usina-de-hidrogenio-verde-no-brasil>. Acesso em: 9 jan. 2024.

de empregos, em observância também às metas do ODS 7 (Energia acessível e limpa)[78].

Quanto à energia eólica, para além do potencial atualmente aproveitado no país[79], o Decreto n. 10.946/2022[80] permitiu a exploração de referida fonte de energia em plataformas marítimas nacionais (eólicas *offshore*), pendente ainda um marco legislativo com vistas à regulamentação de sua exploração[81], mas que permitirá sua franca expansão não obstante seus altos custos de implementação e possíveis impactos socioambientais[82].

No chamado mercado regulado de carbono, o Brasil trouxe os passos à sua efetiva regulamentação em 2023, com a aprovação, pelo Senado Federal, do Projeto de Lei (PL) n. 412/2022[83] (apensado atualmente na Câmara dos Deputados ao PL n. 2.148/2015[84]), que estabelece a criação do Sistema Brasileiro de Comércio de Emissões de Gases do Efeito

---

[78] MINISTÉRIO DE MINAS E ENERGIA. **Programa Nacional do Hidrogênio**. Proposta de Diretrizes. 2021.

[79] IEA. **Latin America Energy Outlook**. Overview: Brazil. IEA, 2023.

[80] BRASIL. **Decreto n. 10.946, de 25 de janeiro de 2022**. Dispõe sobre a cessão de uso de espaços físicos e o aproveitamento dos recursos naturais em águas interiores de domínio da União, no mar territorial, na zona econômica exclusiva e na plataforma continental para a geração de energia elétrica a partir de empreendimento *offshore*. Disponível em: <https://www.planalto.gov.br/ccivil_03/_ato2019-2022/2022/Decreto/D10946.htm>. Acesso em: 9 jan. 2024.

[81] Atualmente, está em trâmite no Congresso Nacional o Projeto de Lei n. 11.247 de 2018, também conhecido como "Marco das Eólicas". Aprovado pela Câmara dos Deputados, está pendente de avaliação pelo Senado Federal. CÂMARA DOS DEPUTADOS. **Parecer do Plenário pelas Comissões de Meio Ambiente e Desenvolvimento Sustentável; minas e Energia; Finanças e Tributação; e de Constituição e Justiça e de Cidadania ao Projeto de Lei n. 11.247, de 2018**. 2023. Disponível em: <https://static.poder360.com.br/2023/11/eolica-offshore-marco-regulatorio.pdf>. Acesso em: 9 jan. 2024.

[82] Os eventuais impactos socioambientais provocados por turbinas eólicas (moinhos de vento) não são uma novidade. Há estudos do final do século passado que já endereçam problemas para comunidades e fauna e flora locais das chamadas fazendas eólicas. A esse respeito, ver WOLSINK, Maarten. The social impact of a large wind turbine. **Environmental Impact Assessment Review**, v. 8, issue 4, p. 323-334, 1998.

[83] SENADO FEDERAL. **Projeto de Lei n. 412/2022**. Regulamenta o Mercado Brasileiro de Redução de Emissões (MBRE), previsto pela Lei n. 12.187, de 29 de dezembro de 2009, e altera as Leis n. 11.284, de 2 de março de 2006; 12.187, de 29 de dezembro de 2009; e 13.493, de 17 de outubro de 2017. Brasil, 2022.

[84] CÂMARA DOS DEPUTADOS. **PL n. 2.148/2015**. Estabelece a redução de tributos para produtos adequados à economia verde de baixo carbono. Disponível em: <https://www.camara.leg.br/propostas-legislativas/1548579>. Acesso em: 23 jan. 2024.

Estufa (SBCE) e visa ao cumprimento das metas brasileiras de redução de emissões perante a ONU e demais organismos internacionais.

O mercado voluntário de carbono no país já é uma realidade[85], com empresas nacionais e estrangeiras atuantes no Brasil já familiarizadas há tempos com tal prática[86], mas é importante salientar que o referido Projeto de Lei também traz determinações a seu respeito, sobretudo quando à proteção aos direitos humanos de povos indígenas e comunidades tradicionais, grupos vulneráveis e com alto potencial de sofrer violações e impactos aos direitos humanos a partir da atividade corporativa e da utilização de mecanismos de compensação de carbono em florestas por eles habitadas sem que haja o chamado "consentimento livre, prévio e informado" de referidas comunidades à luz da Convenção n. 169 da OIT[87].

Assim, considerando sua pujante biodiversidade, bem como a necessária proteção ao meio ambiente, aos direitos humanos e aos interesses e soberania nacionais, é essencial que o Brasil se aproprie dessa temática de maneira séria, transparente e reconhecendo suas particularidades para se tornar importante *player* no cenário de transição energética global.

Todas as normas voltadas à transição energética brasileira devem ser lidas conjuntamente às regras ambientais nacionais, tais como, mas não somente: (i) lei que institui a Política Nacional do Meio Ambiente

---

[85] Análises mais detalhadas sobre as diferenças entre os mercados regulado e voluntário de créditos de carbono serão trazidas no item subsequente.

[86] Destaca-se, nesse caso, a Iniciativa Brasileira para o Mercado Voluntário de Carbono, composta de empresas como Amaggi, B3, Bayer, Dow, Equinor, Itaú, Natura, Rabobank, Systemica e Vale, que tem contribuído para o desenvolvimento do mercado de carbono voluntário no Brasil e também em sua perspectiva internacional. INICIATIVA BRASILEIRA PARA O MERCADO VOLUNTÁRIO DE CARBONO. **Sobre nós**. Disponível em: <https://www.brvcm.org/>. Acesso em: 9 jan. 2024.

[87] MAHANTY, Sango; MCDERMOTT, Constance L. How does 'Free, Prior and Informed Consent' (FPIC) impact social equity? Lessons from mining and forestry and their implications for REDD+. **Land Use Policy**, v. 35, p. 406-416, 2013. RECOFTC – THE CENTER FOR PEOPLE AND FORESTS. **Free, Prior and Informed Consent in REDD+**: principles and approaches for policy and project development. Bangkok, 2011. INTERNATIONAL LABOUR ORGANIZATION. **C169 Indigenous and Tribal Peoples Convention**. 1989. Disponível em: <https://www.ilo.org/dyn/normlex/en/f?p=NORMLEXPUB:55:0::NO::P55_TYPE,P55_LANG,P55_DOCUMENT,P55_NODE:REV,en,C169,/Document>. Acesso em: 13 abr. 2022.

(Lei n. 6.938/81)[88]; (ii) Lei dos Crimes Ambientais (Lei n. 9.605/98)[89]; (iii) Lei que institui a Política Nacional dos Resíduos Sólidos (Lei n. 12.305/2010)[90]; (iv) Código Florestal Brasileiro (Lei n. 12.651/2012)[91]; (v) Marco Legal do Saneamento Básico (Lei n. 14.026/2020)[92], bem como regras relacionadas aos principais aspectos do licenciamento ambiental, também com grande impacto para o setor corporativo.

Em 2023, foram publicados cinco decretos voltados à redefinição do cenário brasileiro de enfrentamento às mudanças climáticas. São eles: (i) Decreto n. 11.546/2023, que institui o Conselho Nacional para a COP30[93]; (ii) Decreto n. 11.547/2023, que traz disposições sobre o

---

[88] BRASIL. **Lei n. 6.938, de 31 de agosto de 1981**. Dispõe sobre a Política Nacional do Meio Ambiente, seus fins e mecanismos de formulação e aplicação, e dá outras providências. Disponível em: <https://www.planalto.gov.br/ccivil_03/leis/l6938.htm>. Acesso em: 11 jan. 2024.

[89] BRASIL. **Lei n. 9.605, de 12 de fevereiro de 1998**. Dispõe sobre as sanções penais e administrativas derivadas de condutas e atividades lesivas ao meio ambiente, e dá outras providências. Disponível em: <https://www.planalto.gov.br/ccivil_03/leis/l9605.htm>. Acesso em: 11 jan. 2024.

[90] BRASIL. **Lei n. 12.305, de 2 de agosto de 2010**. Institui a Política Nacional de Resíduos Sólidos; altera a Lei n. 9.605, de 12 de fevereiro de 1998; e dá outras providências. Disponível em: <https://www.planalto.gov.br/ccivil_03/_ato2007-2010/2010/lei/l12305.htm>. Acesso em: 12 jan. 2024.

[91] BRASIL. **Lei n. 12.651, de 25 de maio de 2012**. Dispõe sobre a proteção da vegetação nativa; altera as Leis n. 6.938, de 31 de agosto de 1981, 9.393, de 19 de dezembro de 1996, e 11.428, de 22 de dezembro de 2006; revoga as Leis n. 4.771, de 15 de setembro de 1965, e 7.754, de 14 de abril de 1989, e a Medida Provisória n. 2.166-67, de 24 de agosto de 2001; e dá outras providências. Disponível em: <https://www.planalto.gov.br/ccivil_03/_ato2011-2014/2012/lei/l12651.htm>. Acesso em: 12 jan. 2024.

[92] BRASIL. **Lei n. 14.026, de 15 de julho de 2020**. Atualiza o marco legal do saneamento básico e altera a Lei n. 9.984, de 17 de julho de 2000, para atribuir à Agência Nacional de Águas e Saneamento Básico (ANA) competência para editar normas de referência sobre o serviço de saneamento, a Lei n. 10.768, de 19 de novembro de 2003, para alterar o nome e as atribuições do cargo de Especialista em Recursos Hídricos, a Lei n. 11.107, de 6 de abril de 2005, para vedar a prestação por contrato de programa dos serviços públicos de que trata o art. 175 da Constituição Federal, a Lei n. 11.445, de 5 de janeiro de 2007, para aprimorar as condições estruturais do saneamento básico no País, a Lei n. 12.305, de 2 de agosto de 2010, para tratar dos prazos para a disposição final ambientalmente adequada dos rejeitos, a Lei n. 13.089, de 12 de janeiro de 2015 (Estatuto da Metrópole), para estender seu âmbito de aplicação às microrregiões, e a Lei n. 13.529, de 4 de dezembro de 2017, para autorizar a União a participar de fundo com a finalidade exclusiva de financiar serviços técnicos especializados. Disponível em: <https://www.planalto.gov.br/ccivil_03/_ato2019-2022/2020/lei/l14026.htm>. Acesso em: 12 jan. 2024.

[93] BRASIL. **Decreto n. 11.546, de 5 de junho de 2023**. Institui o Conselho Nacional para a 30ª Conferência das Partes da Convenção-Quadro das Nações Unidas sobre Mudança do Clima. Disponível em: <https://www.planalto.gov.br/ccivil_03/_ato2023-2026/2023/decreto/

Comitê Técnico da Indústria de Baixo Carbono, formado por equipe interministerial, representantes de associações comerciais de diferentes setores, federações da indústria e membros de outras entidades privadas nacionais e internacionais relevantes, como o Pacto Global[94]; (iii) Decreto n. 11.548/2023[95], que institui a Comissão Nacional para Redução das Emissões de Gases de Efeito Estufa Provenientes do Desmatamento e da Degradação Florestal, Conservação dos Estoques de Carbono Florestal, Manejo Sustentável de Florestas e Aumento de Estoques de Carbono Florestal – REDD+[96]; (iv) Decreto n. 11.549/2023, que traz alterações ao Decreto n. 9.578/2018, que dispõe sobre o Fundo Nacional sobre Mudança do Clima e a Política Nacional sobre Mudança do Clima[97]; e (v) Decreto n. 11.550/2023, que traz disposições sobre o Comitê Interministerial sobre Mudança do Clima (CIM), voltado ao estabelecimento de políticas, atualizações da Política Nacional sobre Mudança do Clima e deliberações sobre as estratégias nacionais para o enfrentamento das mudanças climáticas[98].

D11546.htm#:~:text=DECRETO%20N%C2%BA%2011.546%2C%20DE%205,que%20lhe%20confere%20o%20art.>. Acesso em: 9 jan. 2024.

[94] BRASIL. **Decreto n. 11.547, de 5 de junho de 2023**. Dispõe sobre o Comitê Técnico da Indústria de Baixo Carbono. Disponível em: <https://www.planalto.gov.br/ccivil_03/_ato2023-2026/2023/decreto/D11547.htm.>. Acesso em: 9 jan. 2024.

[95] BRASIL. **Decreto n. 11.548, de 5 de junho de 2023**. Institui a Comissão Nacional para Redução das Emissões de Gases de Efeito Estufa Provenientes do Desmatamento e da Degradação Florestal, Conservação dos Estoques de Carbono Florestal, Manejo Sustentável de Florestas e Aumento de Estoques de Carbono Florestal – REDD+. Disponível em: <https://www.planalto.gov.br/ccivil_03/_ato2023-2026/2023/decreto/d11548.htm>. Acesso em: 9 jan. 2024.

[96] REDD+ é a sigla para redução das emissões para desmatamento e degradação florestal (*Reducing Emissions from Deforestation and Forest Degradation*). Trata-se de mecanismo introduzido pela Convenção-Quadro das Nações Unidas sobre Mudanças Climáticas com o objetivo de "reverter as perdas de florestas e estoques de carbono em países em desenvolvimento" a partir de "pagamentos baseados em *performance*". Trata-se de importante mecanismo para o mercado voluntário de carbono no planeta, sendo o Brasil um *player* relevante para a REDD+ no cenário internacional. GARCIA, Beatriz; RIMMER, Lawrence; CANAL VIEIRA, Leticia; MACKEY, Brendan. REDD+ and forest protection on indigenous lands in the Amazon. **Reciel**, v. 30, p. 207-219, 2021.

[97] BRASIL. **Decreto n. 11.549, de 5 de junho de 2023**. Altera o Decreto n. 9.578, de 22 de novembro de 2018, que dispõe sobre o Fundo Nacional sobre Mudança do Clima e a Política Nacional sobre Mudança do Clima. Disponível em: <https://www.planalto.gov.br/ccivil_03/_ato2023-2026/2023/decreto/D11549.htm>. Acesso em: 9 jan. 2024.

[98] BRASIL. **Decreto n. 11.550, de 5 de junho de 2023**. Dispõe sobre o Comitê Interministerial sobre Mudança do Clima. Disponível em: <https://www.planalto.gov.br/ccivil_03/_Ato2023-2026/2023/Decreto/D11550.htm>. Acesso em: 9 jan. 2024.

Naquele mesmo ano, o Ministério de Minas e Energia anunciou um Plano Nacional de Transição Energética Justa e Inclusiva[99], cujos desdobramentos devem ser acompanhados criticamente por empresas e demais entidades privadas para a elaboração de uma política específica sobre o tema. Foram também instituídos os seguintes programas relevantes para a transição energética em 2023, a saber: (i) Programa Energias da Amazônia, que objetiva reduzir a geração de energia elétrica por meio de combustíveis fósseis (sobretudo diesel) na Amazônia em até 40% até 2026[100]; (ii) Novo Programa de Aceleração do Crescimento (PAC), com transferências e aportes financeiros em nove eixos de investimento para a transição energética e ecológica e geração de empregos de forma sustentável[101]. Foi também anunciado pelo Ministério do Meio Ambiente e Mudança do Clima um Plano de Transição Ecológica para o Brasil, ainda em processo de elaboração[102].

No que tange à proteção da biodiversidade, o Ministério do Meio Ambiente e Mudança do Clima abriu em 2023 consulta pública para atualização da Estratégia e Plano de Ação Nacionais para a Biodiversidade (EPANB) – ainda pendente de resultados[103].

Para a vertente agropecuária, de grande relevância para o Produto Interno Bruto (PIB) do país, mas com elevado impacto para as mudanças climáticas e para a segurança alimentar nacional e internacional[104],

---

[99] MINISTÉRIO DE MINAS E ENERGIA. **Alexandre Silveira lança Plano Nacional de Transição Energética justa e inclusiva na ONU**. 2023. Disponível em: <https://www.gov.br/mme/pt-br/assuntos/noticias/alexandre-silveira-lanca-plano-nacional-de-transicao-energetica-justa-e-inclusiva-na-onu>. Acesso em: 9 jan. 2024.

[100] BRASIL. **Decreto n. 11.648, de 16 de agosto de 2023**. Institui o Programa Energias da Amazônia. Disponível em: <https://in.gov.br/en/web/dou/-/decreto-n-11.648-de-16-de-agosto-de-2023-503845413>. Acesso em: 9 jan. 2024.

[101] PRESIDÊNCIA DA REPÚBLICA. **Conheça o Novo PAC**. Disponível em: <https://www.gov.br/casacivil/pt-br/novopac/conheca-o-plano>. Acesso em: 9 jan. 2024.

[102] MINISTÉRIO DO MEIO AMBIENTE E MUDANÇA DO CLIMA. **Governo Federal lança novo PAC e Plano de Transição Ecológica**. 2023. Disponível em: <https://www.gov.br/mma/pt-br/governo-federal-lanca-novo-pac-e-plano-de-transicao-ecologica>. Acesso em: 12 jan. 2024.

[103] PRESIDÊNCIA DA REPÚBLICA. **Consulta Pública para atualização da Estratégia e Plano de Ação Nacionais para a Biodiversidade – EPANB**. Disponível em: <https://www.gov.br/participamaisbrasil/consulta-publica-epanb>. Acesso em: 9 jan. 2024.

[104] "As mudanças climáticas afetam a produtividade das colheitas e o rendimento da pecuária e pode excluir parcelas significativas de terras do sistema produtivo, o que impactará a disponibilidade e o fornecimento de alimentos no mundo. Adicionalmente, o fenômeno causará impactos de eventos climáticos extremos, reduzindo a capacidade produtiva, sobretudo

foi promulgada em 2021 a Lei n. 14.119/2021, que estabeleceu a Política Nacional de Pagamento por Serviços Ambientais (PINSA)[105], voltada à remuneração de serviços ambientais com vistas à estimular a preservação dos ecossistemas e sua valorização, evitar a perda de vegetação nativa, desertificação e outros processos de degradação, estimular a criação de um mercado de serviços ambientais, fomentando também o desenvolvimento sustentável.

O Plano Plurianual da União (PPA) para o período de 2024 a 2027, instituído por meio da Lei n. 14.802/2024, trouxe pela primeira vez a menção expressa ao meio ambiente como agenda transversal[106], com presença em 50 dos 88 programas daquele Plano. O Ministério do Meio Ambiente e Mudança do Clima, em parceria com o Banco Interamericano de Desenvolvimento (BID), categorizou tais medidas em sete grandes temas, a saber: (i) prevenção e controle do desmatamento e combate a incêndios; (ii) conservação, proteção e recuperação da biodiversidade, de ecossistemas e biomas; (iii) gestão e conservação dos recursos hídricos; (iv) gestão e conservação dos recursos marinhos e zona costeira; (v) bioeconomia; (vi) qualidade ambiental em áreas urbanas e rurais; e (vii) enfrentamento da emergência climática. Cada tema conta com medidas específicas por subtema, todas alinhadas com o compromisso

---

em áreas rurais, o que afetará a acessibilidade física e econômica a alimentos". TÁVORA, Fernando Lagares; FRANÇA, Fabiano Franco; LIMA, José Roberto Pinho de Andrade. **Impactos das mudanças climáticas na agropecuária brasileira, riscos políticos, econômicos e sociais e os desafios para a segurança alimentar e humana**. Brasília: Núcleo de Estudos e Pesquisas/CONLEG/Senado, 2022, p. 7.

[105] BRASIL. **Lei n 14.119, de 13 de janeiro de 2021**. Institui a Política Nacional de Pagamento por Serviços Ambientais; e altera as Leis n. 8.212, de 24 de julho de 1991, 8.629, de 25 de fevereiro de 1993, e 6.015, de 31 de dezembro de 1973, para adequá-las à nova política. Disponível em: <https://www.planalto.gov.br/ccivil_03/_ato2019-2022/2021/lei/l14119.htm>. Acesso em: 9 jan. 2024.

[106] O Plano Plurianual da União define no art. 2º, XX, como agenda transversal o "conjunto de atributos que encaminha problemas complexos de políticas públicas, podendo contemplar aquelas focalizadas em públicos-alvo ou temas específicos, que necessitam de uma abordagem multidimensional e integrada por parte do Estado para serem encaminhados de maneira eficaz e efetiva". Além da agenda de meio ambiente, foram também definidas como agendas transversais os seguintes temas: crianças e adolescentes, mulheres, igualdade racial e povos indígenas. BRASIL. **Lei n. 14.802, de 10 de janeiro de 2024**. Institui o Plano Plurianual da União para o período de 2024 a 2027. Disponível em: <https://www.planalto.gov.br/ccivil_03/_ato2023-2026/2024/lei/L14802.htm#:~:text=LEI%20N%C2%BA%2014.802%2C%20DE%2010,per%C3%ADodo%20de%202024%20a%202027.&text=Art.,165%20da%20Constitui%C3%A7%C3%A3o.>. Acesso em: 5 fev. 2024.

nacional de observar as metas que compõem os ODS e com a atribuição específica de cada órgão nacional para seu alcance[107].

Também em 2024, o Ministério do Desenvolvimento, Indústria, Comércio e Serviços (MDIC) lançou o Plano de Ação para a neoindustrialização para os anos de 2024 a 2026[108], com foco em aspectos de ESG e sustentabilidade a partir das seguintes missões: (i) sustentabilidade das cadeias industriais e com uso de tecnologia para segurança alimentar, nutricional e energética; (ii) complexo econômico industrial da saúde com foco em resiliência do setor; (iii) sustentabilidade em infraestrutura[109], saneamento, moradia e mobilidade para cidades mais sustentáveis; (iv) transformação digital com foco em aumento da produtividade; (v) bioeconomia e descarbonização com foco na transição energética e com vistas à garantia de recursos para as gerações futuras; (vi) utilização de tecnologias de interesse para soberania e defesas nacionais.

Da análise do documento é possível concluir que o Brasil tem, de fato, buscado incorporar a implementação dos ODS em seu projeto de inovar em industrialização e com vistas ao incentivo de empresas que busquem também incorporar tais processos em suas jornadas de produtividade[110] – mas precisará contar com parcerias firmes, robustas e transparentes entre os setores público e privado com vistas a garantir a boa consecução desses objetivos e o crescimento do protagonismo nacional rumo à sustentabilidade.

---

[107] BRASIL. Ministério do Meio Ambiente e Mudança do Clima. Banco Interamericano de Desenvolvimento. **Agenda Transversal Ambiental PPA 2024-2027**. Disponível em: <https://www.gov.br/planejamento/pt-br/assuntos/noticias/2024/relatorio-sintetiza-a-importancia-e-o-grau-de-transversalidade-da-agenda-ambiental-no-ppa-2024-2027/agente-transversal-meio-ambiente.pdf>. Acesso em: 5 fev. 2024.

[108] BRASIL. Ministério do Desenvolvimento, Indústria, Comércio e Serviços. **Nova Indústria Brasil**: forte, transformadora e sustentável. Plano de ação para a neoindustrialização 2024-2026. Brasília: CNDI, MDIC, 2024.

[109] Destaca-se, nesse caso, a aplicação da Lei n. 14.801/2024, que cria as Debêntures de Infraestrutura e com emissões ESG (no caso de emissões destinadas a incentivar o desenvolvimento de projetos que proporcionem benefícios ambientais ou sociais relevantes). BRASIL. **Lei n. 14.801, de 9 de janeiro de 2024**. Dispõe sobre as debêntures de infraestrutura; altera as Leis n. 9.481, de 13 de agosto de 1997, 11.478, de 29 de maio de 2007, e 12.431, de 24 de junho de 2022; e dá outras providências. Disponível em: <https://www2.camara.leg.br/legin/fed/lei/2024/lei-14801-9-janeiro-2024-795227-publicacaooriginal-170797-pl.html>. Acesso em: 5 fev. 2024.

[110] Esse processo também será objeto de avanço nos programas de finanças sustentáveis, que serão avaliados detalhadamente no capítulo 3.

Quanto às relações entre o Poder Público e o setor privado para viabilização dos mais variados contratos administrativos relacionados à transição energética e a outros elementos essenciais para a descarbonização, a atual Lei de Licitações e Contratos Administrativos (Lei n. 14.133/2021, aplicável exclusivamente a partir de 30 de dezembro de 2023) traz determinações relacionadas à agenda ESG, pautando como objetivos dos processos licitatórios o desenvolvimento sustentável e com medidas relevantes a serem solicitadas pela Administração Pública não somente sob o ponto de vista ambiental e de preservação da biodiversidade nacional, mas também com critérios sociais mais rigorosos[111]. É válida sua observância crítica por parte de aplicadores(as) da norma e gestores(as) de ESG na realização de contratos com o Poder Público.

As empresas estatais brasileiras se encontram cada vez mais sob o escrutínio de práticas de sustentabilidade, especialmente a partir da edição da Lei n. 13.303, de 30 de junho de 2016[112]. De acordo com referida norma, a remuneração variável das empresas contratadas para obras e serviços públicos pode considerar critérios de sustentabilidade ambiental (art. 45), em respeito à função social das empresas públicas e das sociedades de economia mista (art. 27, § 2º).

No Brasil, assim, apesar de sua trajetória profícua rumo ao enfrentamento das mudanças climáticas, não podem ser esquecidos os grandes problemas estruturais nacionais que, muitas vezes, impedem o país de avançar em direção a um progresso sustentável. Em paralelo a tais avanços, portanto, deve haver (i) um reforço dos mecanismos de enfrentamento ao desmatamento desenfreado no país para atividades agropecuárias e minerárias; (ii) o robustecimento das políticas energéticas para o setor de transportes (sobretudo dada a escolha nacional pelo transporte rodoviário internamente ao seu território); (iii) o estabelecimento de controles mais rígidos contra a corrupção nacional e com vistas à redução das abissais desigualdades socioeconômicas que assolam a nação brasileira; e (iv) efetiva transparência de gestão dos recursos bilionários investidos e obtidos a partir da boa implementação de políticas de transição

---

[111] BRASIL. **Lei n 14.133, de 1º de abril de 2021**. Lei de Licitações e Contratos Administrativos. Disponível em: <https://www.planalto.gov.br/ccivil_03/_ato2019-2022/2021/lei/l14133.htm>. Acesso em: 9 jan. 2024.

[112] NASCIMENTO, Juliana Oliveira. ESG Vivo: a nova jornada da globalização pela transformação do capitalismo regenerativo e de *stakeholder* no mundo dos negócios. NASCIMENTO, Juliana Oliveira (Coord.). **ESG**: o cisne verde e o capitalismo de stakeholder: a tríade regenerativa do futuro global. São Paulo: Thomson Reuters Brasil, 2021, p. 68.

energética, sob pena de a sociedade brasileira estar diante de uma nova "mina de ouro" para os processos de corrupção e ações dela decorrentes no país (como grilagem de terras, assassinatos a defensores de direitos humanos, crescimento da desigualdade, entre outros).

A instituição de normas e a criação de programas voltados à sustentabilidade não serão suficientes se o Brasil não buscar enfrentar de maneira séria todas as questões que impedem seu progresso justo e sustentável, com perspectivas positivas para as gerações presentes e futuras.

1.4. O PAPEL DAS EMPRESAS NO ALCANCE DE UMA ECONOMIA VERDE

Como podem as empresas contribuir para a transição global para uma economia verde? Como atingir o chamado *"Green Deal* Global"[113]? Independentemente do setor de atuação e do porte da empresa, o impacto ambiental é uma realidade: há gastos de energia, utilizam-se insumos, descartam-se resíduos variados e emite-se CO_2 em toda e qualquer atividade empresarial[114]. Além disso, é essencial que as corporações se organizem para além da normativa internacional proposta, sobretudo considerando sua pujança econômico-financeira diante da sociedade internacional, bem como seu já reconhecido impacto ao meio ambiente.

O principal destaque se encontra na redução das emissões de carbono em todas as atividades relacionadas principalmente aos setores de produção de energia, sistema de uso de terras, indústria, mobilidade, setor de construção civil, agricultura e produção de resíduos até o alcance do chamado *net-zero,* ocasião em que, como visto, os níveis de emissão de carbono se equipararam aos pré-industriais[115].

---

[113] CHOMSKY, Noam; POLLIN, Robert. **Crise climática e o Green New Deal Global**: a economia política para salvar o planeta. Trad. Bruno Cobalchini Mattos. Rio de Janeiro: Raça Nova, 2020.

[114] HENISZ, Witold; KOLLER, Tim; NUTTALL, Robin. **Five ways that ESG create value**. McKinsey Quartely. 2019. Disponível em: <https://www.mckinsey.com/~/media/McKinsey/Business%20Functions/Strategy%20and%20Corporate%20Finance/Our%20Insights/Five%20ways%20that%20ESG%20creates%20value/Five-ways-that-ESG-creates-value.ashx>. Acesso em: 11 jan. 2022.

[115] KRISHNAN, Mekala; SAMANDARI, Hamid; WOETZEL, Jonathan; SMIT, Sven; PACTHOD, Daniel; PINNER, Dickon; NAUCLÉR, Tomas; TAI, Humayun; FARR, Annabel; WU, Weige; IMPERATO, Danielle. **The net-zero transition**: what it would cost, what it could bring. McKinsey Global Institute in collaboration with McKinsey Sustainability and McKinsey's Global Energy & Materials and Advanced Industries Practices, 2022, p. 53.

Em outras palavras, a adoção de fontes conhecidas como limpas e/ou renováveis de energia é uma demanda essencial para a continuidade dos negócios no planeta sem comprometer ainda mais o meio ambiente. Somado a esse processo, o desenvolvimento de estratégias e inovações nos mais variados setores com grande impacto ambiental, como a indústria de geração de energia e a agropecuária, por exemplo, são essenciais para mitigar ao máximo os potenciais impactos à natureza. Por fim, concomitantemente a esses movimentos, deve ser evitado o desmatamento em todo o planeta e protegidas todas as pessoas, em uma transição tida por justa e efetivamente sustentável[116], levando-se sempre em consideração que a boa implementação de todos esses programas e projetos deve envolver a participação transparente de entes públicos e privados para maior e mais efetivo alcance.

1.4.1. Mercados de créditos de carbono

Neste ponto, destacam-se os mercados de carbono[117], amplamente reconhecidos pelos países e pelas corporações como forma relevante não somente de neutralizar suas emissões, mas também de gerar novas fontes de recursos no caso de possibilidade de venda de tais créditos. Em apertada síntese, o mercado de carbono visa equalizar as emissões de CO_2 a partir da compra e venda de carbono por empresas que tenham superado sua compensação de emissões em contraposição àquelas que estão distantes desse ideal. No chamado mercado voluntário, as empresas, após realizarem seus inventários de emissão de CO_2, caso tenham excedentes – que sejam certificados por entidades privadas credenciadas a partir de critérios por elas estabelecidos[118] –, podem comercializá-los, reforçando a perspectiva de rentabilidade de investimentos em energias sustentáveis. Contudo, nesse caso, as metas de descarbonização são corporativas ou individuais, assim como não há padronização dos princípios utilizados pelas certificadoras que lastreiam tais créditos.

O mercado voluntário de carbono pode coexistir complementarmente com o chamado mercado regulado, ou seja, quando há lei no país

---

[116] WORLD ECONOMIC FORUM. **The Future of Nature and Business**. Genebra: WEF, 2020.

[117] PROLO, C. D.; PENIDO, G.; SANTOS, I. T.; LA HOZ THEUER, S. **Explicando os mercados de carbono na era do Acordo de Paris**. Rio de Janeiro: Instituto Clima e Sociedade, 2021.

[118] Cita-se, como exemplo, as metodologias da Verra, certificadora internacional de créditos de carbono. VERRA. **Methodologies**. Disponível em: <https://verra.org/methodologies-main/>. Acesso em: 12 jan. 2024.

que regulamente sua prática, definindo os limites para as emissões de gases de efeito estufa (*cap*), os critérios de emissão de reduções e as formas de comercialização dos créditos entre empresas que ficaram acima e abaixo do *cap* (*trade*). Esse mecanismo é definido como *cap-and-trade*, em um Sistema de Comércio de Emissões (SCE, em português, ou *Emissions Trading System*, ETS, em inglês). Pode haver outra forma regulatória, contudo, em que os países passam a adotar tributos sobre as emissões de gases do efeito estufa, com alíquotas a serem pagas por toneladas de CO_2. Esse mecanismo é conhecido como *carbon tax*.

Existem, ainda, os chamados créditos de carbono ou créditos de compensação (*offsets*), que permitem o incentivo à redução das emissões por agentes que não são regulados pelos sistemas de emissões de CO_2 dos países[119]. Esses mecanismos são chamados de *baseline-and credit*, posto que os créditos são constituídos a partir de uma linha de base[120].

As empresas que buscam a redução ou neutralização de suas emissões nos Escopos 1, 2 e 3 cada vez mais buscam os mercados voltados à comercialização de carbono para manter suas metas atingidas, agradar investidores, seguir regras (no caso de mercados regulados) e obter maior rentabilidade. Atualmente, os principais projetos de compensação corporativos envolvem planos de utilização de energias renováveis e melhoria de eficiência energética em processos internos, sequestro e captura de carbono e metano e progressos no uso da terra e medidas de reflorestamento.

Os mercados de carbono apresentam realidade deveras complexa para estas poucas linhas, devendo ser objeto de avaliação robusta por parte das empresas em seus departamentos internos e principalmente a partir do auxílio de consultorias especializadas para essa finalidade. Contudo, um argumento é certo: as empresas tenderão nos próximos anos a endurecer ainda mais os processos de procura de créditos de carbono que sejam íntegros, transparentes, corretamente auditados e capazes de maximizar retornos "climáticos e naturais", além dos financeiros[121].

---

[119] CEBDS. **Mercado de Carbono**: Guia CEBDS. Conselho Empresarial Brasileiro para o Desenvolvimento Sustentável. Rio de Janeiro: CEBDS, 2021, p. 9.
[120] PROLO, C. D.; PENIDO, G.; SANTOS, I. T.; LA HOZ THEUER, S. **Explicando os mercados de carbono na era do Acordo de Paris**. Rio de Janeiro: Instituto Clima e Sociedade, 2021, p. 14-15.
[121] MSCI. **Sustainability & Climate Trends to Watch for 2024**. New York: MSCI ESG Research LLC, 2024, p. 34.

1.4.2. Economia circular

Destaca-se também como alternativa a adoção de processos de economia circular, também conhecida como economia regenerativa. A importância de projetos nesse sentido é essencial, sobretudo considerando que a esmagadora maioria dos produtos adquiridos por indivíduos na sociedade global ainda é descartada em um curto espaço de tempo e sem programas de reciclagem envolvidos[122], em processos produtivos completamente lineares. O Banco Mundial estima que aproximadamente 30% do lixo produzido globalmente (mais de 2 bilhões de toneladas anuais) ainda não tenham nenhum tipo de cuidado sustentável[123]. Considerando que o aumento da população (e, consequentemente, do lixo) é uma realidade e que os recursos naturais, sabidamente finitos, não serão suficientes para acompanhar esse crescimento, a economia circular se torna não somente uma opção, mas cada vez mais uma verdadeira necessidade.

Por economia circular entendem-se os processos que compõem uma "economia verdadeiramente sustentável, que funciona sem resíduos, poupa recursos e atua em sinergia com a biosfera"[124]. Em resumo, a economia circular é um modelo produtivo e de consumo que demanda a modificação dos modelos de negócio para combinar "a partilha, o arrendamento, a reutilização, a reparação, a renovação e a reciclagem de materiais e produtos existentes durante o maior tempo possível"[125], prolongando, assim, o ciclo de vida de todos os produtos.

Por meio dessa técnica, garante-se o reúso dos produtos e matérias-primas já utilizados e depositados no meio ambiente, evitando

---

[122] CIRCLE ECONOMY. **The Circularity Gap Report 2023**. Disponível em: <https://assets-global.website-files.com/5e185aa4d27bcf348400ed82/63ecb3ad94e12d3e5599cf54_CGR%202023%20-%20Report.pdf>. Acesso em: 10 jan. 2024.

[123] KAZA, Silpa; YAO, Lisa; BHADA-TATA, Perinaz; VAN WOERDEN, Frank. **What a Waste 2.0**: a global snapshot of solid waste management to 2050. Washington: World Bank, 2018.

[124] WEETMAN, Catherine. **Economia circular**: conceitos e estratégias para fazer negócios de forma mais inteligente, sustentável e lucrativa. Trad. Afonso Celso da Cunha Serra. São Paulo: Autêntica Business, 2019, p. 66.

[125] EUROPEAN PARLIAMENT. **Circular economy**: definition, importance and benefits. 2023. Disponível em: <https://www.europarl.europa.eu/news/en/headlines/economy/20151201STO05603/circular-economy-definition-importance-and-benefits#:~:text=What%20is%20the%20circular%20economy,products%20as%20long%20as%20possible.>. Acesso em: 24 jan. 2024.

novos desmatamentos, destruições e, consequentemente, novas emissões de gases nocivos à atmosfera, bem como seu retorno ao processo produtivo a partir de técnicas que envolvam processos tecnológicos robustos e consistentes.

De acordo com Catherine Weetman, os processos garantidores de uma economia verdadeiramente circular se caracterizam por: (i) *inputs* circulares, com a inovação e a criação de produtos projetados para ter recursos sustentáveis em sua configuração; (ii) *design* de produtos completamente circulares, em ciclos mais longos de utilização e com menor descarte de artigos; (iii) *design* de processos produtivos, em que os produtos criados a partir do raciocínio anterior utilizam o mínimo possível de recursos; (iv) fluxos circulares (ou *output recovery*), com o reúso de produtos sem perda de valor; (v) modelos de negócios, em que a própria organização comercial promova a circulação do produto ou de parte de seus materiais, com processos de reciclagem, compartilhamento, entre outros; e (vi) capacitadores e aceleradores, com todos os processos inovadores privados, políticas públicas e normas capazes de garantir a consecução dos princípios anteriores[126]. Somados a esses aspectos, encontram-se os desafios de garantir uma distribuição eficiente (energética e economicamente) aos produtos elaborados, bem como a extensão dos serviços de reparo e manutenção e a ampliação dos canais de logística reversa e reciclagem[127].

A economia circular se apresenta como forte aliada das iniciativas de transição para uma economia verde, mas demanda a modificação dos processos produtivos e até mesmo a reestruturação dos modelos de negócio[128]. Empresas de diferentes portes e setores podem buscar a implementação de programas de economia circular, reduzindo a extração desenfreada de recursos naturais e diminuindo as lacunas existentes nos processos de regeneração planetária[129]. No Brasil, é interessante

---

[126] WEETMAN, Catherine. **Economia circular**: conceitos e estratégias para fazer negócios de forma mais inteligente, sustentável e lucrativa. Trad. Afonso Celso da Cunha Serra. São Paulo: Autêntica Business, 2019, p. 63-65.
[127] NATIONAL CONFEDERATION OF INDUSTRY. **Circular economy**: strategic path for Brazilian industry. Brasília: CNI, 2020, p. 17.
[128] PIETRULLA, Felicitas; FRANKENBERGER, Karolin. A research model for circular business models: antecedents, moderators, and outcomes. **Sustainable Futures**, v. 4, 2022.
[129] CIRCLE ECONOMY. **The Circularity Gap Report 2023**. Disponível em: <https://assets-global.website-files.com/5e185aa4d27bcf348400ed82/63ecb3ad94e12d3e5599cf54_CGR%202023%20-%20Report.pdf>. Acesso em: 10 jan. 2024.

que as empresas acompanhem o desenvolvimento das discussões sobre a elaboração da Política Nacional de Economia Circular, por meio do Projeto de Lei n. 1.874/2022, em trâmite perante o Senado Federal[130].

Apesar de os debates e espaços de discussão sobre economia circular terem evoluído sobremaneira nos últimos anos, o relatório *The Circularity Gap Report* de 2024 apresentou queda de 21% dos processos globais efetivos, em retrocesso no desenvolvimento de tais práticas e com consequente aumento do consumo de matérias-primas (acréscimo de 28% nos últimos 5 anos)[131]. Esse retrocesso precisa ser revisto por toda a sociedade, com a reestruturação dos modelos de negócio que acomodem a circularidade como pressuposto.

1.4.3. Soluções Baseadas na Natureza (*Nature-based Solutions*)

Estudo da agência S&P Global indica que 85% das maiores empresas do planeta dependem de maneira significativa da natureza, o que confirma a urgência de imperativos corporativos de sustentabilidade quanto a riscos e oportunidades relacionados à exploração de recursos naturais diversos[132].

Nesse sentido, ganham cada vez mais espaço as chamadas Soluções Baseadas na Natureza (SBN ou *Nature-based Solutions* – com a sigla NBS, em inglês, comumente mais utilizada), cunhadas pela União Internacional para a Conservação da Natureza (UICN)[133] e definidas pela ONU como "ações para proteger, conservar, restaurar, utilizar de forma sustentável e gerir ecossistemas terrestres, de água doce, costeiros e

---

[130] SENADO FEDERAL. **Projeto de Lei n. 1.874/2022**. Institui a Política Nacional de Economia Circular e altera a Lei n. 10.332, de 19 de dezembro de 2001, a Lei n. 12.351, de 22 de dezembro de 2010, e a Lei n. 14.133, de 1º de abril de 2021, para adequá-las à nova política. Disponível em: <https://www25.senado.leg.br/web/atividade/materias/-/materia/ 153918>. Acesso em: 12 jan. 2024.

[131] CIRCLE ECONOMY. **The Circularity Gap Report 2024**. Disponível em: <https://www.circularity-gap.world/2024>. Acesso em: 24 jan. 2024.

[132] S&P GLOBAL. **Nature Positive**. Disponível em: <https://www.spglobal.com/esg/solutions/nature?utm_source=google&utm_medium=cpc&utm_campaign=Carbon_Search&utm_term=biodiversity%2520data&utm_content=658261747154&gclid=Cj0KCQiAgK2qBhCHARIsAGACuznbf6P7K7dv5JpbKxH_vhZghk2TT8vjwezyAWgHQGhlIfMnpqLyrY8aApsUEALw_wcB>. Acesso em: 4 jan. 2024.

[133] IUCN. **Guidance for using the IUCN Global Standard for Nature-based Solutions**. A user-friendly framework for the verification, design and scalling up of Nature-based Solutions. Switzerland: IUCN, 2020.

marinhos, naturais ou modificados, que abordam os desafios sociais, econômicos e ambientais", o que deve ser concretizado a partir de iniciativas eficazes e adaptativas, proporcionando "bem-estar humano e serviços ecossistêmicos, resiliência e benefícios para a biodiversidade"[134]. Destaca-se, ainda, o uso cada vez maior de tecnologias e processos de inovação para sua implementação nos mais diferentes setores da economia.

São exemplos de NBS ações voltadas à reparação florestal, de terras e de agricultura, mas também de outros ramos, destacando-se iniciativas corporativas vistas como ecologicamente restauradoras, de adaptação ou mitigação climáticas (com neutralização de emissões), de infraestrutura, gerenciamento, gestão de recursos naturais e proteção da biodiversidade[135]. Hortas urbanas, obras de alargamento de espaços beira-mar, "telhados verdes" (com plantas na laje de construções), plantio de árvores em áreas costeiras, proteção de terras indígenas e de comunidades tradicionais, agroflorestas, agricultura regenerativa[136] e recuperação florestal respeitando os diferentes ecossistemas e realidades de cada país[137] são algumas das ações práticas para o alcance desse fim.

Contudo, as NBS precisam ser endereçadas de maneira justa e transparente, sob pena de não cumprirem com o imperativo de proteção dos direitos humanos e da sociedade. Isso porque alguns projetos podem, por vezes, satisfazer interesses corporativos, mas não necessariamente garantir o cuidado com grupos vulneráveis relevantes direta ou indiretamente afetados pelas atividades corporativas[138].

---

[134] UNITED NATIONS. **UNEP/EA.5/Res.5**. 2022. Disponível em: <https://digitallibrary.un.org/record/3999268#record-files-collapse-header>. Acesso em: 7 fev. 2024.

[135] VIDAL, A.; MARTINEZ, G.; DRION, B.; GLADSTONE, J.; ANDRADE, A.; VASSEUR, L. **Nature-based Solutions for corporate climate targets**. Views regarding the corporate use of Nature-based Solutions to meet net-zero goals. Switzerland: IUCN, 2023.

[136] CEBDS. **Agricultura regenerativa no Brasil**: desafios e oportunidades. Rio de Janeiro: CEBDS, 2023.

[137] A ONU compilou nos últimos anos um catálogo de Soluções Baseadas na Natureza em diferentes locais do planeta e que são proveitoso material para compreensão, inspiração e exemplo para empresas e governos no tema. UNITED NATIONS ENVIRONMENT PROGRAMME. **UNEP and nature-based solutions**. Disponível em: <https://www.unep.org/unep-and-nature-based-solutions>. Acesso em: 10 jan. 2024.

[138] IUCN. **Guidance for using the IUCN Global Standard for Nature-based Solutions**. A user-friendly framework for the verification, design and scalling up of Nature-based Solutions. Switzerland: IUCN, 2020, p. 17.

1.4.4. Integração da tecnologia e da inteligência artificial (IA) nos processos produtivos

Os imperativos de inovação para o alcance de uma transição ecológica justa demandam cada vez mais a utilização de tecnologias em todos os setores, com o envolvimento de diferentes saberes e, consequentemente, com desafios regulatórios e de implementação prática.

Na agropecuária, a chamada "Agricultura Inteligente" ou "Agricultura 4.0" prevê a implementação de processos tecnológicos em diferentes etapas produtivas[139] para garantir o aumento da produção e da produtividade com redução de custos e incremento de cuidados para com o meio ambiente (em "sinergia entre o agro, o biológico e o digital"[140]). Ademais, permite que agricultores(as) de todos os portes tenham acesso mais rápido a informações relevantes para sua produção, tais como "previsões de safra e de clima, informações de mercado, inovações técnicas e gerenciais, boas práticas, assistência e capacitação", entre outros[141].

A aplicação de tecnologia *blockchain*[142] (utilizada inicialmente para rastrear de forma segura o uso de criptomoedas, com o armazenamento de dados em blocos interligados por uma cadeia criptografada) no rastreamento de cadeias produtivas também é exemplo de integração e

---

[139] Destacam-se as seguintes: "a) Inteligência artificial cognitiva para acompanhamento da produção; b) Análises multiescalares e multifontes dos riscos agrícolas; c) Monitoramento das propriedades em tempo real por sensoriamento remoto; d) Sistemas de predição de manutenção de máquinas e equipamentos; e) Processamento de *big data* e *small data* agrícolas em nuvem; f) Plataformas de comercialização via circuitos curtos integrando os produtores aos consumidores; g) Aplicativos de ensino e trabalho a distância com segurança de procedimentos administrativos e interação social de equipes; h) Tecnologias de *blockchain* e criptografia digital para a segurança de transações comerciais e a rastreabilidade de produtos e alimentos; i) Sistemas de gestão técnico-financeiro considerando aspectos econômicos, ambientais e sociais da propriedade; j) Segurança e privacidade de dados e informações geradas em todos os processos digitais". BRASIL. Ministério da Agricultura, Pecuária e Abastecimento. **Potencialidades e desafios do agro 4.0:** GT III "Cadeias Produtivas e Desenvolvimento de Fornecedores" Câmara do Agro 4.0 (MAPA/MCTI). Brasília: Mapa/ACES, 2021, p. 26.

[140] *Op. cit.*, p. 6.

[141] *Op. cit.*, p. 6.

[142] Tecnologia utilizada inicialmente para rastrear de forma segura o uso de criptomoedas, com o armazenamento de dados em blocos interligados por uma cadeia criptografada. Seu uso se expandiu para outros setores, dada sua confiabilidade e transparência. AWS. **O que é a tecnologia blockchain?** Disponível em: <https://aws.amazon.com/pt/what-is/blockchain/?aws-products-all.sort-by=item.additionalFields.productNameLowercase&aws-products-all.sort-order=asc>. Acesso em: 10 jan. 2024.

expansão de transparência no campo. A partir da geração de protocolos de maneira segura, permite-se a gestão integrada e transparente de toda a cadeia, por meio da identificação de todas as partes tanto na produção quanto na distribuição de insumos e produtos oriundos da agropecuária[143]. Com isso, é possível avaliar não somente questões relacionadas ao clima e seus impactos no campo, mas também acessar eventuais informações sobre potenciais abusos aos direitos humanos na cadeia produtiva, bem como assegurar maior transparência aos(às) consumidores(as) finais dos produtos.

A utilização da inteligência artificial e da criptografia em processos de rastreabilidade de cadeias não se aplica somente ao campo, tendo sido cada vez mais investida em outros ramos e setores da economia, trazendo também resultados significativos tanto na mitigação das mudanças climáticas quanto no imperativo de proteção aos direitos humanos (positiva e negativamente, esta última sobretudo quanto à proteção de dados pessoais relevantes, tema a ser trabalhado no capítulo subsequente).

1.4.5. Parcerias e programas privados em prol de um planeta mais sustentável

Entre as iniciativas privadas reconhecidas por se relacionar diretamente à proteção ambiental e ao enfrentamento das mudanças climáticas, há, no plano global, destaque para os seguintes programas: (i) *Breakthrough Energy*, uma rede de entidades (desde fundos de investimentos à Organizações não Governamentais – ONGs) coordenadas por Bill Gates para o desenvolvimento de tecnologias e inovação para o alcance de uma economia *net zero* nos mais variados setores da economia[144]; (ii) *Science-Based Targets Initiative* (SBTI), uma parceria entre a organização sem fins lucrativos CDP, o Pacto Global das Nações Unidas, o *World Resources Institute* (WRI) e a ONG *World Wide Fund for Nature* (WWF) voltada à criação de metas a serem incorporadas por empresas para a redução de emissões de gases, em linha com as disposições do Acordo de Paris[145] (destaca-se como membro dessa

---

[143] MELOTTI, L. M. D.; BASSO, M.; CRUVINEL, G.F.A.; NASCIMENTO, R.C. do. Utilização do Sistema *Blockchain* e sua Rastreabilidade no Agronegócio. **Cadernos de Prospecção**, v. 16, n. 5. p. 1543-1554, 2023.

[144] BREAKTHROUGH ENERGY. **Our Story**: Working to achieve net zero emissions. Disponível em: <https://www.break throughenergy.org/our-story/our-story>. Acesso em: 18 fev. 2022.

[145] SCIENCE BASED TARGETS INITIATIVE. **Set a target**. Disponível em: <https://scienceba

iniciativa a proposta da empresa estatal de energia dinamarquesa Ørsted para transformar seu portfólio para uma economia *net zero*, sendo a primeira companhia de energia do mundo a expressamente se comprometer a fazê-lo[146]; (iii) *Science Based Targets Network* (SBTN), coalizão de mais de oitenta organizações privadas voltadas à criação de metas específicas para empresas no que tange à proteção da natureza, com publicação, em 2023, do primeiro guia para avaliação de materialidades ambientais relevantes, priorização de medidas em função de seus impactos, definição de metas de curto, médio e longo prazo e ações para evitar, reduzir, regenerar e transformar a natureza[147]; (iv) *Climate Action 100+*, que engaja investidores de todo o planeta com a finalidade de redução das emissões de gases no planeta, a partir de metodologia própria e desenvolvida com trabalhos de grupos regionais com diferentes atribuições[148], entre outras de igual relevância; e (v) *Natural Capital Protocol*, estrutura padronizada estabelecida pela *Natural Capital Coalition* para facilitar a coleta, o gerenciamento de informações e a tomada de decisões sobre a interação corporativa com o capital natural, auxiliando gestores(as) de empresas de todos os portes e setores a considerar o capital natural em seus negócios[149].

É crescente o número de iniciativas privadas voltadas à implementação de melhorias na atividade corporativa em prol do meio ambiente e do enfrentamento às mudanças climáticas. O rol apresentado não é exaustivo, mas o conhecimento de tais projetos é relevante para colaboradores(as) e gestores(as) de empresas engajadas com a criação de mecanismos de proteção ambiental e valorização do capital natural.

---

sedtargets.org/step-by-step-process>. Acesso em: 18 fev. 2022.

[146] ØRSTED. **Ørsted becomes the first energy company in the world with a science-based net-zero target**. Disponível em: <https://orsted.com/en/sustainability/our-stories/orsted-becomes-first-energy-company-in-the-world-with-a-science-based-net-zero-target>. Acesso em: 18 fev. 2022.

[147] SCIENCE BASED TARGETS NETWORK. **Take action**: setting science-based targets for nature: a step-by-step guide. Disponível em: <https://sciencebasedtargetsnetwork.org/take-action-now/take-action-as-a-company/what-you-can-do-now/>. Acesso em: 6 fev. 2024.

[148] CLIMATE ACTION 100+. **Engagement Process**. Disponível em: <https://www.climateaction100.org/approach/engagement-process/>. Acesso em: 22 fev. 2022.

[149] NATURAL CAPITAL COALITION. **Natural Capital Protocol**. Disponível em: <https://naturalcapitalcoalition.org/wp-content/uploads/2018/05/NCC_Protocol_WEB_2016-07-12-1.pdf>. Acesso em: 6 fev. 2024.

1.5. DESAFIOS E TENDÊNCIAS PARA A IMPLEMENTAÇÃO DE PROGRAMAS CORPORATIVOS DE ENFRENTAMENTO À CRISE CLIMÁTICA

Diante das iniciativas apresentadas, um problema é evidente: como mensurar os impactos tanto das emissões de CO_2 produzidas como também dos compromissos efetivos para com o meio ambiente por parte das empresas? A definição de métricas é mais um dos desafios apresentados às corporações e aos Estados[150] (posto que diferentes regiões do planeta têm suas particularidades em relação ao alcance de um desenvolvimento sustentável[151]), trazendo também impactos negativos, por exemplo, em certificações voltadas ao mercado de créditos de carbono (tanto para investidores e empresas quanto para a sociedade como um todo)[152] e discussões sobre graves casos de fraude e corrupção na venda de referidos créditos[153] – com a consequente responsabilização de empresas que não assumam seus compromissos para com a proteção ambiental planetária e não pratiquem adequadamente o chamado

---

[150] SOANES, Marek; RAI, Neha; STEELE, Paul; SHAKYA, Clare; MACGREGOR, James. **Delivering real change**: getting international climate finance to the local level. IIED Working Paper London: IIED, 2017, p. 4.

[151] ANBIMA. **Retrato da sustentabilidade no mercado de capitais**. Disponível em: <https://www.anbima.com.br/data/files/3C/C2/CA/05/72EBD71032ADBBD76B2BA2A8/Retrato%20da%20sustentabilidade%20no%20mercado%20de%20capitais.pdf>. Acesso em: 17 jan. 2022.

[152] Mencionam-se, no caso, as discussões voltadas aos critérios utilizados pela certificadora norte-americana VERRA no mercado de créditos de carbono. A esse respeito, ver: THE GUARDIAN. **Revealed**: more than 90% of rainforest carbon offsets by biggest certifier are worthless, analysis shows. 2023. Disponível em: <https://www.theguardian.com/environment/2023/jan/18/revealed-forest-carbon-offsets-biggest-provider-worthless-verra-aoe>. Acesso em: 19 jan. 2024.

[153] Merece destaque nesse caso o trabalho desenvolvido pela Defensoria Pública do estado do Pará, que denunciou fraude e corrupção praticadas por empresa nacional no município de Portel na venda de créditos de carbono REDD para empresas multinacionais. Além da ausência de documentos que comprovassem a propriedade dos terrenos de mata para a geração dos créditos, foram constatados outros problemas como ausência de autorização de órgãos locais, inexistência de contato com as populações da região, entre outras questões que escancaram a ausência de fiscalização, ilegalidade da região e seu aproveitamento para fins escusos – o que a própria Defensoria Pública do estado do Pará denominou como "grilagem do clima". G1. **Fraude na Amazônia**: empresas usam terras públicas como se fossem particulares para vender créditos de carbono a gigantes multinacionais. 2023. Disponível em: <https://g1.globo.com/pa/para/noticia/2023/10/02/fraude-na-amazonia-empresas-usam-terras-publicas-como-se-fossem-particulares-para-vender-creditos-de-carbono-a-gigantes-multinacionais.ghtml>. Acesso em: 19 jan. 2024.

dever de devida diligência (*due diligence*), o que será visto com detalhe, respectivamente, no item e no capítulo subsequentes.

Ainda em relação a esse tema, não se pode ignorar a ligação direta do enfrentamento às mudanças climáticas com a proteção aos direitos humanos em sentido amplo e de grupos vulneráveis específicos. A transição energética terá um preço social alto, com deslocamentos forçados de comunidades, desapropriações[154] e potenciais violações que terão de ser mitigadas em processos sérios de devida diligência, de avaliação de impactos e de procedimentos de consulta livre, prévia e informada (conforme Convenção n. 169 da OIT) de grupos potencialmente atingidos e até mesmo a retirada de estruturas já instaladas em terras indígenas e comunais[155].

Nos processos de compensação de carbono a partir do manejo florestal[156] e na exploração de ouro e minérios, é também necessário garantir a proteção dos povos indígenas[157] ou comunidades tradicionais que habitam nos locais considerados[158], sobretudo com o justo repasse de recursos a esses grupos vulneráveis[159]. Não se pode olvidar também

---

[154] Seja para construção de hidrelétricas, instalação de painéis solares próximos a plantas industriais ou moinhos de vento, extração de minerais críticos para produção de baterias, ou mesmo produção de hidrogênio verde, entre outros. THE DANISH INSTITUTE FOR HUMAN RIGHTS. **Top 10 Business and Human Rights issues 2024**: new frontiers. Copenhagen: IHRB, 2024, p. 12.

[155] FINANCIAL TIMES. **Osage Nation seeks damages from Enel over wind turbines on tribal land**. 2024. Disponível em: <https://www.ft.com/content/93fc1aed-0afc-48bd-8491-997631f4a316>. Acesso em: 29 jan. 2024.

[156] GORDON, Oliver. **The interwoven fortunes of carbon markets and indigenous communities**. Energy Monitor, 2022. Disponível em: <https://www.energymonitor.ai/carbon-markets/the-interwoven-fortunes-of-carbon-markets-and-indigenous-communities/?cf-view>. Acesso em: 17 jan. 2024.

[157] MANZOLLI, Bruno; RAJÃO, Raoni; BRAGANÇA, Ana Carolina Haliuc; OLIVEIRA, Paulo de Tarso Moreira; ALCÂNTARA, Gustavo Kenner; NUNES, Felipe; FILHO, Braltaldo Soares. **Legalidade da produção de ouro no Brasil**. Belo Horizonte: Editora IGC/UFMG, 2021, p. 3-4.

[158] THE DANISH INSTITUTE FOR HUMAN RIGHTS. **Respecting the rights of indigenous peoples**: a due diligence checklist for companies. 2019. Disponível em: <https://www.humanrights.dk/files/media/migrated/dihr_-_respecting_the_rights_of_indigenous_peoples_-_a_due_diligence_checklist_for_companies.pdf>. Acesso em: 19 jan. 2024.

[159] Tema também denunciado pela Defensoria Pública do Pará para os acontecimentos fraudulentos no município de Portel. G1. **Fraude na Amazônia**: empresas usam terras públicas como se fossem particulares para vender créditos de carbono a gigantes multinacionais. 2023. Disponível em: <https://g1.globo.com/pa/para/noticia/2023/10/02/fraude-na-amazonia-empresas-usam-terras-publicas-como-se-fossem-particulares-para-vender-creditos-de-carbono-a-gigantes-multinacionais.ghtml>. Acesso em: 19 jan. 2024.

o debate sobre o racismo ambiental, termo construído nos Estados Unidos para se referir à injusta distribuição de recursos e políticas entre pessoas brancas e negras, com impacto negativo direto às populações pretas e pardas daquele país ("como fatores ambientais determinam disparidades na saúde das pessoas negras e pobres que vivem perto de usinas de energia, rodovias e refinarias de petróleo, onde a poluição do ar e outros riscos ambientais são enormes"[160]), mas que atualmente se discute em todo o planeta, dadas as desigualdades socioeconômicas entre todas as nações do planeta.

Todos esses temas, altamente debatidos por defensores de direitos humanos, precisarão ser enfrentados, também com a consequente e devida proteção aos defensores – que, como visto, muitas vezes são vítimas fatais de um sistema de degradação ambiental que ainda muito opera na ilicitude. Assassinatos no Brasil a defensores de direitos humanos ativamente atuantes na proteção ambiental, como a missionária Dorothy Stang, Bruno Pereira e Dom Phillips são apenas alguns exemplos de fúria letal contra aqueles que denunciam as ilegalidades de um sistema de depredação ambiental e violação aos direitos humanos muitas vezes patrocinados por empresas e com o aval abscôndito de eventuais pessoas ocupantes de cargos políticos relevantes no país[161]. Esses processos deverão ser revistos por empresas e governos, sob pena de volumosas responsabilizações judiciais, extrajudiciais e, sobretudo, financeiras.

Outro problema a ser solucionado é o caminhar na contramão das iniciativas propostas: especialmente no período de recuperação econômica pós-pandemia de COVID-19, tem-se constatado em alguns casos que empresas e governos buscam retomar seus lucros a partir da redução dos níveis de proteção ambiental[162]. Para o cenário brasileiro – e sobretudo no que tange aos mercados de crédito de carbono –, há

---

[160] COLLINS, Patricia Hill; BILGE, Sirma. **Interseccionalidade**. Trad. Rane Souza. São Paulo: Boitempo, 2021, p. 20.

[161] TERRA DE DIREITOS. JUSTIÇA GLOBAL. **Na linha de frente**: violência contra defensoras e defensores de direitos humanos no Brasil. 2019-2022. Curitiba: Terra de Direitos, Justiça Global, 2023. GUANIPA, Henry Jiménez; ÁVILA, Lina Muñoz; POISOT, Eduardo Ferrer Mac-Gregor (Ed.). LÓPEZ, Miguel Barboza; RANK, Hartmut (Coord.). **Comentario al Acuerdo de Escazú sobre derechos ambientales en América Latina y el Caribe**. Berlin: Konrad-Adenauer Stiftung e. V., 2023.

[162] CONSERVATION INTERNATIONAL. **Global conservation rollbacks tracker**. 2021. Disponível em: <https://www.conservation.org/projects/global-conservation-rollbacks-tracker>. Acesso em: 19 jan. 2024.

discussões sobre barreiras estruturais no cenário macroeconômico do país, bem como dúvidas de investidores sobre o retorno dos chamados títulos verdes, que impactam sobremaneira eventuais políticas de viés ambiental[163] e que serão analisados em pormenores no capítulo direcionado às finanças sustentáveis.

Problemas de ordem prática também fazem parte do caminhar evolutivo para uma economia de baixo carbono. A instalação de painéis solares para garantia de energia limpa, por exemplo, demanda espaço físico e a incidência direta dessa fonte renovável. A construção de novas matrizes energéticas coloca em xeque interesses de grandes investidores, bem como de Estados que, muitas vezes, comprometeram parte de seu PIB em determinados processos de geração de energia e industrialização; os investimentos em energia nuclear[164] encontram resistência principalmente em função de possíveis acidentes que podem colocar em risco a vida humana no planeta, entre outras dificuldades e desafios ainda indecifráveis para Estados e corporações.

Assim, investimentos em pesquisa e inovação para a garantia quantitativa e qualitativa de proteção ao meio ambiente e mitigação das mudanças climáticas em uma economia de baixo carbono não são apenas essenciais, estando em linha com os ODS, mas também têm um importante aporte do setor corporativo em sua consecução, cristalizando a importância do "E" do acrônimo ora sob análise. A necessidade de alcançar novos arranjos para evitar uma crise climática também precisará ser objeto de novos aportes financeiros para os próximos anos[165], o que reforçará ainda mais o papel das finanças sustentáveis, como se verá em capítulo específico.

Mecanismos de reclamação internos das empresas também precisam se voltar a temas ligados aos impactos que os danos ambientais provocados por empresas e as mudanças climáticas causam na vida de

---

[163] YAMAHAKI, Camila; FELSBERG, Annelise Vendramini; KÖBERLE, Alexandre C.; GURGEL, Angelo Costa; STEWART-RICHARDSON, Janaína. Structural and specific barriers to the development of a green bond market in Brazil. **Journal of Sustainable Finance & Investment**, v. 12, issue 2, p. 389-406, 2022.

[164] CHOMSKY, Noam; POLLIN, Robert. **Crise climática e o Green New Deal Global**: a economia política para salvar o planeta. Trad. Bruno Cobalchini Mattos. Rio de Janeiro: Raça Nova, 2020, p. 76-84.

[165] BLACKROCK. **Larry Fink's 2022 Letter to CEOs**: the power of capitalism. Disponível em: <https://www.blackrock.com/us/individual/2022-larry-fink-ceo-letter>. Acesso em: 18 jan. 2022.

colaboradores e comunidades do entorno[166]. Os mecanismos de reclamação, atualmente relevantes sobretudo para temas de ordem social, serão analisados de maneira mais robusta no capítulo seguinte.

Os assuntos ora tratados necessitam ser avaliados transversalmente, incorporando aspectos tanto relacionados à proteção ambiental quanto aos direitos humanos[167] e à atuação consciente e direcionada de lideranças empresariais. Integrar os desafios apresentados à atuação corporativa diária não é tarefa fácil, porém absolutamente necessária para a sobrevivência no planeta nos anos vindouros.

1.6. JUSTIÇA CLIMÁTICA E LITIGÂNCIA CLIMÁTICA: EMPRESAS E ESTADOS NO BANCO DOS RÉUS

Qual o risco da não implementação de programas efetivos de proteção ao meio ambiente por parte das empresas? A resposta encontra-se no banco dos réus: a litigância climática é hoje uma realidade no Brasil e no mundo, sendo uma espécie de litígio voltada para endereçar expressamente os impactos ao meio ambiente provocados por Estados e corporações em todo planeta nos planos administrativo, judicial e em outros campos investigativos – e com interligação direta com os impactos sociais e aos direitos humanos decorrentes de tais práticas[168].

Nos últimos anos, o número de ações judiciais relacionadas a esse tema cresceu exponencialmente e a tendência é de aumento nas próximas décadas. De acordo com a *London School of Economics* (LSE), mais de mil ações judiciais foram propostas globalmente desde 2015, em um aumento de mais de 50% de casos em comparação com os anos de 1986 e 2014 (em que, em 28 anos, apenas oitocentas ações nesse sentido foram propostas). Entre os temas abordados, *greenwashing*, deveres fiduciários dos administradores, dever das empresas de respeitar (*corporate*

---

[166] KUNUJI, Valentine. **Sustainable Finance and the UNGPs**: towards a grievance mechanism for victims of climate action. Cambridge Core Blog. Disponível em: <https://www.cambridge.org/core/blog/2021/08/06/sustainable-finance-and-the-ungps-towards-a-grievance-mechanism-for-victims-of-climate-action/>. Acesso em: 25 jan. 2022.

[167] GLOBAL BUSINESS INITIATIVE ON HUMAN RIGHTS. **Integrating human rights into company climate action**: insights from business practitioners. UK: GBI, 2024.

[168] SETZER, Joana; HIGHAM, Catherine. **Global trends in climate change litigation**: 2021 snapshot. Londres: Grantham Research Institute on Climate Change and the Environment and the Centre for Climate Change Economics and Policy, 2021. Disponível em: <https://www.lse.ac.uk/granthaminstitute/wp-content/uploads/2021/07/Global-trends-in-climate-change-litigation_2021-snapshot.pdf>. Acesso em: 11 jan. 2022.

duty of care) e, mais recentemente, tendências de casos relacionados ao peso da atuação das corporações na chamada transição justa, com a avaliação da postura corporativa de proteção ao meio ambiente em toda a sua cadeia produtiva, correlação da atividade governamental com a corporativa, como no caso de subsídios estatais para empresas de petróleo e gás, entre outros[169].

O *Sabin Center for Climate Change Law*, grupo de pesquisa da Universidade de Columbia (Nova York) focado em pesquisas e análises da litigância climática no planeta, aponta processos das seguintes naturezas: "(i) casos constitucionais e de direitos humanos; (ii) casos de *greenwashing* e climáticos; (iii) casos de captura e sequestro de carbono; (iv) casos sobre retrocessos ESG; (v) casos de não conformidade com compromissos climáticos previamente assumidos; (vi) desafios de inadmissibilidade e defesas bem-sucedidas; (vii) mudanças climáticas nas cortes internacionais e regionais"[170].

É importante ressaltar que, não obstante a vasta maioria das ações judiciais ter sido proposta em países desenvolvidos (norte global)[171], há um número exponencialmente crescente de ações nos Estados subdesenvolvidos (sul global)[172], demonstrando que não importa a pujança econômica dos Estados ou mesmo as particularidades dos sistemas judiciais de cada jurisdição, mas sim a necessidade de buscar os argumentos legais mais desenvolvidos e os remédios adequados às vítimas das mudanças climáticas e de ataques diretos ao meio ambiente e aos ecossistemas globais.

---

[169] SETZER, Joana; HIGHAM, Catherine. **Global trends in climate change litigation**: 2021 snapshot. Londres: Grantham Research Institute on Climate Change and the Environment and the Centre for Climate Change Economics and Policy, 2021. Disponível em: <https://www.lse.ac.uk/granthaminstitute/wp-content/uploads/2021/07/Global-trends-in-climate-change-litigation_2021-snapshot.pdf>. Acesso em: 11 jan. 2022.

[170] Tradução simples. TIGRE, Maria Antonia; BARRY, Margaret. **Climate Change in the Courts**: a 2023 Retrospective. Sabin Center for Climate Change Law. 2023. Disponível em: <https://scholarship.law.columbia.edu/sabin_climate_change/212>. Acesso em: 21 jan. 2024.

[171] YASUAKI, Onuma. **Direito internacional em perspectiva transcivilizacional**: questionamento da estrutura cognitiva predominante no emergente mundo multipolar e multicivilizacional do século XXI. Trad. Jardel Gonçalves Anjos Ferreira [*et al.*]. Belo Horizonte: Arraes, 2016.

[172] SETZER, Joana; HIGHAM, Catherine. **Global trends in climate change litigation**: 2021 snapshot. Londres: Grantham Research Institute on Climate Change and the Environment and the Centre for Climate Change Economics and Policy, 2021. Disponível em: <https://www.lse.ac.uk/granthaminstitute/wp-content/uploads/2021/07/Global-trends-in-climate-change-litigation_2021-snapshot.pdf>. Acesso em: 11 jan. 2022.

No Brasil, o número de litígios voltados à questão climática cresceu nos últimos anos, chegando ao maior número de ações propostas em 2023, com maior protagonismo de instituições nacionais, como o Ministério Público Federal e os Ministérios Públicos Estaduais. Na frente corporativa nacional, o litígio climático ganhou também sua maior exposição: em 2023, foram identificadas vinte e cinco ocorrências judiciais contra empresas, ante apenas 11 em 2022[173]. Assim, apesar de ainda as instituições da Administração Pública brasileira serem as principais demandadas em litígios climáticos, as empresas estão cada vez mais ganhando o banco dos réus por suas condutas contrárias à proteção socioambiental.

Ainda no Brasil, merece destaque a Arguição de Descumprimento de Preceito Fundamental (ADPF) n. 708, decidida pelo Supremo Tribunal Federal (STF) em 2022[174], após questionamento sobre o contingenciamento e a omissão de informações sobre o uso das receitas que integram o Fundo Nacional sobre Mudança do Clima (Fundo Clima[175]) pelo Governo Brasileiro entre os anos de 2019 e 2020 e seus consequentes impactos para a fruição dos direitos constitucionalmente previstos, como de meio ambiente sadio, separação de poderes e direitos e garantias fundamentais.

Na ocasião, o STF foi espaço para discussões ricas e necessárias sobre temas relevantes relacionados às mudanças climáticas e o papel do Brasil em seu enfrentamento – tais como, mas não somente, "redução do desmatamento do bioma amazônico, a restauração das áreas degradadas, a reorientação das políticas setoriais (...) para uma economia de baixo carbono e o restabelecimento de uma governança funcional, transparente e participativa"[176] para o verdadeiro alcance das metas

---

[173] JUMA. **Boletim da litigância climática no Brasil**. 2. ed. Danielle de Andrade Moreira (Coord). Rio de Janeiro: Grupo de Pesquisa Direito, Ambiente e Justiça no Antropoceno, 2023, p. 6.

[174] SUPREMO TRIBUNAL FEDERAL. **Arguição de Descumprimento de Preceito Fundamental 708**. Distrito Federal. Rel. Min. Luís Roberto Barroso, j. 4-7-2022.

[175] O Fundo Clima é controlado atualmente pelo Banco Nacional de Desenvolvimento Econômico e Social (BNDES) e objetiva "garantir recursos para apoio a projetos ou estudos e financiamento de empreendimentos que tenham como objetivo a mitigação das mudanças climáticas". BNDES. **Fundo Clima**. Disponível em: <https://www.bndes.gov.br/wps/portal/site/home/financiamento/produto/fundo-clima>. Acesso em: 22 jan. 2024.

[176] BORGES, Caio; VASQUES, Pedro Henrique (Org.). **STF e as mudanças climáticas**: contribuições para o debate sobre o Fundo Clima (ADPF 708). Rio de Janeiro: Telha, 2021, p. 9.

Capítulo 1 • A Urgente Proteção Ambiental na Agenda ESG

climáticas propostas nacional e internacionalmente. Ainda, foi reconhecida a natureza de tratado de direitos humanos ao Acordo de Paris (e, portanto, com natureza supralegal), o que reforça a importância desse texto normativo internacional tanto para a proteção ambiental quanto em sua intersecção com os direitos humanos.

Percebe-se, assim, que a litigância climática é temática em franca expansão, em que a observância da jurisprudência doméstica e internacional se faz altamente relevante, sobretudo para a melhoria dos argumentos legais apresentados por parte de órgãos públicos de defesa e organizações privadas de proteção ambiental. Nesse aspecto, até mesmo insucessos na litigância climática (com ações rejeitadas por cortes domésticas ou internacionais[177]) servem de importantes balizadores para o avanço do tema e, consequentemente, para maior conscientização corporativa e estatal sobre suas atitudes para com o meio ambiente.

Por fim, outro aspecto essencial relacionado ao compromisso corporativo de protagonismo no enfrentamento às mudanças climáticas é garantir que tais medidas não impactem sobremaneira nas condições de vida dos indivíduos em sentido amplo, abarcando tanto as pessoas que trabalham para as empresas envolvidas, sua cadeia produtiva e seus clientes e consumidores, mas também aquelas que se veem afetadas pelos empreendimentos dos mais variados calibres e nos mais variados setores, independentemente de sua origem e condição[178].

---

[177] Menciona-se o caso "Greenpeace v. Spain II", em que organizações da sociedade civil processaram o governo da Espanha por não adequar suas políticas nacionais ao Acordo de Paris. A Suprema Corte espanhola decidiu em 2023 pelo não cabimento da demanda, em função da observância, por aquele país, dos princípios globais e europeus de proteção climática. MERINERO, Sara Gonzalez; TIGRE, Maria Antonia. **Understanding unsuccessful climate litigation**: the Spanish Greenpeace Case. Columbia Climate School. Sabin Center for Climate Change Law. 2023. Disponível em: <https://blogs.law.columbia.edu/climatechange/2023/09/11/understanding-unsuccessful-climate-litigation-the-spanish-greenpeace-case/>. Acesso em: 22 jan. 2024.

[178] UNITED NATIONS. **A/HRC/47/L.19**. 2021. Disponível em: <https://documents.un.org/doc/undoc/ltd/g21/175/21/pdf/g2117521.pdf?token=hLBGbQgJG9K1osc5h7&fe=true>. Acesso em: 7 fev. 2024.

CAPÍTULO 2
O "S": Sobre Pessoas[1]

Como visto no capítulo anterior, a proteção ao meio ambiente é pressuposto para a existência e a continuidade da vida humana no planeta. Sendo assim, sua importância é fundamental, assim como também os esforços empreendidos nas mais variadas frentes para a implementação de programas que visem à proteção ambiental, sobretudo em um cenário catastrófico e possivelmente irreversível de consequências advindas pelas mudanças climáticas.

Ocorre que as iniciativas implementadas e em processo de construção não podem ser estruturadas a partir do sacrifício de mais vidas humanas. O enfrentamento às desigualdades já impostas pelo sistema capitalista e pela sociedade de consumo[2] deve ocorrer imediatamente. E as empresas necessariamente precisam fazer a sua parte.

Em outras palavras, todo e qualquer compromisso de reduzir as emissões de carbono em busca de uma economia mais sustentável não pode ter como custo mais vidas humanas[3], estas muitas vezes descartadas ou negligenciadas por determinados processos corporativos[4]. Dessa forma, todas as informações trazidas sobre a proteção ao "E" devem ser aplicadas pelas empresas, para além no disposto na lei, de maneira voluntária, tendo como eixo central também o aspecto humano envolvido em suas atividades[5]. Chega-se, assim, ao "S" do problema: proteger o social é proteger a nossa continuidade neste planeta.

---

[1] RESPONSIBLE INVESTMENT ASSOCIATION OF CANADA. Annual Conference Keynote Address. John Ruggie's lecture: "**ESG Investing**: coming into its own–and not a moment too soon". Disponível em: <https://media.business-humanrights.org/media/documents/files/documents/Montreal_RIA_John_Ruggie_speech.pdf>. Acesso em: 22 fev. 2022.

[2] BAUMAN, Zygmunt. **Vida para consumo**: a transformação das pessoas em mercadorias. Trad. Carlos Alberto Medeiros. Rio de Janeiro: Zahar, 2008.

[3] ARONOFF, Kate; BATTISTONI, Alyssa; COHEN, Daniel Aldana; RIOFRANCOS, Thea. **Um planeta a conquistar**: a urgência de um Green New Deal. São Paulo: Autonomia, 2020, p. 23.

[4] CARDIA A., Ana Cláudia Ruy. **Transterritorialidade**: uma teoria de responsabilização de empresas por violação aos direitos humanos. Rio de Janeiro: Lumen Juris, 2020, p. 41.

[5] BUSINESS & HUMAN RIGHTS RESOURCE CENTRE. **Open letter from civil society to world leaders**: put human rights at the centre of environmental policy. Disponível em: <https://www.business-humanrights.org/en/latest-news/open-letter-from-civil-society-to-world-leaders-put-human-rights-at-the-centre-of-environmental-policy/>. Acesso em: 16 fev. 2022.

Empresas só existem porque pessoas existem (CNPJs[6] só existem em função de CPFs[7]). Empresas são constituídas e geridas por pessoas e promovem produtos e serviços para pessoas, dependendo ainda de mais indivíduos para a consecução de seus procedimentos e condução de sua cadeia produtiva. Sendo assim, é correta a afirmação de que os principais ativos de qualquer empresa são os seres humanos. E quais pessoas? Todas. Lideranças, trabalhadores(as) próprios(as) e terceirizados(as), consumidores(as) e comunidades do entorno potencialmente afetadas. Consequentemente, toda a humanidade.

De acordo com John Ruggie, idealizador dos Princípios Orientadores sobre Empresas e Direitos Humanos da ONU, o "S" da sigla ESG se refere a todos os riscos às pessoas[8]. Não é possível pensar em processos corporativos sem a proteção aos indivíduos. Dessa maneira, o olhar para a proteção dos direitos humanos de todos os envolvidos em atividades empresariais diversas é essencial para a garantia de sucesso social e, para o foco deste trabalho, para qualquer programa corporativo de ESG e sustentabilidade.

Sendo assim, faz-se necessário um olhar holístico à proteção humana, de maneira que os programas de ESG delimitados por uma empresa, independentemente de seu porte e de seu ramo de atuação, sejam eficazes e efetivos para o propósito maior de sustentabilidade planetária.

Assim, no "S", o foco de atenção deve, sobremaneira, ser para a área de Empresas e Direitos Humanos, desenvolvida internacionalmente principalmente desde a década de 1970 no âmbito da ONU e de outras organizações internacionais relevantes (como OIT, OCDE) e em franca expansão perante a sociedade internacional – atualmente com um aumento de relevância também no cenário brasileiro. O conhecimento das determinações dos Princípios Ruggie, bem como de outras iniciativas de natureza voluntária, como os princípios emanados pelo Pacto Global[9] e as Diretrizes da OCDE para as Empresas

---

[6] Sigla definidora de Cadastro Nacional da Pessoa Jurídica.
[7] Sigla definidora de Cadastro de Pessoas Físicas.
[8] RUGGIE, John Gerard. **Keynote address by John Ruggie at the Event "The "S" in ESG**: best practices and the way forward?". Shift, 2021. Disponível em: <https://shiftproject.org/keynote-ruggie-s-esg-july-2021/>. Acesso em: 13 abr. 2022.
[9] UNITED NATIONS GLOBAL COMPACT. **The Ten Principles of the UN Global Compact**. Disponível em: <https://www.unglobalcompact.org/what-is-gc/mission/principles>. Acesso em: 13 abr. 2022.

Multinacionais[10], além da implementação corporativa dos ditames da Agenda 2030 e outras iniciativas[11], são diferenciais sobretudo na frente de proteção ao "S" dos programas de ESG.

Apesar de as discussões sobre a necessidade de adequação da proteção dos direitos humanos à lógica corporativa não ser recente, o "S" não tem recebido a merecida atenção nos processos de implementação de políticas e práticas de ESG. Independentemente da razão (desconhecimento por parte dos *stakeholders*, possível desinteresse[12] sob o ponto de vista de rentabilidade ou pela ausência de regras expressas e vinculantes sobre a temática), é essencial que as empresas estabeleçam programas sérios voltados à proteção dos indivíduos, sob pena não somente de sofrer possíveis consequências jurídicas, mas também padecerem dos riscos reputacionais e imagéticos que venham a minar sua própria existência na sociedade de consumidores – estes últimos que atualmente se consubstanciam não mais como riscos relacionados às relações públicas das empresas, mas sim como riscos financeiros, sobretudo a partir da ampliação de vozes de consumidores e *stakeholders* em redes sociais[13].

Considerando todos os *stakeholders* envolvidos e a proteção a ser garantida a cada um dos grupos estudados, o presente capítulo se subdividirá da seguinte maneira: (i) breves apontamentos sobre o desenvolvimento da agenda de Empresas e Direitos Humanos no Brasil e no mundo; (ii) a proteção aos direitos humanos dos(as) trabalhadores(as): condições laborais dignas para os(as) contratados(as) diretos(as) e sua extensão para toda a cadeia produtiva; (iii) o papel de programas de diversidade e inclusão e sua relevância para o alcance do "S"; (iv) a proteção aos direitos humanos das comunidades afetadas pela atividade corporativa: a importância da atuação preventiva e da mitigação de riscos; e (v) a proteção aos direitos humanos dos consumidores: como evitar a

---

[10] OECD. **OECD Guidelines for Multinational Enterprises on Responsible Business Conduct**. Paris: OECD Publishing, 2023.

[11] CARDIA, Ana Cláudia Ruy. **Empresas, direitos humanos e gênero**: desafios e perspectivas na proteção e no empoderamento da mulher pelas empresas transnacionais. Porto Alegre: Buqui, 2015, p. 125-144.

[12] O'CONNOR, Casey; LABOWITZ, Sarah. **Putting the "S" in ESG**: measuring human rights performance for investors. Nova Iorque: NYU Stern Center for Business and Human Rights, 2017, p. 8.

[13] WTW. **Counting the true cost of reputation and ESG risk**. Reputational Risk Readiness Survey Report 2023. Disponível em: <https://www.wtwco.com/en-us/insights/2023/10/counting-the-true-cost-of-reputation-and-esg-risk>. Acesso em: 22 jan. 2024.

falácia sustentável e garantir a prosperidade econômica a partir do olhar de uma sociedade de consumo; e (vi) por último, tema relevantíssimo para o momento e para as décadas vindouras: a devida diligência (*due diligence*) como principal balizador e de conformidade de programas de proteção aos direitos humanos e de ESG, com seus avanços normativos nacionais, internacionais e supranacionais atualmente verificados e seguidos por empresas de todo o planeta.

2.1. BREVES APONTAMENTOS SOBRE O DESENVOLVIMENTO INTERNACIONAL DA AGENDA DE EMPRESAS E DIREITOS HUMANOS E SEUS IMPACTOS PARA O BRASIL

A temática de Empresas e Direitos Humanos tem sido discutida sobretudo a partir da década de 1970, momento em que, não obstante o avanço da Guerra Fria no planeta, processos de descolonização ganhavam espaço e, consequentemente, novas fronteiras de atuação corporativa se abriam. A preocupação crescente com a possível impunidade corporativa diante da atuação em Estados mais frágeis econômica e politicamente e consequentes violações aos direitos humanos foi, à época, objeto de posicionamentos da ONU e de normas internacionais relevantes da OIT e da OCDE, que envolvem até os dias atuais.

O desenvolvimento da agenda de Empresas e Direitos Humanos nos últimos cinquenta anos não necessariamente acompanhou o ritmo dos abusos verificados por parte do poder corporativo em diferentes setores da economia e em diferentes partes do planeta[14]. Apesar disso,

---

[14] A esse respeito, citam-se alguns casos: "(i) violações às leis trabalhistas, tais como as averiguadas no caso emblemático envolvendo a empresa Nike com a utilização de mão de obra infantil e práticas de trabalho forçado em suas fábricas na China, no Vietnã e na Indonésia no final dos anos 1990, o suicídio coletivo de funcionários da empresa chinesa Foxconn, em 2010, ou mesmo a tragédia ocorrida com os trabalhadores de empresas têxteis terceirizadas que atuavam em um prédio em condições precárias em Rana Plaza, Bangladesh, em 2013; (ii) graves danos ao meio ambiente, verificados no vazamento de gás em uma usina de pesticidas em Bhopal, Índia, susbsidiária da empresa norte-americana Union Carbide, a destruição da Amazônia Equatoriana pela Chevron, o despejo de mais de 62 milhões de metros cúbicos de lama tóxica resultante do rompimento da barragem de Fundão, de propriedade da *joint venture* Samarco, em Mariana, Minas Gerais, em 2015, e a tragédia anunciada do rompimento da barragem de Brumadinho, em 2019; e (iii) a permissão de venda de produtos a determinadas sociedades, estes muitas vezes anunciados como benéficos, mas que tão-somente escondem estratégias de *marketing* para alavancar vendas". CARDIA A., Ana Cláudia Ruy. **Transterritorialidade**: uma teoria de responsabilização de empresas por violação aos direitos humanos. Rio de Janeiro: Lumen Juris, 2020, p. 18-19.

é importante apresentar seus principais contornos de forma breve, a fim de compreender o que se segue: o(a) profissional de ESG da atualidade não pode, sob nenhuma hipótese, desconhecer esses pressupostos, sob pena de elaborar programas internos voltados ao social que não se sustentem de maneira eficiente e eficaz no longo prazo.

Em 2011, a publicação dos Princípios Orientadores sobre Empresas e Direitos Humanos trouxe novas cores ao tema. Ainda que não vinculantes, suas orientações consolidaram pela primeira vez no sistema onusiano a responsabilidade compartilhada de Estados e empresas na proteção aos direitos humanos a partir do desenvolvimento da atividade empresarial. Nas palavras de seu principal idealizador, John Ruggie, os Princípios Orientadores seriam apenas "o fim do começo"[15]. E ele tinha razão.

Assim, desde o surgimento dos Princípios Orientadores, as demais normas nacionais e internacionais relacionadas ao tema (desde as não vinculantes[16] até as regras nacionais mais recentes, voltadas especialmente à devida diligência em direitos humanos, que serão analisadas a seguir) tiveram os trinta e um princípios neles insculpidos como orientação para fins de revisão e adaptação ou mesmo como base e pressuposto para sua elaboração. Não se pode também olvidar os esforços empreendidos desde 2014 para a elaboração de um tratado sobre a matéria[17] – ainda sob discussão material e política na ONU.

Destacam-se também sob esse prisma as Diretrizes da OCDE para as Empresas Multinacionais. Estabelecidas em 2011 e atualizadas em 2023, seus novos imperativos foram construídos à luz dos Princípios Orientadores, mas também com impacto relevante na agenda ESG, ao considerar temas como mudanças climáticas, impactos à biodiversidade, impactos da tecnologia nas atividades corporativas diversas e a

---

[15] RUGGIE, John Gerard. **Just business**: multinational corporations and human rights. Nova Iorque: The Penguin Press, 2005.

[16] A título de conhecimento, e com suas respectivas especificidades, citam-se algumas: Declaração Tripartite de Princípios sobre Empresas Multinacionais e Política Social da OIT (revisada e atualizada em 2017 à luz dos Princípios Orientadores), Diretrizes da OCDE para as Empresas Multinacionais (revisadas e atualizadas em 2023 à luz dos Princípios Orientadores), Planos Nacionais de Ação sobre Empresas e Direitos Humanos estabelecidos pelos Princípios Orientadores. Para uma análise mais detalhada sobre cada norma, ver: CARDIA, Ana Cláudia Ruy. **Empresas, direitos humanos e gênero**: desafios e perspectivas na proteção e no empoderamento da mulher pelas empresas transnacionais. Porto Alegre: Buqui, 2015.

[17] UNITED NATIONS. **A/HRC/26/L.22/Rev.1**. Disponível em: <https://documents-dds-ny.un.org/doc/UNDOC/LTD/G14/064/48/PDF/G1406448.pdf?OpenElement>. Acesso em: 11 jul. 2018.

relevância da devida diligência em toda a cadeia produtiva e de fornecimento[18]. É essencial que consultores(as) e empresas que atuam de forma séria na agenda social do famoso acrônimo não deixem de consultar essas diretrizes quando da implementação de programas e políticas voltadas ao "S".

No plano normativo doméstico, foram publicadas nos últimos anos normas relevantes voltadas à devida diligência em direitos humanos em toda a cadeia produtiva, com inspiração direta nos Princípios Orientadores. Dada sua importância teórica e prática, estas serão avaliadas em item específico.

No Brasil, além das normas trabalhistas existentes e diretamente aplicáveis ao tema, a agenda de Empresas e Direitos Humanos tem ganhado cada vez mais espaço, com foco sobretudo em encontrar pontos de maior responsabilização de corporações por violações aos direitos humanos, evitando, assim, discursos de impunidade e garantindo a proteção a partir do olhar para a centralidade do sofrimento da vítima (com a verdadeira compreensão e respeito à integração das vítimas com seu meio social e especificidades dele decorrentes, em completa e adequada reparação)[19].

Quanto à evolução do tema no país, apesar de os primeiros passos regulatórios mais concretos terem sido dados em 2018[20], é importante destacar os esforços mais recentes. Em 2020, o Conselho Nacional de Direitos Humanos editou a Resolução n. 5/2020, em que foram apresentadas Diretrizes Nacionais para uma Política sobre Direitos Humanos e Empresas no Brasil. Nesse documento, restou afirmada a centralidade do sofrimento da vítima como balizadora de condutas corporativas atentatórias aos direitos humanos, além da responsabilização de empresas por abusos em toda a cadeia de produção e de ações que evitem a chamada captura corporativa (configurada quando

---

[18] OECD. **OECD Guidelines for Multinational Enterprises on Responsible Business Conduct**. Paris: OECD Publishing, 2023.

[19] CARDIA A., Ana Cláudia Ruy. **Transterritorialidade**: uma teoria de responsabilização de empresas por violação aos direitos humanos. Rio de Janeiro: Lumen Juris, 2020, p. 69.

[20] Com o Decreto n. 9.571/2018, revogado em 2023. Anteriormente a esse movimento, encontra-se breve menção ao papel do Estado brasileiro na proteção aos direitos humanos de vítimas da atividade corporativa no Terceiro Plano Nacional de Direitos Humanos (PNDH-3). BRASIL. **Decreto n. 7.037, de 21 de dezembro de 2009**. Aprova o Programa Nacional de Direitos Humanos – PNDH-3 e dá outras providências. Disponível em: <https://www.planalto.gov.br/ccivil_03/_ato2007-2010/2009/decreto/d7037.htm>. Acesso em: 22 jan. 2024.

empresas monopolizam "espaços de fala em prejuízo dos atingidos e atingidas")[21].

Em 2022, o PL n. 572/2022, proposto na Câmara dos Deputados, intentou a criação de um marco nacional sobre Direitos Humanos e Empresas, definindo diretrizes para a promoção de políticas públicas no tema. No caso, o PL objetiva que empresas e entidades estatais atuem com vistas à promoção dos direitos humanos a partir da atividade corporativa e à reparação integral no caso de violações dessa ordem. A criação de mecanismos de denúncia extrajudiciais apropriados e a elaboração de relatórios periódicos com informações sobre as ações corporativas voltadas aos direitos humanos também é outro ponto de relevância no PL em referência, que atualmente tramita na Comissão de Desenvolvimento Econômico da Câmara dos Deputados[22]. É necessário acompanhar o desenvolvimento desse PL e sua transformação em norma, sobretudo a partir de um debate que envolva as frentes corporativa e social para a definição justa de conceitos sem perder sua essência protetiva[23].

Em 2023, o tema ganhou ainda mais força com o Decreto n. 11.772/2023[24], que instituiu um Grupo de Trabalho Interministerial para a elaboração de proposta para uma Política Nacional de Direitos Humanos e Empresas, esta última a ser orientada a partir do pressuposto de centralidade do sofrimento da vítima e com a responsabilização corporativa a partir de atos em sua cadeia de produção e fornecimento. Para empresas que buscam estruturar programas de ESG, é essencial a observância dos desdobramentos dessa recente iniciativa, sobretudo para futuros mapeamentos de riscos e atualização de políticas e procedimentos internos.

---

[21] CONSELHO NACIONAL DE DIREITOS HUMANOS. **Resolução CNDH n. 5, de 12 de março de 2020**. Disponível em: <https://www.gov.br/mdh/pt-br/acesso-a-informacao/participacao-social/conselho-nacional-de-direitos-humanos-cndh/copy_of_ResoluoDHe empresas.pdf>. Acesso em: 21 jan. 2024.

[22] CÂMARA DOS DEPUTADOS. **PL n. 572/2022**. Disponível em: <https://www.camara.leg.br/propostas-legislativas/2317904>. Acesso em: 22 jan. 2024.

[23] CEBDS. **Nota Técnica sobre o Projeto de Lei n. 572/2022**. Rio de Janeiro: CEBDS, 2022. Disponível em: <https://cebds.org/wp-content/uploads/2023/06/CEBDS_CTSocial_NT-PL 572.pdf>. Acesso em: 23 jan. 2024.

[24] BRASIL. **Decreto n. 11.772, de 9 de novembro de 2023**. Institui o Grupo de Trabalho Interministerial para a elaboração de proposta da Política Nacional de Direitos Humanos e Empresas. Disponível em: <https://www.planalto.gov.br/ccivil_03/_ato2023-2026/2023/decreto/D11772.htm#:~:text=DECRETO%20N%C2%BA%2011.772%2C%20DE%209,que%20lhe%20confere%20o%20art.>. Acesso em: 23 jan. 2023.

2.2. A PROTEÇÃO AOS DIREITOS HUMANOS DOS(AS) TRABALHADORES(AS): CONDIÇÕES LABORAIS DIGNAS PARA OS(AS) CONTRATADOS(AS) DIRETOS(AS) E SUA EXTENSÃO PARA TODA A CADEIA PRODUTIVA

Para que uma empresa possa estender seu olhar para a sociedade com suas políticas e programas de ESG, ela precisa, antes de tudo, fazer seu dever de casa. O exercício interno, de autoconhecimento, é essencial para que a divulgação de informações enganosas a clientes, investidores e consumidores seja evitada. Para tanto, é necessário conhecer quem são as pessoas que compõem o dia a dia da empresa. Quem dá vida ao negócio? Quais são os CPFs que fazem o CNPJ ser a marca que a sociedade reconhece?

O primeiro passo é olhar para o "S" a partir da força de trabalho. Nesse caso, devem ser consideradas as lideranças, os(as) colaboradores(as), os(as) terceirizados(as) e demais membros da cadeia produtiva. O exercício, portanto, não deve se restringir aos muros da empresa. Isso porque o processo produtivo para qualquer setor é fundamentado na cooperação entre diferentes entes. E, como se verá adiante, os programas e as normas de auditoria ou *due diligence* em direitos humanos têm endurecido sua ação para as cadeias produtivas e de fornecimento como um todo.

Nesse aspecto se destaca a proteção aos(às) trabalhadores(as). O respeito às condições laborais, delineadas a partir da legislação trabalhista vigente, deve ser o ponto de partida para todas as espécies corporativas. Contudo, como já visto, a sigla ESG não se restringe ao texto legal. Ao contrário, a norma deve ser o piso mínimo para qualquer empresa em relação ao seu envolvimento com a sustentabilidade. O programa de ESG deve, assim, ir além da norma, trazendo um diferencial competitivo, lucrativo e imagético. E esse diferencial mora também (e principalmente!) no dia a dia dos(as) trabalhadores(as).

Somado aos pressupostos citados encontra-se o reforço no tema produzido com a pandemia de COVID-19. Para além de questões laborais dignas e pautas como diversidade e inclusão no universo corporativo, temas como saúde mental dos(as) trabalhadores(as) e novos arranjos de trabalho, com a adoção e manutenção de modelos híbridos e remotos (com maior flexibilidade de horários e presença[25]), também

---

[25] THE DANISH INSTITUTE FOR HUMAN RIGHTS. **Top 10 Business and Human Rights issues 2024**: new frontiers. Copenhagen: IHRB, 2024, p. 8.

passaram a fazer parte de programas de ESG[26], estando cada vez mais à frente de questões a serem resolvidas nessa agenda. A pandemia potencializou todos esses aspectos, trazendo novas demandas que precisam também ser consideradas na boa implementação do "S".

As estatísticas confirmam essas afirmações: 37,5% dos(as) trabalhadores(as) globais dos setores de alimentos e acomodação, atacado e varejo, serviços corporativos e produção de manufaturas sofreram com os impactos da pandemia[27], resultando na possível demissão de milhares de profissionais em todo o planeta.

Os números apresentados – que superam, inclusive, as estatísticas da crise econômica global dos anos de 2008 e 2009[28] –, tendem a se concentrar em Estados subdesenvolvidos e com questões precárias socioeconômicas e ambientais que notadamente extrapolam os tempos pandêmicos. O aumento da vulnerabilidade de tais povos a partir da redução de postos de trabalho já é uma realidade, com a ocorrência de graves violações aos direitos trabalhistas, o que inclui o Brasil[29].

Assim, violações aos direitos humanos consubstanciadas, por exemplo, a partir do crime de tráfico de pessoas[30] (tipificado no art. 149-A do Código Penal brasileiro e no Protocolo de Palermo, tratado do qual o Brasil é signatário) e da submissão aos trabalhadores a condições análogas à escravidão (características da chamada escravidão moderna ou escravidão contemporânea) se verificaram e têm sido constatadas em grande escala no Brasil e no planeta, movimentando bilhões de

---

[26] BLACKROCK. **Larry Fink's 2022 Letter to CEOs**: the power of capitalism. Disponível em: <https://www.blackrock.com/us/individual/2022-larry-fink-ceo-letter>. Acesso em: 18 jan. 2022.

[27] UN NEWS. **COVID-19**: impact could cause equivalent of 195 million job losses, says ILO chief. Disponível em: <https://news.un.org/en/story/2020/04/1061322>. Acesso em: 22 jun. 2020.

[28] INTERNATIONAL LABOUR ORGANIZATION. **ILO Monitor**: COVID-19 and the world of work. Second Edition. Updated Estimates and Analysis. Disponível em: <https://www.ilo.org/wcmsp5/groups/public/---dgreports/---dcomm/documents/briefingnote/wcms_740877.pdf>. Acesso em: 21 abr. 2022.

[29] INTERNATIONAL TRADE UNION CONFEDERATION. **2020 ITUC Global Rights Index**: the world's worst countries for workers. Disponível em: <https://www.business-humanrights.org/sites/default/files/documents/ituc_globalrightsindex_2020_en%5B1%5D%5B1%5D.pdf>. Acesso em: 21 abr. 2022.

[30] Para mais informações sobre o crime de tráfico de pessoas, ver: SMANIO, Gianpaolo Poggio; PINTO, Felipe Chiarello de Souza; ATCHABAHIAN, Ana Cláudia Ruy Cardia; ANDREUCCI, Ana Claudia Pompeu Torezan; JUNQUEIRA, Michelle Asato. **Pessoas invisíveis**: prevenção e combate ao tráfico interno e internacional de seres humanos. Londrina: Editora Thoth, 2020.

dólares anualmente[31] e se relacionando diretamente com outros direitos humanos, tais como a proteção à infância, igualdade de gênero, raça, identidade de gênero e orientação sexual, *status* migratório, entre outros de igual relevância.

Especialmente nesse ponto que deve ser intensificado o controle por parte das empresas tanto de sua força de trabalho direta quanto de suas subcontratadas, com o cuidado essencial para a empresa, no Brasil, não figurar na chamada "lista suja do trabalho escravo" (Cadastro de Empregadores que tenham submetido trabalhadores a condições análogas à de escravo[32], instrumento nacional atualizado semestralmente estabelecido pela Portaria MTE n. 1.234/2003[33] e disciplinado pela Portaria Interministerial MTPS/MMIRDH n. 4/2016), além de sofrer abalos reputacionais e de investimentos. Em sua última atualização, foram incluídos 204 empregadores que submeteram trabalhadores a condições análogas à escravidão, com a maioria de casos especialmente em serviços agropecuários (com destaque para a criação de bovinos para corte, cultivo de café, entre outros).

Para tornar o cenário ainda mais complexo para gestores, investidores e demais *stakeholders*, a revolução digital que ora se verifica em todos os setores da economia (na chamada quarta revolução industrial ou Indústria 4.0) afeta sobremaneira a vida dos(as) trabalhadores(as) no curto, médio e longo prazo. Esse aspecto, definido por pesquisadores(as) como "uberização" do trabalho[34], perpassa temas como a recente

---

[31] Leonardo Sakamoto afirma que a escravidão contemporânea é entendida "não como resquício de formas arcaicas de exploração que resistiram ao avanço da modernidade, mas como instrumento adotado por empreendimentos para garantir lucro fácil e competitividade em uma economia cada vez mais globalizada". SAKAMOTO, Leonardo. O trabalho escravo contemporâneo. SAKAMOTO, Leonardo (Org.). **Escravidão contemporânea**. São Paulo: Contexto, 2020, p. 7-14.

[32] MINISTÉRIO DO TRABALHO E EMPREGO. **Cadastro de empregadores que tenham submetido trabalhadores a condições análogas à de escravo**. 2023. Disponível em: <https://www.gov.br/trabalho-e-emprego/pt-br/assuntos/inspecao-do-trabalho/areas-de-atuacao/cadastro_de_empregadores.pdf>. Acesso em: 24 jan. 2024.

[33] HADDAD, Carlos H. B.; MIRAGLIA, Lívia M. M. (Coord.). MONTEIRO, Lucas Fernandes; PEREIRA, Marcela Rage; BUENO, Marina de Araújo. **Trabalho escravo**: entre os achados da fiscalização e as respostas judiciais. Florianópolis: Tribo da Ilha, 2018, p. 75.

[34] Ricardo Antunes define a "uberização" do trabalho como "um processo no qual as relações de trabalho são crescentemente individualizadas e invisibilizadas, assumindo, assim, a aparência de "prestação de serviços" e obliterando as relações de assalariamento e exploração do trabalho". ANTUNES, Ricardo. Trabalho intermitente e uberização do trabalho no limiar da Indústria 4.0". ANTUNES, Ricardo (Org.). **Uberização, trabalho digital e Indústria 4.0**. São Paulo: Boitempo, 2020, p. 11.

reforma trabalhista brasileira (a partir da Lei n. 13.429/2017)[35], a informalidade de alguns setores, a economia do compartilhamento[36] e até mesmo a rediscussão normativa e judicial de contratos de prestação de trabalho que seguem a via remota a partir de empresas localizadas em diferentes jurisdições[37].

A informalidade laboral, somada a novos modelos de contratação de trabalhadores permitidos pela lei trabalhista nacional também enseja questionamentos sobre violação a direitos humanos em diferentes níveis da cadeia produtiva. A crescente judicialização de casos demonstra o descuidado (intencional ou irrefletido) de empregadores das mais variadas frentes de trabalho com os direitos dos(as) trabalhadores(as) em casos de terceirização e "pejotização"[38]. Curiosamente, é possível perceber que algumas decisões do STF têm permitido a terceirização de atividades-fim, a partir sobretudo de um critério de aderência

---

[35] MIRAGLIA, Lívia Mendes Moreira; OLIVEIRA, Rayhanna Fernandes de Souza. A Reforma trabalhista e o trabalho escravo contemporâneo: análise dos impactos da terceirização irrestrita e da banalização do trabalho em sobrejornada. MIRAGLIA, Lívia Mendes Moreira; HERNANDEZ, Julianna do Nascimento; OLIVEIRA, Rahyanna Fernandes de Souza (Org.). **Trabalho escravo contemporâneo**: conceituação, desafios e perspectivas. Rio de Janeiro: Lumen Juris, 2018, p. 83-101.

[36] SLEE, Tom. **Uberização**: a nova onda do trabalho precarizado. Trad. João Peres. São Paulo: Editora Elefante, 2017.

[37] POLIDO, Fabrício Bertini Pasquot. Serviços de tecnologia da informação, plataformas de intermediação do trabalho e processos legais transnacionais. POLIDO, Fabrício Bertini Pasquot; BARBATO, Maria Rosaria; MOURA, Natália das Chagas (Org.). **Trabalho, tecnologias e os desafios globais dos direitos humanos**: estudos e perspectivas críticas. Rio de Janeiro: Lumen Juris, 2019, p. 107-130.

[38] Os termos "terceirização" e "pejotização" não são sinônimos. Olívia de Q. F. Pasqualeto, Ana Laura Pereira Barbosa e Laura Arruda Fioroto as definem da seguinte forma: "Terceirização: Terceirização é uma forma de contratação, disciplinada na Lei n. 6.019/1974, em que uma empresa contratante (tomadora) contrata uma empresa prestadora (terceirizadora) para prestação de serviços. A empresa prestadora, por sua vez, contrata, dirige e remunera diretamente os empregados. Há, assim, uma relação triangular entre essas três partes". E "Pejotização: Pejotização é um termo utilizado para referir-se à contratação de trabalhadores por meio de pessoas jurídicas. Na pejotização – uma expressão frequentemente utilizada para indicar fraude, na qual o empregado está travestido de pessoa jurídica (PJ) com a finalidade de mascarar a verdadeira relação de emprego – não há uma relação triangular. A contratação se dá entre contratante e a PJ (que, na verdade, é o próprio trabalhador). Observa-se que a contratação de pessoas jurídicas para a prestação de serviços, por si só, não é fraude desde que essa pessoa jurídica tenha a sua autonomia e não seja usada com o intuito de afastar o vínculo empregatício e tudo o que decorre dele (direitos trabalhistas, custos etc.)". PASQUALETO, Olívia de Q. F.; BARBOSA, Ana Laura Pereira; FIOROTTO, Laura Arruda. **Terceirização e pejotização no STF**: análise das reclamações constitucionais. São Paulo: FGV Direito SP, 2023, p. 2.

ampliado, ou seja, que considera os parâmetros normativos invocados e a fundamentação das decisões[39]. É necessária, portanto, a reflexão se a terceirização das atividades não esconde interesses escusos por parte de empregadores (como o não pagamento de impostos e demais encargos trabalhistas) ou se sua aplicabilidade se enquadra aos preceitos legais laborais recentemente alterados no país.

A consequente modificação do meio ambiente de trabalho trouxe à tona novos questionamentos sobre a saúde mental dos(as) trabalhadores(as)[40], sendo verificados crescentes índices de transtornos de ansiedade, depressão e *burnout*, este último reconhecido como a fadiga física e mental decorrente da sobrecarga de trabalho e da excessiva pressão em torno de uma crescente produtividade permitida e facilitada cada vez mais pelo uso da tecnologia. Acrescenta-se, ainda, um componente geracional preocupante: as novas gerações estão sofrendo cada vez mais com ansiedade, depressão e *burnout* no ambiente de trabalho[41].

Dada a importância do tema e seus impactos para a saúde humana, em 2022 a Organização Mundial da Saúde (OMS) reconheceu a síndrome de *burnout* como um fenômeno ocupacional resultante de "estresse crônico no local de trabalho que não foi gerenciado com sucesso". A OMS ainda definiu as três dimensões da síndrome de *burnout*, com os principais sintomas a serem trabalhados, a saber: "(i) sentimentos de esgotamento ou exaustão de energia; (ii) aumento da distância mental do trabalho ou sentimentos de negativismo ou cinismo relacionados ao trabalho; e (iii) eficácia profissional reduzida"[42].

O Serviço Brasileiro de Apoio às Micro e Pequenas Empresas (SEBRAE) lista de forma não exaustiva algumas das possíveis causas do

---

[39] PASQUALETO, Olívia de Q. F.; BARBOSA, Ana Laura Pereira; FIOROTTO, Laura Arruda. **Terceirização e pejotização no STF**: análise das reclamações constitucionais. São Paulo: FGV Direito SP, 2023, p. 16.

[40] ESTEVES, Juliana Teixeira; BITU, Tieta Tenório de Andrade. A transformação organizacional frente à transfiguração do meio ambiente do trabalho: um debate sobre o adoecimento laboral. POLIDO, Fabrício Bertini Pasquot; BARBATO, Maria Rosaria; MOURA, Natália das Chagas (Org.). **Trabalho, tecnologias e os desafios globais dos direitos humanos**: estudos e perspectivas críticas. Rio de Janeiro: Lumen Juris, 2019, p. 265-277, especialmente p. 272.

[41] DELOITTE. **2023 Gen Z and Millennial Survey**. Waves of change: acknowledging progress, confronting setbacks. 2023. Disponível em: <https://www.deloitte.com/global/en/issues/work/content/genzmillennialsurvey.html>. Acesso em: 22 jan. 2024.

[42] Tradução livre. WORLD HEALTH ORGANIZATION. **ICD-11 for Mortality and Morbidity Statistics**. QD 85 Burnout. Disponível em: <https://icd.who.int/browse11/l-m/en#/http://id.who.int/icd/entity/129180281>. Acesso em: 22 jan. 2024.

burnout: (i) jornada de trabalho longa e/ou cansativa; (ii) realização de atividades em situação ou local de risco que demandem cuidados adicionais de proteção; (iii) acúmulo de funções em um único cargo; (iv) necessidade frequente de fazer horas extras e prazos exíguos; (v) desvalorização constante do trabalhador por parte de supervisores e colegas; (vi) excesso de cobranças, críticas e julgamentos por parte dos superiores; (vii) conflitos internos que abalem o ambiente organizacional; (viii) ambientes de trabalho sem equipamentos, materiais e acessórios necessários para o bom desempenho das atividades[43].

Sob este último prisma, as doenças físicas e psicológicas podem até variar em conformidade com o setor empresarial e com o tipo de organização do trabalho, mas decorrem de um único pressuposto, ainda em voga: o de que é do(a) trabalhador(a) a obrigação única de se adaptar às necessidades da empresa, e não o contrário[44]. Em ambientes sem diálogo e sem a construção coletiva sobre as necessidades dos(as) trabalhadores(as) e suas demandas, dificilmente o "S" pode prosperar.

Para além de manifestações de cunho laboral verificáveis a partir de atividades sindicais – feitas por meio de representação de órgãos específicos –, tem-se constatado uma tendência corporativa interna, dos(as) próprios(as) trabalhadores(as), de busca por melhores condições de trabalho, sobretudo a partir de temas voltados à diversidade e inclusão (como se verá adiante) e à proteção para o caso de doenças laborais: trata-se do ativismo corporativo (*corporate activism* ou intraempreendedorismo social), que é "a disposição que os funcionários de empresas (nacionais e transnacionais) têm de expor eventuais mazelas de sua atividade laboral (...) e demandar mudanças em prol de atitudes mais sustentáveis e menos discriminatórias"[45].

---

[43] SEBRAE. **Como a Síndrome de Burnout afeta o dia a dia das empresas**. 2020. Disponível em: <https://www.sebrae.com.br/sites/PortalSebrae/ufs/pe/artigos/como-a-sindrome-de-burnout-afeta-o-dia-a-dia-das-empresas,14f4536044395710VgnVCM1000004c00210aRCRD>. Acesso em: 21 abr. 2022.

[44] CAVALCANTI, Tiago Muniz. **Sub-humanos**: o capitalismo e a metamorfose da escravidão. São Paulo: Boitempo, 2021, p. 70-71.

[45] CARDIA A., Ana Cláudia Ruy; VILLAS BOAS, Izabela Zonato. Ativismo corporativo: um possível complemento à atividade sindical em direitos humanos e empresas em diálogo com a sustentabilidade. MANNRICH, Nelson. CAVALCANTE, Jouberto de Quadros Pessoa; VILLATORE, Marco Antônio Cesar. **Direito Internacional do Trabalho e a Organização Internacional do Trabalho**: direito coletivo e sindical. Curitiba: Instituto Memória. Centro de Estudos da Contemporaneidade, 2021, p. 183-195, especialmente p. 192.

Nesse caso, constata-se um movimento de baixo para cima, em que os(as) próprios(as) funcionários(as) demandam aos seus gestores e às suas gestoras mudanças estruturais e culturais a fim de que o ambiente de trabalho seja menos desgastante – e, principalmente, sustentável. Apesar de a atuação das lideranças ser objeto do capítulo subsequente, uma vez que aos(às) funcionários(as) é concedida "voz ativa na governança da empresa"[46], mudanças culturais são mais facilmente implementáveis e, consequentemente, bem-sucedidas. No Brasil, contudo, ainda há um longo caminho para que o ativismo corporativo se torne uma realidade em todos os setores, mas o conhecimento dessa tendência é relevante para quem opera no campo do ESG.

Outra temática que tem ganhado cada vez mais espaço nos programas de ESG voltados à proteção aos direitos humanos no campo laboral é a diferenciação entre salário-mínimo e salário digno. Por salário-mínimo compreende-se a percepção mensal que um(a) trabalhador(a) recebe por seu trabalho a partir de um piso mínimo definido por lei nacional, que considera médias e variáveis relacionadas aos custos de vida da população de todo o país. No Brasil, o salário-mínimo foi definido pela CLT, sendo atualizado periodicamente com base na inflação e em outros critérios econômicos relevantes. Salário digno, por sua vez, é um conceito previsto nos Objetivos de Desenvolvimento Sustentável, componente da Agenda 2030 da ONU, que objetiva garantir ao(à) trabalhador(a) renda adequada e suficiente não somente a partir do piso mínimo definido em lei, mas sim ajustada às necessidades de um desenvolvimento digno em diversos aspectos da vida da pessoa e de seus familiares, em observância ao seu verdadeiro custo de vida.

Em geral, o salário digno é calculado a partir das necessidades dos(as) trabalhadores(as) em relação ao contexto de atuação e moradia, acesso a saneamento básico, educação de qualidade e possibilidade de organização de investimentos e finanças pessoais[47]. A melhora na remuneração e a valorização profissional trazem a positiva consequência de realização profissional para os(as) trabalhadores(as), com o natural aumento do rendimento corporativo e melhoria de seus resultados.

---

[46] KELLY, Marjorie. **Capitalismo alternativo e o futuro dos negócios**: construindo uma economia que funcione para todos. Trad. Claudia Gerpe Duarte. São Paulo: Cultrix, 2016, p. 205.
[47] UNITED NATIONS GLOBAL COMPACT. **Living wage analysis tool**. Make living wages a reality. Disponível em: <https://livingwagetool.unglobalcompact.org/>. Acesso em: 24 jan. 2024.

Algumas empresas brasileiras têm buscado implementar as metodologias de cálculo do salário digno a fim de reorganizar os recebimentos por parte de sua força de trabalho[48]. A rede brasileira do Pacto Global também criou movimento para atrair e engajar empresas nacionais a implementar essa prática[49]. A melhoria da imagem das empresas perante a sociedade também é outro diferencial relevante na sociedade de consumo, que está cada vez mais conscientes das mazelas sociais no mercado de trabalho e dos impactos das violações aos direitos humanos em sua própria dignidade.

As lideranças empresariais, independentemente do porte da empresa e do ramo de atuação, precisam reconhecer a existência de tais temas, as normas a eles aplicáveis, os riscos para seu setor e como podem ser estabelecidas metas de superação desses conceitos em seus programas específicos de ESG, sob pena de correrem graves riscos de ordem material e reputacional se não estruturarem seus negócios de maneira a proteger sua força de trabalho em sentido amplo.

Por fim, mas não menos importante, considerando que a perspectiva de sustentabilidade social no ambiente de trabalho também tem correlação direta com a Agenda 2030 da ONU, as políticas de ESG com foco no "S" devem, obrigatoriamente, ter olhar atento para o Objetivo de Desenvolvimento Sustentável 8 e suas respectivas metas, que intentam "Promover o crescimento econômico sustentado, inclusivo e sustentável, emprego pleno e produtivo e trabalho decente para todos"[50].

2.3. A ESSENCIALIDADE DOS PROGRAMAS DE DIVERSIDADE, EQUIDADE E INCLUSÃO PARA O ALCANCE DO "S"

Diversidade, Equidade e Inclusão (DEI). Essa expressão, que hoje permeia praticamente todos os programas sociais corporativos, é a que mais precisa de atenção por parte de lideranças, gestores, investidores e consumidores.

---

[48] EXAME. **Salário digno**: como a Natura calcula o mínimo que seus funcionários devem receber para viver bem. 2024. Disponível em: <https://exame.com/esg/salario-digno-como-a-natura-calcula-o-minimo-que-seus-funcionarios-devem-receber-para-viver-bem/>. Acesso em: 24 jan. 2024.

[49] PACTO GLOBAL. REDE BRASIL. **Movimento Salário Digno**. Disponível em: <https://www.pactoglobal.org.br/movimentos/movimento-salario/#comoAderirMovimento>. Acesso em: 24 jan. 2024.

[50] NAÇÕES UNIDAS BRASIL. **Objetivo de Desenvolvimento Sustentável 8**. Disponível em: <https://brasil.un.org/pt-br/sdgs/8>. Acesso em: 21 abr. 2022.

Por diversidade entende-se a coexistência, em um mesmo espaço, de pessoas de diferentes formações físicas e psicológicas, raças, etnias, gêneros, orientações sexuais e identidades de gênero, condições socioeconômicas e etárias[51]. Assim, uma empresa que se diz diversa deve, em tese, apresentar diferentes grupos em seu corpo interno.

Equidade é a "promoção de tratamento justo e equitativo entre os diversos grupos sociais e indivíduos, com o objetivo de igualar oportunidades". Em outras palavras, uma vez contratadas por meio de programas de diversidade, é essencial que as empresas garantam a equidade entre os(as) diferentes trabalhadores(as)[52].

Inclusão, por sua vez, é o ato de incorporar esse grupo diverso em todas as esferas e níveis corporativos[53], o que deve ser feito por meio de programas de proteção e inserção elaborados a partir de critérios específicos e com o foco em cada uma das vulnerabilidades possivelmente apresentadas.

Em outras palavras, uma empresa que tem por olhar a inclusão conta com programas de contratação, mentorias e até mesmo cotas para ingresso e ascensão de carreiras para grupos diversos que, em função de discriminações históricas ou mesmo aspectos sociais estruturais, foram excluídos do processo participativo de formação e desenvolvimento corporativo. Vale, portanto, a máxima de Stefanie Johnson: "inclusão é o resultado da soma da valorização da singularidade e do sentimento de pertencimento"[54].

É estatisticamente comprovado que empresas que investem em programas de diversidade e inclusão de diferentes grupos são mais propensas a ter maior rentabilidade do que empresas com grupos homogêneos de pessoas. Em estudo desenvolvido pela consultoria McKinsey & Company com empresas latino-americanas, as corporações que têm em sua essência programas de diversidade e inclusão contam com maior

---

[51] Definição apresentada pela autora.
[52] B3. **Investimos em diversidade, equidade e inclusão**. Guia de boas práticas. São Paulo: B3, 2023, p. 8.
[53] ANBIMA. **Diversidade e inclusão nos mercados financeiros e de capitais**. Edição 2022. Disponível em: <https://www.anbima.com.br/data/files/F5/83/65/64/23B4F7107110 42F7882BA2A8/ANBIMA_Diversidade%20e%20Inclusao%20nos%20Mercados%20Finan ceiro%20e%20de%20Capitais%20_2022__cps.pdf>. Acesso em: 18 abr. 2022.
[54] JOHNSON, Stefanie K. **Inclusifique**: como a inclusão e a diversidade podem trazer mais inovação à sua empresa. Trad. Ada Felix. São Paulo: Benvirá, 2020, p. 32-33.

retenção de funcionários e talentos, têm melhor relacionamento entre colaboradores e lideranças e maior abertura para inovação e aumento de produtividade[55].

Ademais, a homogeneidade por vezes esconde pressupostos de vieses inconscientes[56] (estes potencializados cada vez mais pelas tecnologias da informação e mecanismos de inteligência artificial e algoritmos, cuja elaboração também imbui os vieses de seus criadores) e mesmo outras formas discriminatórias e microagressões[57], contrárias ao "S" da sigla ora sob análise e que dificultam a própria representatividade dos grupos no ambiente corporativo[58]. A partir do momento em que os(as) trabalhadores(as) se veem representados em todos os níveis da empresa, sua percepção de pertencimento também aumenta. Para a frente de diversidade e inclusão, pertencimento é o seu principal fundamento. Uma empresa genuinamente focada nesse propósito conta com grupos diversos em todos os setores da empresa – desde suas lideranças até seus colaboradores e terceirizados.

Programas de diversidade e inclusão devem, assim, ter por foco a redução das desigualdades existentes no tecido social e a proteção de grupos vulneráveis, invisibilizados nos mais variados contextos históricos. Neste livro serão apresentados os recortes de gênero, raça/etnia/cor, orientação sexual e identidade de gênero, pessoas com deficiência, migrantes e refugiados, pessoas idosas e povos indígenas. Contudo, é relevante a ciência de que todos os grupos vulneráveis reconhecidos à luz do Direito Internacional dos Direitos Humanos devem ser considerados nos mais variados programas que tenham por objetivo se conectar com práticas ESG, em conformidade com os ODS 5 (igualdade de gênero) e 10 (redução das desigualdades) e com o

---

[55] MCKINSEY & COMPANY. **Diversity matters**: Latin America. Disponível em: <https://www.mckinsey.com/br/~/media/mckinsey/locations/south%20america/brazil/our%20insights/diversity%20matters/diversitymatters_en.pdf?shouldIndex=false>. Acesso em: 10 abr. 2022.

[56] DEVLIN, Hannah. Unconscious bias: what is it and can it be eliminated? **The Guardian**, 2018. Disponível em: <https://www.theguardian.com/uk-news/2018/dec/02/unconscious-bias-what-is-it-and-can-it-be-eliminated>. Acesso em: 18 abr. 2022.

[57] MOREIRA, Adilson José. **O que é discriminação?** Belo Horizonte: Letramento: Casa do Direito: Justificando, 2017.

[58] ANBIMA. **Diversidade e inclusão nos mercados financeiros e de capitais**. Edição 2022. Disponível em: <https://www.anbima.com.br/data/files/F5/83/65/64/23B4F7107110 42F7882BA2A8/ANBIMA_Diversidade%20e%20Inclusao%20nos%20Mercados%20Financeiro%20e%20de%20Capitais%20_2022__cps.pdf>. Acesso em: 18 abr. 2022.

Princípio 12 dos Princípios Orientadores da ONU sobre Empresas e Direitos Humanos[59].

Assim, o recorte que ora se apresenta é apenas ilustrativo, construído para facilitar a compreensão da temática. Isso porque devem ser consideradas também todas as interseccionalidades, ou seja, o cruzamento entre as diferentes marcas características dos grupos sub-representados[60] na sociedade e, consequentemente, nas empresas[61]. Em outras palavras, grupos de mulheres negras, ou de pessoas transsexuais com deficiência são exemplos de interseccionalidades entre grupos que merecem respeito no mercado de trabalho e devem ser incluídos em todos os níveis corporativos.

Por fim, serão tecidas a seguir apenas breves considerações sobre cada grupo vulnerável potencialmente discriminado nos meandros corporativos e privados, com o apontamento e a listagem das principais violações a que estão muitas vezes submetidos. Análises mais detalhadas oriundas de fontes específicas sobre cada tema devem ser consultadas, avaliadas e convertidas em políticas robustas por profissionais de ESG e empresas em geral.

2.3.1. Gênero: inclusão justa e equitativa de metade da população mundial no mercado de trabalho

Considerando a inserção e a proteção femininas no mercado de trabalho, é sabido e empiricamente comprovado que o grupo formado por mulheres, apesar de compor metade da população mundial, é um dos mais subrepresentados no ambiente corporativo, principalmente perante os cargos de liderança e gestão[62]. De acordo com o *Global Gender*

---

[59] UNITED NATIONS. **Guiding principles on business and human rights**: implementing the United Nations "protect, respect and remedy" framework. 2011. Disponível em: <http://www.ohchr.org/Documents/Publications/GuidingPrinciplesBusinessHR_EN.pdf>. Acesso em: 24 jan. 2022.

[60] DAVIS, Angela. **Mulheres, raça e classe**. São Paulo: Boitempo, 2016.

[61] Patricia Hill Collins e Sirma Bilge assim definem: "(...) em determinada sociedade, em determinado período, as relações de poder que envolvem raça, classe e gênero, por exemplo, não se manifestam como entidades distintas e mutuamente excludentes. De fato, essas categorias se sobrepõem e funcionam de maneira unificada. Além disso, apesar de geralmente invisíveis, essas relações interseccionais de poder afetam todos os aspectos do convívio social". COLLINS, Patricia Hill; BILGE, Sirma. **Interseccionalidade**. Trad. Rane Souza. São Paulo: Boitempo, 2021, p. 16.

[62] CARDIA, Ana Cláudia Ruy. **Empresas, direitos humanos e gênero**: desafios e perspectivas na proteção e no empoderamento da mulher pelas empresas transnacionais. Porto Alegre: Buqui, 2015.

Gap Report de 2023, publicação do Fórum Econômico Mundial, serão necessários 131 anos para que as mulheres se equiparem aos homens em direitos[63].

Essa situação se ampliou em uma geração também em função dos impactos da pandemia de COVID-19 na sociedade global, principalmente com o acúmulo de funções decorrentes das atividades domésticas, profissionais e de cuidado com os filhos durante os períodos de isolamento social[64], além do comprovado aumento do risco de perda de emprego em comparação com seus pares do sexo masculino[65] e de dificuldade de recontratação – levando mais de 47 milhões de mulheres e meninas à condição de pobreza extrema no planeta[66]. O Brasil figura na 57ª posição no *ranking* de 146 países avaliados[67], demonstrando a necessidade premente de discutir cada vez mais a igualdade de gênero no país.

No mercado de trabalho, em relação às oportunidades econômicas que perpassam a igualdade salarial e a idêntica possibilidade de ascensão, entre outros critérios, os números destacam que somente 25% de mulheres se encontram em cargos de liderança atualmente. Para os trabalhos que dependem do uso de tecnologia (e que crescerão em demanda nos próximos anos), as estatísticas são desconcertantes: em empregos voltados ao uso de inteligência artificial, apenas 29,2% da força de trabalho é feminina[68]. Nos Conselhos de Administração de empresas nacionais, apenas 16% das empresas listadas na bolsa de valores brasileira que preencheram o Formulário de Referência da Comissão de

---

[63] WORLD ECONOMIC FORUM. **Global Gender Gap Report 2023**. Genebra: World Economic Forum, 2023, p. 4.

[64] TAUB, Amanda. Pandemic will 'take our women 10 years back' in the workplace. **The New York Times**. 2021. Disponível em: <https://www.nytimes.com/2020/09/26/world/covid-women-childcare-equality.html>. Acesso em: 20 abr. 2022.

[65] DANG, Hai-Anh H.; NGUYEN, Cuong Viet. Gender inequality during the COVID-19 pandemic: income, expenditure, savings, and job loss. **World Development**. Vol. 140. Elsevier, 2021.

[66] UN WOMEN. **COVID-19**: rebuilding for resilience. 2022. Disponível em: <https://www.unwomen.org/en/hq-complex-page/covid-19-rebuilding-for-resilience?gclid=CjwKCAjwx46TBhBhEiwArA_DjDWzYjCabJCTNigv5JkKbOyeQNm8lYIUMsBrT_5RVwKSWIYk_c_mGBoCGwsQAvD_BwE>. Acesso em: 24 abr. 2022.

[67] WORLD ECONOMIC FORUM. **Global Gender Gap Report 2023**. Genebra: World Economic Forum, 2023, p. 6, 29.

[68] WORLD ECONOMIC FORUM. **Global Gender Gap Report 2023**. Genebra: World Economic Forum, 2023, p. 7.

Valores Mobiliários (CVM)[69] em 2023 contam com mulheres[70]. De cada cem empresas com ações negociadas na bolsa brasileira, "apenas 6 delas têm 3 ou mais mulheres em cargos de diretoria estatutária"[71].

Somam-se a esse contexto situações de discriminação interna, como assédio moral e sexual e o silenciamento de vozes femininas. No caso de violações à dignidade feminina a partir de assédio sexual, destaca-se o movimento *#metoo*[72], que teve início em 2017 quando do surgimento de denúncias de estupro e assédio sexual praticados pelo produtor cinematográfico americano Harvey Weinstein. O tema ganhou publicidade nas redes sociais após denúncias feitas pela atriz Alyssa Milano[73], que em seu vídeo pediu que outras mulheres vítimas de assédio sexual no ambiente de trabalho também se manifestassem publicamente. A partir de então, novas denúncias foram feitas por celebridades e mulheres de outros ramos da indústria, amplificando as vozes femininas em relação ao assédio sexual no ambiente corporativo.

Outro aspecto altamente controverso para a ascensão feminina no mercado de trabalho é a relação da maternidade, do cuidado com a prole, dos arranjos familiares e seus impactos na vida laboral. Até os dias atuais não foi possível superar a evasão de mulheres do mercado de trabalho formal em função da maternidade, em que aproximadamente metade das mulheres se afasta (voluntária ou forçadamente) em até 47 meses após o nascimento de seus filhos[74]. Por trás desses dados, a

---

[69] A atuação da CVM será avaliada detalhadamente no capítulo subsequente, destinado às finanças sustentáveis.

[70] KPMG. **A governança corporativa e o mercado de capitais 2023/2024**. 18 ed. Disponível em: <https://conhecimento.ibgc.org.br/Lists/Publicacoes/Attachments/24664/A-Governanca-Corporativa-e-o-Mercado-de-Capitais-18-ed-2023.pdf>. Acesso em: 6 fev. 2024.

[71] B3. Investimos em diversidade, equidade e inclusão. Guia de boas práticas. São Paulo: B3, 2023, p. 5.

[72] ABADE, Denise Neves. Brazilian Sexual Harassment Law, the #MeToo Movement, and the Challenge of Pushing the Future Away from the Past of Race, Class, and Social Exclusion. NOEL, Ann M.; OPPENHEIMER, David B. **The Global #MeToo Movement**. United States: Berkeley Center on Comparative Equality and Anti-Discrimination Law, 2020, p. 89-106.

[73] BBC NEWS BRASIL. **#MeToo**: a hashtag que expõe a magnitude mundial do assédio sexual. Disponível em: <https://www.bbc.com/portuguese/internacional-41652306>. Acesso em: 16 mar. 2022.

[74] MACHADO, Cecília; PINHO NETO, Valdemar. **The labor market consequences of maternity leave policies**: evidence from Brazil. 2016. Disponível em: <https://portal.fgv.br/sites/portal.fgv.br/files/the_labor_market_consequences_of_maternity_leave_policies_evidence_from_brazil.pdf>. Acesso em: 8 fev. 2024.

dificuldade de conciliar as atividades empregatícias, domésticas, familiares e de cuidado com os(as) filhos(as). O desestímulo claro da lei brasileira ao envolvimento paterno no cuidado com bebês e crianças, a dificuldade de encontrar locais seguros e com condições ao pleno desenvolvimento infantil durante os primeiros anos da infância e as angústias internas de não conseguir compatibilizar as demandas duplicadas transformam um momento que deveria ser de plena felicidade em período de grande preocupação e frustrações profissionais.

Esse tema, de vasta literatura[75] e ampla discussão, merece destaque sobretudo quando da participação corporativa na busca por arranjos que permitam a conciliação da carreira com a vida privada e familiar. Assim, licenças parentais, flexibilização de horários, facilitação do *home office* e garantia da promoção de mulheres mães igualmente a seus pares são algumas das medidas possíveis e de urgente implementação para garantir a manutenção dos quadros de colaboradores(as) com a excelência e a diversidade almejada para os programas efetivos de ESG.

Destaca-se nesse ponto também a Lei n. 14.457/2022, que criou o chamado "Programa Emprega + Mulheres", voltado à ampliação da inserção e da manutenção de mulheres no mercado de trabalho com medidas nos seguintes pilares: (i) apoio à parentalidade na primeira infância; (ii) apoio à parentalidade por meio da flexibilização do regime de trabalho; (iii) qualificação de mulheres em áreas estratégicas para ascensão profissional; (iv) apoio ao retorno do trabalho feminino após a licença-maternidade; (v) reconhecimento de boas práticas na empregabilidade feminina (Selo Emprega + Mulher); (vi) prevenção e combate ao assédio sexual e a outras formas de violência no âmbito do trabalho; e (vii) estímulo ao microcrédito para mulheres[76].

Outro aspecto essencialmente debatido no "Programa Emprega + Mulheres" é o cuidado para com a integridade feminina no ambiente de

---

[75] Com referências detalhadas sobre o tema, ver: CARDIA, Ana Cláudia Ruy. **Empresas, direitos humanos e gênero**: desafios e perspectivas na proteção e no empoderamento da mulher pelas empresas transnacionais. Porto Alegre: Buqui, 2015.

[76] BRASIL. **Lei n. 14.457, de 21 de setembro de 2022**. Institui o Programa Emprega + Mulheres; e altera a Consolidação das Leis do Trabalho, aprovada pelo Decreto-Lei n. 5.452, de 1º de maio de 1943, e as Leis n. 11.770, de 9 de setembro de 2008, 13.999, de 18 de maio de 2020, e 12.513, de 26 de outubro de 2011. Disponível em: <https://www.planalto.gov.br/ccivil_03/_ato2019-2022/2022/Lei/L14457.htm#:~:text=%C3%80s%20mulheres%20em pregadas%20%C3%A9%20garantido,1%C2%BA%20de%20maio%20de%201943.>. Acesso em: 8 fev. 2024.

trabalho, sobretudo em função de casos recorrentes de assédio sexual. Traduzindo em números: apenas nos Estados Unidos, mais de 35% das mulheres que estão no mercado de trabalho afirmam terem sido vítimas de assédio sexual em algum momento de suas carreiras[77] (e realidade semelhante se verifica no cenário nacional).

A nova norma também esteve atenta ao estímulo à qualificação feminina para a ascensão profissional, o que faz com que cada vez mais sejam criados programas de mentoria e outras iniciativas que valorizem a mulher colaboradora em suas principais qualidades, lapidando outras habilidades interpessoais (ou *soft skills*, no inglês) também necessárias aos cargos de gestão e decisão internas.

A interseccionalidade não pode ser esquecida: mulheres negras e transsexuais, por exemplo, são ainda mais hostilizadas nos ambientes corporativos, enfrentando dificuldades para ascender a cargos de liderança. No Brasil, pesquisa recente apontou que apenas 3% de mulheres negras atuam em cargos de liderança no setor privado[78]. Entre mulheres transsexuais e travestis, o peso do machismo e da misoginia muitas vezes pode impedir até mesmo sua entrada no mercado de trabalho, colocando-as à margem da sociedade e muitas vezes levando-as à prostituição[79].

Todas as situações apresentadas, caracterizadas por violações aos direitos humanos das mulheres no mercado de trabalho, acabam por ferir o ODS 5, voltado diretamente à necessidade de alcance da igualdade de gênero e empoderamento de mulheres e meninas até 2030. Sendo assim, programas corporativos de diversidade e inclusão que tenham por objetivo promover a igualdade de gênero devem, obrigatoriamente, observar esse ODS e, especialmente, sua meta 5.5 ("Garantir a participação plena e efetiva das mulheres e a igualdade de oportunidades para a liderança em todos os níveis de tomada de decisão na vida política, econômica e pública") – o que perpassa o exame atento de todos os aspectos relacionados à proteção de gênero.

---

[77] MCKINSEY & COMPANY. **Women in the workplace 2023**. Disponível em: <https://www.mckinsey.com/featured-insights/diversity-and-inclusion/women-in-the-workplace>. Acesso em: 8 fev. 2024.

[78] O ESTADO DE SÃO PAULO. **Mulheres negras são apenas 3% entre líderes, diz estudo**. 2023. Disponível em: <https://www.estadao.com.br/economia/sua-carreira/mulheres-negras-lideres-empresas-estudo-gestao-kairos/>. Acesso em: 25 jan. 2024.

[79] GLOBO. **Especial mulheres**: o complexo mercado de trabalho para mulheres trans e travestis. 2022. Disponível em: <https://gente.globo.com/texto-especial-mulheres-o-complexo-mercado-de-trabalho-para-mulheres-trans-e-travestis/>. Acesso em: 25 jan. 2024.

Os dados apresentados demonstram de maneira muito breve a sub-representação feminina no ambiente de trabalho, não obstante a existência de evidências empíricas de que a participação de mulheres no ambiente corporativo traz ganhos de ordem material e imaterial. De acordo com a consultoria McKinsey & Company, empresas que contam com mais de 30% de mulheres em suas equipes executivas têm maior chance de superar a *performance* de companhias com números inferiores de mulheres em cargos de gestão[80].

Quanto às disparidades salariais entre homens e mulheres, o Brasil apresentou novidade legislativa a partir da edição da Lei n. 14.611/2023[81], que dispõe sobre a igualdade salarial e dos critérios remuneratórios entre homens e mulheres e altera a lei trabalhista nacional (Consolidação das Leis do Trabalho, ou CLT). Seu Decreto regulamentador (Decreto n. 11.795/2023) determina as medidas aplicáveis às empresas com cem ou mais empregados(as) e que tenham sede, filial ou representação no Brasil.

De acordo com a norma, as empresas brasileiras que se enquadrarem nos critérios supracitados deverão divulgar em seus *sites* e demais redes sociais o Relatório de Transparência Salarial e de Critérios Remuneratórios documento com informações relevantes sobre a situação salarial dos(as) colaboradores(as), tais como cargo, salário, 13º salário, eventuais bonificações, horas extras, adicionais e notas sobre as formas remuneratórias previstas na lei trabalhista ou em eventual norma coletiva de trabalho. Eventual descumprimento ou descompasso nas informações prestadas demandará às empresas que apresentem um Plano de Ação para Mitigação da Desigualdade Salarial e de Critérios Remuneratórios entre Mulheres e Homens, com medidas para (i) capacitar lideranças e colaboradores(as) sobre igualdade de gênero no ambiente corporativo; (ii) a promoção da temática da diversidade e da inclusão nas empresas; e (iii) a capacitação e a formação de

---

[80] MCKINSEY & COMPANY. **Diversity wins**: how inclusion matters. 2020. Disponível em: <https://www.mckinsey.com/~/media/mckinsey/featured%20insights/diversity%20and%20inclusion/diversity%20wins%20how%20inclusion%20matters/diversity-wins-how-inclusion-matters-vf.pdf?shouldIndex=false>. Acesso em: 22 abr. 2022.

[81] BRASIL. **Lei n. 14.611, de 3 de julho de 2023**. Dispõe sobre a igualdade salarial e de critérios remuneratórios entre mulheres e homens; e altera a Consolidação das Leis do Trabalho, aprovada pelo Decreto-Lei n. 5.452, de 1º de maio de 1943. Disponível em: <https://www.planalto.gov.br/ccivil_03/_ato2023-2026/2023/lei/L14611.htm>. Acesso em: 23 jan. 2023.

mulheres para crescimento no mercado de trabalho em condições idênticas aos homens[82].

A lei ainda demanda algumas regulamentações por parte do Ministério do Trabalho e Emprego, devendo ser acompanhada por lideranças e colaboradores(as) de empresas com mais de 100 funcionários(as), bem como avaliada criticamente em sua eficácia e efetividade – sobretudo considerando possíveis arranjos corporativos intencionais capazes de se esquivar ao bom cumprimento da regra, além de outras questões relevantes relacionadas à coleta e metodologia de avaliação de dados para o alcance de conclusões sobre igualdade ou disparidade salarial.

2.3.2. Raça, etnia e cor: superando as barreiras do racismo estrutural e institucional

No que tange à inclusão a partir dos critérios de raça, etnia e cor, a atenção deve ser dada aos grupos historicamente invisibilizados e excluídos do processo socioeconômico e produtivo. No caso do Brasil, a discriminação histórica contra pessoas negras verificada desde o período de escravidão é marca do racismo estrutural que permeia todos os aspectos da sociedade brasileira[83]. Com relação a esse grupo, o Instituto Brasileiro de Geografia e Estatística (IBGE) traz dados alarmantes: o número de pessoas negras no mercado de trabalho é maior que o de pessoas brancas, superando em aproximadamente 25% o último grupo. No entanto, as pessoas pretas e pardas ocupam em sua maioria cargos informais, em que a ocorrência de violações aos direitos humanos e práticas degradantes de trabalho[84] são ainda mais marcantes, perpetuando o ciclo de violações ao qual foram e são submetidas.

Ainda em conformidade com o IBGE, a presença de pessoas pretas e pardas se concentra em determinados ramos da economia brasileira, tais como agropecuária, construção e serviços domésticos, que histórica e estatisticamente percebem rendimentos inferiores ao de outros

---

[82] BRASIL. **Decreto n. 11.795, de 23 de novembro de 2023**. Regulamenta a Lei n. 14.611, de 3 de julho de 2023, que dispõe sobre igualdade salarial e de critérios remuneratórios entre mulheres e homens. Disponível em: <https://www.planalto.gov.br/ccivil_03/_ato2023-2026/2023/decreto/d11795.htm>. Acesso em: 25 jan. 2024.

[83] ALMEIDA, Silvio Luiz de. **Racismo estrutural**. São Paulo: Sueli Carneiro, Polén, 2019.

[84] INSTITUTO BRASILEIRO DE GEOGRAFIA E ESTATÍSTICA. **Desigualdades sociais por cor ou raça no Brasil**. 2019. Disponível em: <https://biblioteca.ibge.gov.br/visualizacao/livros/liv101681_informativo.pdf>. Acesso em: 20 abr. 2022.

setores da economia[85]. Também em relação às interseccionalidades, verifica-se que as mulheres pretas ou pardas são as que mais sofrem com as consequências do racismo estrutural que assola o país: elas percebem salários aproximadamente 44% menores do que homens brancos, estes últimos componentes do grupo estatisticamente mais bem remunerado no Brasil e no mundo[86].

Em relação à presença de pretos e pardos em cargos de liderança, 77% das empresas brasileiras participantes de pesquisa com o Instituto Brasileiro de Governança Corporativa (IBGC) responderam que não têm políticas específicas para aumentar a participação de negros em suas respectivas diretorias[87]. Percebe-se, assim, que os desafios à população preta e parda não são apenas o de superação das desigualdades históricas e quebra da barreira da informalidade, mas também e principalmente de ascensão interna e assunção de postura de liderança nos cargos de tomada de decisão dos rumos corporativos.

Considerando que o Brasil é composto em sua maioria de pessoas pretas ou pardas, a necessidade de sua inclusão no mercado de trabalho e da superação dos meandros da informalidade é medida urgente para os bons programas de ESG. Superar as desvantagens historicamente construídas demanda a criação de vagas exclusivas para pessoas pretas e pardas, bem como, se houver necessidade, o auxílio à plena capacitação desses grupos para a assunção de vagas antes ocupadas apenas por pessoas brancas.

Tem sido crescente na atualidade o número de empresas estrangeiras e nacionais que criam programas e vagas voltados exclusivamente às pessoas pretas e pardas com o objetivo primordial de superar discriminações históricas e avançar rumo à igualdade. Merece destaque no Brasil o caso ocorrido com a varejista Magazine Luiza, que em 2021 abriu programa de *trainee* voltado exclusivamente às pessoas pretas e pardas. Referida medida corporativa, altamente positiva a partir dos

---

[85] INSTITUTO BRASILEIRO DE GEOGRAFIA E ESTATÍSTICA. **Síntese de indicadores sociais**: uma análise das condições de vida da população brasileira. IBGE, Coordenação de População e Indicadores Sociais. Rio de Janeiro: IBGE, 2021. Disponível em: <https://biblioteca.ibge.gov.br/visualizacao/livros/liv101892.pdf>. Acesso em: 17 abr. 2022.

[86] INSTITUTO BRASILEIRO DE GEOGRAFIA E ESTATÍSTICA. **Desigualdades sociais por cor ou raça no Brasil**. 2019. Disponível em: <https://biblioteca.ibge.gov.br/visualizacao/livros/liv101681_informativo.pdf>. Acesso em: 20 abr. 2022.

[87] INSTITUTO BRASILEIRO DE GOVERNANÇA CORPORATIVA. **Diversidade de gênero e raça nas lideranças organizacionais**. São Paulo: IBGC, 2021, p. 26.

argumentos apresentados, foi objeto de Ação Civil Pública proposta pela Defensoria Pública da União, que questionou o movimento da empresa como atentatório à igualdade formal prevista na Constituição Federal. A sentença, que julgou improcedente a descabida ação, comprovou que programas dessa ordem não somente promovem a igualdade no ambiente corporativo como também são importante instrumento de inclusão social em um país de desigualdades abissais como o Brasil[88].

Sob o prisma normativo, o Brasil incorporou ao seu ordenamento jurídico em 2022 (e com *status* de Emenda Constitucional), a Convenção Interamericana contra o Racismo, a Discriminação Racial e Formas Correlatas de Intolerância (Decreto n. 10.932/2022[89]). O tratado, agora analisado como lei doméstica, impõe regras também ao ambiente laboral para a eliminação do racismo. Seu artigo 7º prevê a obrigação dos Estados signatários de aplicar legislação que proíba expressamente o racismo, a discriminação racial e formas correlatas de intolerância também às pessoas jurídicas, "especialmente nas áreas de emprego, participação em organizações profissionais, educação, capacitação, moradia, saúde, proteção social, exercício de atividade econômica e acesso a serviços públicos", entre outras igualmente relevantes. Assim, apesar de no Brasil a Constituição Federal prever expressamente o crime de racismo (inclusive com seu caráter inafiançável), é relevante o conhecimento dessa regra como reforço potencial aos programas de diversidade voltados à proteção e inclusão de pessoas pretas e pardas.

Não se deve olvidar, também, o respeito ao lugar de fala[90] de pessoas pretas e pardas: o reconhecimento dos aspectos de mudança deve ser resultado de políticas construídas a partir da escuta ativa das pessoas que efetivamente sofrem tais agruras. Nesse caso, destaca-se o movimento *Black Lives Matter*, iniciado em 2013 nos Estados Unidos e que ganhou maior força em 2020 após o assassinato de George Floyd a partir da

---

[88] TRIBUNAL REGIONAL DO TRABALHO DA 10ª REGIÃO. **Ação Civil Pública Cível**. Processo n. APCiv 0000790-37.2020.5.10.0015. Juíza Laura Ramos Morais. Julgamento em: 3/11/2022.

[89] BRASIL. **Decreto n. 10.932, de 10 de janeiro de 2022**. Promulga a Convenção Interamericana contra o Racismo, a Discriminação Racial e Formas Correlatas de Intolerância, firmado pela República Federativa do Brasil, na Guatemala, em 5 de junho de 2013. Disponível em: <https://www.planalto.gov.br/ccivil_03/_Ato2019-2022/2022/Decreto/D10932.htm#:~:text=Os%20Estados%20Partes%20comprometem%2Dse,civil%20e%20criminal%2C%20conforme%20pertinente.>. Acesso em: 24 jan. 2024.

[90] RIBEIRO, Djamila. **O que é lugar de fala?** Belo Horizonte: Letramento, 2017.

violência policial norte-americana. Movimentos empresariais de todo o planeta se organizaram com a finalidade de demonstrar seu repúdio ao racismo e seu comprometimento para com uma sociedade livre de discriminação[91], o que foi feito, principalmente, a partir de vozes negras.

Sendo assim, não basta a inclusão de pessoas pretas e pardas no mercado de trabalho. É essencial garantir sua ascensão e igualdade de direitos para tanto, sendo respeitadas suas especificidades ante um racismo histórico e ainda arraigado no Brasil, bem como haver espaço relevante e respeitoso de escuta das questões centrais voltadas à sua verdadeira inclusão.

2.3.3. Orientação sexual e identidade de gênero: a proteção aos grupos LGBTQIAPN+

Quanto à orientação sexual e à identidade de gênero[92], os desafios a serem superados são de ordem dupla: deve não apenas ocorrer o enfrentamento das violações aos direitos desse grupo, mas também o respeito às diferenças a partir da correta compreensão da sigla LGBTQIAPN+[93]. O Brasil figura entre as piores estatísticas para a população LGBTQIAPN+ no mundo: 70% dos assassinatos de pessoas pertencentes a esse grupo ocorrem na América Central e na América do Sul, e o Brasil corresponde a 33% dessa forma grave de violência, sendo, portanto, a nação com o maior número de assassinatos de pessoas LGBTQIAPN+ no planeta[94].

A violência a qual esse grupo é submetida também se reflete no mercado de trabalho: ainda há resistência por parte de pessoas LGBTQIAPN+ de revelar sua identidade para seus colegas de trabalho, em especial por temerem retaliações e a impossibilidade de ascensão para melhores

---

[91] BBC. **George Floyd**: why are companies speaking up this time? Disponível em: <https://www.bbc.com/news/business-52896265>. Acesso em: 24 jun. 2020.

[92] Orientação sexual está relacionada à atração que determinado indivíduo "sente por outras pessoas, tanto romântica, quanto sexual". Identidade de gênero, por sua vez, compreende "a maneira como a pessoa se relaciona com o gênero com o qual se identifica". B3. **Investimos em diversidade, equidade e inclusão**. Guia de boas práticas. São Paulo: B3, 2023, p. 16.

[93] Não há uma padronização de todas as letras que compõem a sigla em referência. Optou-se no presente trabalho por utilizar a sigla "LGBTQIAPN+" na tentativa de abarcar o maior número possível de pessoas que se enquadram sob a perspectiva de orientação sexual e identidade de gênero, representando, respectivamente, Lésbicas, Gays, Bissexuais, Transexuais, Queer, Intersexo, Assexuais, Pansexuais e Não Binários, sendo o "+" definidor de outros grupos e variações de sexualidade e identidade de gênero.

[94] TGEU. **Research on murders of trans and gender-diverse people around the world**. Disponível em: <https://transrespect.org/en/>. Acesso em: 10 abr. 2022.

cargos[95]. Entre as demandas desse grupo, para além da maior entrada no mercado de trabalho (como no caso de pessoas transexuais, por exemplo), um ambiente mais inclusivo se destaca como a principal. Sob a perspectiva identitária, para além de questões basilares como o respeito ao nome social, a busca por mais referências LGBTQIAPN+ nos cargos de liderança é também essencial para o fortalecimento da representatividade no mercado de trabalho[96]. As estatísticas variam a depender do grupo consoante da sigla, mas trazem, em sua essência, o pressuposto de que o respeito à identidade e à representatividade devem ser a marca maior dos ambientes corporativos em que irão se inserir. E as políticas e programas de ESG voltados a esses grupos devem ter esses aspectos como pressuposto.

Em 2020, a ONU, ao reconhecer a importância de incluir os grupos LGBTQIAPN+ na força de trabalho, estabeleceu seu código próprio de conduta (*UN Standards of Conduct for Business: Tacking Discrimination against Lesbian, Gay, Bi, Trans & Intersex People*[97]), que conta com cinco passos que as empresas e suas respectivas cadeias produtivas podem tomar para alinhar suas políticas e práticas com os Princípios Orientadores e a consequente responsabilidade corporativa de se respeitar os direitos humanos, a saber: (i) o respeito aos direitos humanos de trabalhadores, consumidores e membros de comunidades que sejam LGBTQIAPN+; (ii) a eliminação da discriminação aos grupos LGBTQIAPN+ no ambiente de trabalho; (iii) o suporte ativo à equipe de trabalho que se identifique como LGBTQIAPN+; (iv) a não discriminação aos consumidores, fornecedores e distribuidores, com o incentivo para que tais práticas antidiscriminatórias se estendam para toda a cadeia produtiva e de fornecimento; e (v) a atuação ativa das empresas em favor dos grupos LGBTQIAPN+ nas comunidades em que atuam e fazem negócios. Tais *standards* devem também ser objeto de análise e consideração por parte

---

[95] MCKINSEY & COMPANY. **Diversity matters**: Latin America. Disponível em: <https://www.mckinsey.com/br/~/media/mckinsey/locations/south%20america/brazil/our%20insights/diversity%20matters/diversitymatters_en.pdf?shouldIndex=false>. Acesso em: 10 abr. 2022.

[96] MAIS DIVERSIDADE. **O cenário brasileiro LGBTI+**. São Paulo: Mais Diversidade, 2021. Disponível em: <https://drive.google.com/file/d/1uIwHu1nyqUrnOfJWol9gCAfJe3XQiDOb/view>. Acesso em: 24 abr. 2022.

[97] UNITED NATIONS. **Standards of Conduct for Business**: tacking discrimination against lesbian, gay, bi, trans & intersex people. Disponível em: <https://www.unfe.org/standards/>. Acesso em: 24 abr. 2022.

das empresas que queiram implementar bons programas de ESG com foco nos grupos LGBTQIAPN+.

No Brasil, em 2023, o STF, em decisão histórica, equiparou a homofobia ao crime de injúria racial, de natureza inafiançável[98]. Referida decisão representou importante avanço na proteção aos grupos LGBTQIAPN+ nas esferas pública e privada, com impacto positivo direto nas empresas em casos de discriminação. Ademais, pesquisa realizada no município de São Paulo em 2021 concluiu que a maioria das pessoas transsexuais é formada por mulheres pretas e pardas, mais uma vez comprovando a interseccionalidade que estigmatiza ainda mais esse grupo e reforçando a necessidade de leis, políticas públicas e posicionamentos judiciais em seu favor[99].

A criação de vagas de emprego específicas para os grupos LGBTQIAPN+ também é medida de rigor. E destaca-se, também, a formação de plataformas específicas de cadastro de vagas[100], facilitando a interlocução do grupo com seus empregadores e uma maior segurança de que estão adentrando empregos que potencialmente respeitem a diversidade de identidade de gênero e orientação sexual.

2.3.4. Pessoas com deficiência nos programas de ESG

Pessoas com deficiência, ou PcD (em sentido amplo, considerando todas as espécies de deficiência clinicamente reconhecidas pela OMS) também enfrentam grandes obstáculos para a plena inserção no mercado de trabalho. O primeiro deles, de ordem física, se consubstancia na inexistência de espaços adaptados à boa circulação. Até mesmo durante um evento internacional, a COP 26, ficou evidente a falta

---

[98] SUPREMO TRIBUNAL FEDERAL. **Embargos de Declaração no Mandado de Injunção 4.733 Distrito Federal**. Rel. Min. Edson Fachin. Julgamento em: 22/8/2023.

[99] CEDEC. CENTRO DE ESTUDOS DE CULTURA CONTEMPORÂNEA. **Mapeamento das pessoas trans no município de São Paulo**: relatório de pesquisa. São Paulo: CEDEC, 2021, p. 30.

[100] Para os grupos de pessoas transsexuais e travestis, merece destaque a plataforma "Transempregos", que promove desde cursos até a elaboração de currículos e anúncios de vagas. O diferencial dessa plataforma se encontra justamente no fato de que não basta a inserção desses grupos vulneráveis no mercado de trabalho, mas também o apoio à sua capacitação e permanência em empregos de setores diversos. A plataforma também traz informações relevantes para empresas que querem se engajar em programas de diversidade e inclusão de pessoas transsexuais, promovendo conhecimento, conscientização e acompanhamento. TRANSEMPREGOS. **Oportunidades**. Disponível em: <https://www.transempregos.com.br/>. Acesso em: 25 jan. 2024.

de preocupação com a adaptação de locais para pessoas com deficiência física: a primeira-ministra israelense não pode participar daquele evento em função da falta de acessibilidade[101].

Essa é também a realidade de milhares de pessoas que, diariamente, não conseguem se inserir no mercado de trabalho ou mesmo prosperar em determinadas carreiras em função de sua condição preexistente ou adquirida. Em pesquisa feita pela plataforma de empregos Catho, 44% dos(as) profissionais com deficiência entrevistados(as) afirmaram que já deixaram de comparecer a uma entrevista de emprego em razão da falta de acessibilidade e dificuldade de deslocamento para chegar até os locais indicados. Uma vez contratados, os(as) profissionais ainda enfrentam problemas de ascensão: menos de 10% dos cargos de liderança e gestão são ocupados por pessoas com deficiência e somente 0,2% dos profissionais estão nos cargos de presidência[102].

A Lei n. 8.213/91, ou "Lei de Cotas", determina que empresas com cem ou mais funcionários devem, obrigatoriamente, preencher de 2% a 5% de seus cargos com pessoas com deficiência. Em complemento à referida norma, aplica-se a Lei n. 13.146/2015, também conhecida como Estatuto da Pessoa com Deficiência[103], que assegura o direito ao trabalho ao grupo de pessoas com deficiência. No plano internacional, o Brasil é signatário da Convenção Internacional sobre os Direitos das Pessoas com Deficiência e seu Protocolo Facultativo (Decreto n. 6.949/2009), ambos com *status* de Emenda Constitucional no país, posto que aprovados a partir do art. 5º, § 3º, da Constituição Federal.

Apesar de muitas vezes as empresas afirmarem que seguem as normas nacionais vigentes, é sabido que as contratações de pessoas com deficiência não incluem verdadeiramente tais grupos em todos os ramos e cargos, como visto nos dados supramencionados. É também fato que empresas nacionais diversas sequer cumprem a baixa porcentagem prevista na Lei de Cotas, ponto ainda mais preocupante para o passo subsequente, qual seja, a devida inclusão de tais grupos.

---

[101] CNN BRASIL. **Ministra israelense não participa da COP26 por falta de acessibilidade**. 2021. Disponível em: <https://www.cnnbrasil.com.br/internacional/ministra-israelense-nao-participa-da-cop26-por-falta-de-acessibilidade/>. Acesso em: 20 abr. 2022.

[102] CARMO, Jacqueline. **Obstáculos da inclusão**: PcD no mercado de trabalho. Catho. 2019. Disponível em: <https://www.catho.com.br/carreira-sucesso/colunistas/noticias/obstaculos-da-inclusao-pcd-no-mercado-de-trabalho/>. Acesso em: 20 abr. 2022.

[103] BRASIL. **Lei n. 13.146, de 6 de julho de 2015**. Institui a Lei Brasileira de Inclusão da Pessoa com Deficiência (Estatuto da Pessoa com Deficiência). Disponível em: <https://www.planalto.gov.br/ccivil_03/_ato2015-2018/2015/lei/l13146.htm>. Acesso em: 8 fev. 2024.

Assim, considerando que programas de ESG devem superar os textos legais, trazendo perspectivas inovadoras e cada vez mais inclusivas, é necessário que os grupos de pessoas com deficiência tenham não somente espaço em programas de diversidade e inclusão, mas também voz ativa na formulação das políticas internas, sobretudo considerando respeitosamente as especificidades de cada deficiência e suas possibilidades de ascensão. Deve-se, assim, haver uma superação do chamado capacitismo, que se consubstancia em "postura, atitude ou ação preconceituosa e discriminatória que vê a pessoa com deficiência como incapaz de cuidar da própria vida ou inepta ao trabalho"[104].

Essa última medida é essencial para garantir a retenção das pessoas com deficiência em seus empregos, evitando que as estatísticas e dados se concentrem, tão-somente, nos momentos de contratação. Programas internos e recorrentes de treinamento e sensibilização para a integração desse grupo vulnerável também são medidas eficazes capazes de superar as barreiras do preconceito muitas vezes existentes para com as pessoas com deficiência. Por fim, mas não menos importante: é essencial e salutar para as empresas que buscam integrar pessoas com deficiência em seus quadros o reforço periódico ao argumento de que deficiências não comprometem na maioria dos casos a capacidade de integração social e o potencial de crescimento dos(as) colaboradores(as) no ambiente corporativo e laboral.

2.3.5. Migrantes e refugiados no mercado de trabalho nacional

Quanto aos migrantes e refugiados, o ODS 8[105], em sua meta 8.8, estabelece a proteção de seus direitos laborais, em especial, às mulheres migrantes, corroborando novamente o conceito de interseccionalidade apresentado anteriormente. Ademais, o Brasil (país de migração histórica[106]), conta com trabalhadores(as) imigrantes oriundos(as) de todo o planeta, mas com destaque para migrações latino-americanas (aproximadamente 67,8% dos trabalhadores imigrantes do país), com destaque para migrações recentes de haitianos e venezuelanos[107].

---

[104] B3. **Investimos em diversidade, equidade e inclusão**. Guia de boas práticas. São Paulo: B3, 2023, p. 18.

[105] NAÇÕES UNIDAS BRASIL. **Objetivo de Desenvolvimento Sustentável 8**. Disponível em: <https://brasil.un.org/pt-br/sdgs/8>. Acesso em: 21 abr. 2022.

[106] REZNIK, Luís (Org.). **História da imigração no Brasil**. Rio de Janeiro: FGV Editora, 2020.

[107] SIMÕES, A.; HALLAK NETO, J.; CAVALCANTI, L.; OLIVEIRA, T.; MACEDO, M. **Relatório**

Ocorre, no entanto, que os(as) trabalhadores(as) migrantes muitas vezes não estão inseridos(as) no mercado formal (em especial quando sua condição migratória não é plenamente regular), sendo submetidos(as) a condições desumanas e degradantes, tráfico de pessoas e outras espécies de violações à dignidade humana[108] – condição que se agrava se considerados outros critérios, como gênero, etnia e raça. Ademais, mesmo trabalhadores(as) migrantes com escolaridade elevada que estejam no mercado formal não auferem os mesmos rendimentos que seus pares nacionais[109] – situação que se agrava, portanto, quando aqueles têm níveis inferiores de escolaridade.

Assim, o grupo formado por migrantes e refugiados deve também ser observado para os programas de diversidade e inclusão, a fim de operar a redução do desemprego desse grupo (que é estatisticamente maior entre a população migrante), superar as possíveis barreiras linguísticas e mesmo o desconhecimento do empresariado brasileiro de que a contratação de migrantes e refugiados não difere burocraticamente da contratação de nacionais (em especial considerando que 91% do empresariado brasileiro não conhece os procedimentos para contratação de refugiados, por exemplo)[110]. Não se pode olvidar entre as estatísticas apresentadas que, assim como para as demais situações, estes grupos também sofreram maiores abalos com a pandemia de COVID-19[111], o que corrobora para que as empresas tenham um olhar especial em sua recolocação profissional e consequente inclusão.

RAIS: a inserção socioeconômica dos imigrantes no mercado de trabalho formal. Observatório das Migrações Internacionais; Ministério da Justiça e Segurança Pública/Coordenação Geral de Imigração Laboral. Brasília, DF: OBMigra, 2019, p. 10, 24.

[108] ROMANELLO, M. Trabalhadores migrantes no mercado de trabalho formal brasileiro. **Revista Labor**, v. 1, n. 25, p. 475-492, 2 maio 2021.

[109] SIMÕES, A.; HALLAK NETO, J.; CAVALCANTI, L.; OLIVEIRA, ; MACEDO, M. **Relatório RAIS**: a inserção socioeconômica dos imigrantes no mercado de trabalho formal. Observatório das Migrações Internacionais; Ministério da Justiça e Segurança Pública/Coordenação Geral de Imigração Laboral. Brasília: OBMigra, 2019, p. 16-18.

[110] WESTIN, Ricardo. **Por preconceito e desinformação, empresas evitam contratar refugiados**. Senado Federal. Especial Cidadania, Edição 690. 2019. Disponível em: <https://www12.senado.leg.br/noticias/especiais/especial-cidadania/por-preconceito-e-desinforma cao-empresas-evitam-contratar-refugiados>. Acesso em: 25 abr. 2022.

[111] CARELLA, Francesco; FREAN, Silvia; VELASCO, Juan Jacobo. **Panorama laboral en tiempos de la COVID-19**: migración laboral, movilidad en el mundo del trabajo ante la pandemia de la COVID-19 en América Latina y el Caribe. Nota técnica. Organización Internacional del Trabajo. 2021. Disponível em: <https://www.ilo.org/wcmsp5/groups/ public/---ameri cas/---ro-lima/documents/publication/wcms_778606.pdf>. Acesso em: 25 abr. 2022.

O Brasil instituiu recentemente a Lei de Migração (Lei n. 13.445/2017[112]), que estabelece em seu artigo 3º, especialmente para fins deste capítulo, o repúdio à xenofobia, a não criminalização da imigração, a igualdade de direitos em relação aos nacionais, a inclusão laboral, a promoção do reconhecimento acadêmico e do exercício profissional no Brasil, entre outros, como seus princípios basilares, somados aos direitos e garantias fundamentais previstos na Constituição Federal. Sendo assim, tais elementos devem ser considerados pelas empresas não somente no momento da contratação de trabalhadores migrantes, mas também na retenção de talentos e na ascensão aos cargos de liderança.

Ao contrário do que propaga o senso comum da população, por vezes eivado de desinformação, o trabalho migrante contribui para o aumento da renda *per capita* do país[113]. Considerando o pressuposto de que a Agenda 2030 correlaciona o crescimento econômico com a sustentabilidade, é essencial que empresas sejam partícipes desse movimento que visa incluir todos(as) em suas particularidades, havendo respeito às práticas culturais, linguísticas e à identidade dos povos migrantes em sua relação com o ambiente de trabalho.

2.3.6. O etarismo e a sustentabilidade das relações intergeracionais

Outro grupo vulnerável que não pode ser olvidado pelos programas de diversidade é o de pessoas idosas. O Brasil atualmente conta com uma população de mais de 30 milhões de pessoas idosas[114], muitas delas ainda economicamente ativas. O Estatuto do Idoso (Lei n. 10.741/2003) traz, em seus artigos 26 a 28, a determinação expressa de não discriminação contra idosos no mercado de trabalho, especialmente com o incentivo à sua inclusão. Assim, não pode haver discriminação etária nos processos de contratação, devendo, inclusive, haver por

---

[112] BRASIL. **Lei n. 13.445, de 24 de maio de 2017**. Institui a Lei de Migração. Disponível em: <https://www.planalto.gov.br/ccivil_03/_ato2015-2018/2017/lei/l13445.htm>. Acesso em: 26 jan. 2024.

[113] SPARREBOOM, Theo; KUPS, Sarah; MERTENS, Jesse; BERGER, Sandra. Diversity, migration and the economy. KUPTSCH, Christiane. CHAREST, Éric (Editors). **The future of diversity**. Genebra: ILO, 2021, p. 77-93, especialmente p. 78.

[114] AGÊNCIA IBGE NOTÍCIAS. **Número de idosos cresce 18% em 5 anos e ultrapassa 30 milhões em 2017**. Disponível em: <https://agenciadenoticias.ibge.gov.br/agencia-noticias/2012-agencia-de-noticias/noticias/20980-numero-de-idosos-cresce-18-em-5-anos-e-ultrapassa-30-milhoes-em-2017>. Acesso em: 18 abr. 2022.

parte do Poder Público o estímulo às empresas privadas para admissão de idosos no mercado de trabalho (art. 28, III).

Contudo, para muitas empresas, a idade avançada pode erroneamente significar aumento de encargos trabalhistas e previdenciários, incrementando os índices de desemprego desse grupo no país, o que contribui para a violação de sua dignidade, em termo definido atualmente como etarismo (ou *aging*, em sua expressão em inglês também comumente utilizada).

A fim de minimizar esse problema e a consequente violação aos direitos humanos das pessoas idosas, o diálogo intergeracional nas corporações[115] é essencial para que as empresas prosperem economicamente. Isso porque as atuais lideranças e as classes de entrada do mercado de trabalho, ocasionalmente de idades distintas, podem ter visões de mundo diametralmente opostas em relação a determinados temas, sendo necessária a ampliação dos espaços de diálogo e compreensão de ambos os lados sobre os desafios e as perspectivas do desenvolvimento corporativo à luz do imperativo de sustentabilidade. Ademais, os mercados consumidor e financeiro também contam com pessoas de todas as idades, devendo haver respeito mútuo às diferenças dos diferentes grupos etários dentro e fora do mercado de trabalho.

Assim, processos seletivos específicos de contratação, processos de mentorias e políticas de treinamento e diálogo intergeracional no ambiente corporativo são essenciais para os programas de ESG em diversidade e inclusão que tenham por objetivo combater e evitar o etarismo, em especial sob o prisma de que o envelhecimento da sociedade brasileira (e global) é uma realidade impossível de evitar[116] – e que as novas gerações, cada vez mais conscientes de seus direitos, também não irão recuar e silenciar suas vozes para garanti-los em prol de um planeta e de relações humanas cada vez mais sustentáveis[117].

---

[115] MCKINSEY & COMPANY. **The economic impact of ageism**. 2021. Disponível em: <https://www.mckinsey.com/about-us/social-responsibility/the-economic-impact-of-ageism#>. Acesso em: 25 abr. 2022.

[116] BONIFÁCIO, Gabriela; GUIMARÃES, Raquel. **Texto para discussão 2698**: projeções populacionais por idade e sexo para o Brasil até 2100. Rio de Janeiro: IPEA, 2021, p. 25.

[117] THE ECONOMIST. **What Gen-Z graduates want from their employers**. More flexibility, more security – and more money. 2022. Disponível em: <https://www.economist.com/business/2022/07/21/what-gen-z-graduates-want-from-their-employers?utm_medium=cpc.adword.pd&utm_source=google&ppccampaignID=19495686130&ppcadID=&utm_campaign=a.22brand_pmax&utm_content=conversion.direct-response.anonymous&gad_source

2.3.7. A urgente inclusão laboral de povos indígenas[118]

As discussões sobre a proteção dos povos indígenas em sua relação com temas de direitos humanos são, em sua maioria, focadas na manutenção de seu modo de vida, garantia de sua dignidade, consulta livre, prévia e informada e conservação da natureza para manutenção de sua subsistência. Obviamente, todas plenamente válidas e necessárias em um país como o Brasil, historicamente reconhecido por dizimar grande parte de seus povos indígenas durante seu processo colonizatório.

Ocorre, contudo, que as pautas voltadas aos povos indígenas muitas vezes (por desconhecimento, preconceito ou mesmo pela saída de um lugar comum) excluem discussões mais basilares sobre esses grupos, notadamente o acesso à educação e ao mercado de trabalho. É sabido que não obstante seja essencial a manutenção da cultura e do ambiente de manifestação cultural de muitas tribos, povos indígenas necessitam também de oportunidades idênticas como os demais grupos vulneráveis supramencionados sob o ponto de vista laboral. E, mais importante, isso não os distancia em nenhuma medida de sua natureza originária (argumento, na maior parte das vezes, utilizado por aqueles que minam a temática de preconceitos e outras graves violações).

Assim, é relevante discorrer sobre a inclusão de povos indígenas no mercado de trabalho, os desafios por eles enfrentados, bem como as medidas e políticas internas que empresas podem tomar para poder facilitar sua ascensão profissional, sobretudo quando, das maiores empresas brasileiras, a porcentagem de indígenas alocados em empregos (a depender da posição corporativa) é inferior a 1%[119].

Nesse aspecto, destacam-se as dificuldades de acesso e permanência no ensino superior[120], a consequente informalidade de profissionais

---

=1&gclid=Cj0KCQiAqsitBhDlARIsAGMR1Rhkvp0tLV9E_CgkC4R7wA4g5rMLIES5Adc6b GyAvl5xQQD9jm-y9QIaApa2EALw_wcB&gclsrc=aw.ds>. Acesso em: 25 jan. 2022.

[118] A Lei n. 14.402/2022 modificou a nomenclatura "índios" para "povos indígenas", termo mais apropriado para se referir aos grupos indígenas que vivem no Brasil, em evidente distanciamento da visão colonizatória que marcou a nomenclatura anterior. BRASIL. **Lei n. 14.402, de 8 de julho de 2022**. Institui o Dia dos Povos Indígenas e revoga o Decreto-lei n. 5.540, de 2 de junho de 1943.

[119] INSTITUTO ETHOS. **Perfil social, racial e de gênero das 500 maiores empresas do Brasil e suas ações afirmativas**. São Paulo: Instituto Ethos, 2016.

[120] KAYAPÓ, Aline Ngrenhtabare Kaxiriana Lopes; KAYAPÓ, Esdon Bepkro; PEREIRA, Flávio de Leão Bastos. O acesso dos povos indígenas ao ensino superior. **Le Monde Diplomatique**, 2022. Disponível em: <https://diplomatique.org.br/o-acesso-dos-povos-indigenas-ao-ensino-superior/>. Acesso em: 26 jan. 2022.

indígenas, muitas vezes acompanhada de outras violações de ordem laboral, além do constante desemprego a que estão submetidos[121]. No caso dos povos indígenas, portanto, percebe-se uma amálgama das demais formas discriminatórias acrescida do preconceito e dos vieses muitas vezes oriundos de uma aculturação de seus ideais a partir de um prisma colonizatório.

As empresas podem e devem ser partícipes na superação desses problemas, criando programas específicos de vagas para pessoas indígenas ou mesmo apoiando iniciativas corporativas organizadas por esses grupos, valorizando seu trabalho e, naturalmente, suas especificidades culturais. Um exemplo possível (para além de programas específicos de contratações e devida inclusão) é a compra de produtos diversos elaborados por povos indígenas. Em 2024, o Governo Federal instituiu por meio de Portaria Interministerial o Selo Indígenas do Brasil, voltado à identificação de produtos de origem indígena no país. A medida tem o condão de tornar mais visíveis os trabalhos produzidos por diferentes tribos indígenas nacionais, bem como valorizar sua produção e incentivar seu consumo[122].

2.3.8. Breves conclusões: empoderamento para a inclusão

O empoderamento dos grupos apresentados, como visto, é essencial para os programas de ESG que levem em consideração a boa implementação do "S". Assim, destacam-se alguns pontos imprescindíveis para os programas de diversidade e inclusão efetivos, o que deve ser feito após um consenso expresso entre as lideranças sobre os principais temas de DEI (e uma profunda mudança de mentalidade[123]), o mapeamento dos grupos vulneráveis envolvidos na atividade corporativa e os riscos existentes ao "S" naquele mercado, em uma verdadeira mudança

---

[121] ICL ECONOMIA. **Inserir população indígena no mercado de trabalho está entre os desafios da ministra Sonia Guajajara**. 2023. Disponível em: <https://icleconomia.com.br/populacao-indigena-no-mercado-de-trabalho/>. Acesso em: 26 jan. 2024.

[122] BRASIL. Ministério dos Povos Indígenas. **Produtos dos territórios indígenas ganharão selo especial**. Portaria interministerial restitui o Selo Indígenas do Brasil para valorizar produtos de diversas etnias nacionais. 2024. Disponível em: <https://www.gov.br/povosindigenas/pt-br/assuntos/noticias/2024/01/produtos-dos-territorios-indigenas-ganharao-selo-especial>. Acesso em: 26 jan. 2024.

[123] B3. **Investimos em diversidade, equidade e inclusão**. Guia de boas práticas. São Paulo: B3, 2023, p. 22.

do ambiente de trabalho para o bem[124]: (i) a existência de processos seletivos com vagas exclusivamente voltadas para os grupos vulneráveis ou que contem com uma porcentagem mínima dos grupos sub representados; (ii) o investimento em divulgação dos programas de inclusão para maior atração dos grupos nos processos seletivos e programas de recrutamento; (iii) a criação de programas específicos de inclusão para os grupos vulneráveis a partir de suas respectivas vulnerabilidades, como a adoção de licença parental e mesmo a oferta de cursos para equalizar distorções históricas de obtenção de diplomas e potencialização de currículos, por exemplo; (iv) a implementação de treinamentos internos sobre vieses inconscientes e o desenvolvimento de táticas para evitar a perpetuação de tais pensamentos e atitudes; (v) o estabelecimento de canais seguros de denúncia para o caso de qualquer ação contrária à inclusão do representante do grupo vulnerável contratado; (vi) a equiparação de salários e igual possibilidade de promoção aos cargos de liderança e Conselhos de Administração para todos os grupos vulneráveis contratados em programas de diversidade e inclusão; (vii) a criação de programas de mentoria que auxiliem no processo de promoção; (viii) a organização de planos de carreira transparentes para todos(as) os(as) funcionários(as) e com o respeito às diferenças dos grupos vulneráveis que, porventura, dificultem sua ascensão em comparação com outros grupos; (ix) a possibilidade de instituição de cotas para ascensão a cargos diretivos, sendo esses benefícios temporários até que se alcancem os patamares de diversidade e inclusão preconizados pela empresa; e (x) o monitoramento constante e ativo das medias acima expostas, que poderá ser feito a partir de processos de auditoria (*due diligence*) em direitos humanos, como se verá adiante.

2.4. A PROTEÇÃO AOS DIREITOS HUMANOS DOS CONSUMIDORES: COMO EVITAR A FALÁCIA SUSTENTÁVEL E GARANTIR A PROSPERIDADE ECONÔMICA EM UMA SOCIEDADE DE CONSUMO

Como visto anteriormente, a atividade corporativa, se desempenhada sem a devida observância à proteção aos direitos humanos, pode trazer graves consequências aos(às) trabalhadores(as) diretos e

---

[124] DOBBIN, Frank; KALEV, Alexandra. **Getting to diversity**: what works and what doesn't. United States: Harvard University Press, 2022, p. 176.

terceirizados e à cadeia produtiva como um todo. Os riscos podem ser de ordem material e até mesmo judicial, estes últimos observados em ações de indenização e de natureza trabalhista com valores substanciais e que visem à reparação dos danos causados. Danos de natureza consumerista também se encaixam na categoria de riscos previsíveis (à luz do Código de Defesa do Consumidor, CDC), sem contar os atualmente verificáveis, como relacionados à proteção de dados pessoais ante a Lei Geral de Proteção de Dados (LGPD, Lei n. 13.709/2018), por exemplo.

Para além dos danos diretamente verificáveis, há o risco de a empresa envolvida com quaisquer formas de violação aos direitos humanos se ver diante de uma nova espécie de dano: o dano reputacional, expresso principalmente a partir da posição dos consumidores, estes últimos cada vez mais conscientes dos processos produtivos e de questões afeitas à proteção humana.

O volume robusto de informações existentes hoje e sua transmissão cada vez mais acelerada, sobretudo a partir da utilização de redes sociais, permite que os consumidores se manifestem ativamente (ativismo consumerista[125]) quanto à concordância ou não com as práticas de determinada corporação, que podem tanto se relacionar diretamente ao atendimento ao consumidor ou mesmo a outros processos da empresa, tais como a proteção aos trabalhadores e ao meio ambiente[126]. Esse risco, quase que impossível de mensurar – é visto como intangível –, é um dos mais graves para a empresa, que pode ter seu lucro drasticamente reduzido a partir somente de boicotes por parte de seu mercado consumidor.

Uma pesquisa realizada pela consultoria Accenture Strategy com aproximadamente 25 mil consumidores de 36 países concluiu que, entre as gerações Y e Z (entre 18 e 39 anos, por eles denominadas de *Generation P[urpose]*), 74% dos consumidores buscam companhias que se posicionem sobre causas ambientais e sociais; mais de 50% já

---

[125] LIGHTFOOT, Elizabeth Bradford. Consumer Activism for Social Change. **Social Work**, v. 64, issue 4, p. 301-309, 2019.

[126] Nesse sentido, vale observar o *ranking* de 2022 das 100 empresas com a melhor reputação do planeta elaborado pela The RepTrak Company. Referido documento foi elaborado a partir de metodologia de cruzamento de dados e Inteligência Artificial (IA) de redes sociais e outros instrumentos de mídia, demonstrando que a reputação corporativa perpassa diretamente a percepção dos consumidores. THE REPTRAK COMPANY. **Global RepTrak® 100 2022**. Disponível em: <https://2963875.fs1.hubspotusercontent-na1.net/hubfs/2963875/2022%20Global%20RepTrak%20100%20(5).pdf>. Acesso em: 18 abr. 2022.

deixaram de comprar em determinadas empresas por se desapontarem com declarações ou ações; e um terço pagaria mais a produtos e serviços oriundos de corporações que estão alinhadas com seus valores.

Ademais, 87% dos pais de gerações Z alegam que seus filhos os influenciam nas decisões de compras, o que confirma a importância de as empresas se adequarem à nova realidade[127]. Nota-se, portanto, que consumidores mais jovens (e, naturalmente, potenciais investidores) preocupam-se cada vez mais com a postura imagética da corporação e com seu propósito acima do lucro[128], corroborando a importância da implementação de programas de ESG pelas empresas.

É nesse momento que se destacam movimentos sociais que têm causado grande repercussão social e com ligação direta para a perspectiva de diversidade e inclusão vista no item anterior. A promoção de propagandas de produtos e serviços voltados ao público LGBTQIAPN+, por exemplo, tem por objetivo atrair os consumidores que se identificam com a causa ou mesmo que tenham qualquer ligação com a sigla, seja por identidade de gênero ou orientação sexual. Nesse caso, as empresas que eventualmente adotem signos relacionados ao grupo LGBTQIAPN+ e à causa em si acabam por fidelizar seus clientes ao trazer visibilidade ao movimento e para a proteção desse grupo vulnerável. Contudo, mais que palavras, é essencial que a empresa adote também igual postura em seus quadros internos, sob pena de o capital oriundo desse público (também chamado de *pink money*[129]) ser direcionado para outras empresas e para outras pautas que entendam, como apontado nas pesquisas citadas, serem mais fidedignas à realidade.

Para evitar que tal situação ocorra, o Fórum de Empresas e Direitos LGBTI+ (entidade que congrega empresas que adotam práticas de proteção a esse grupo) estabelece dez compromissos que pressupõem a conjugação entre prática e propaganda. São eles: (i) o comprometimento das lideranças com o respeito e a promoção dos direitos

---

[127] ACCENTURE STRATEGY. **Generation P(urpose)**: from fidelity to future value. 2021. Disponível em: <https://www.accenture.com/_acnmedia/PDF-117/Accenture-Generation-Purpose-PoV.pdf#zoom=40>. Acesso em: 5 mar. 2022.

[128] BLACKROCK. **Larry Fink's 2022 Letter to CEOs**: the power of capitalism. Disponível em: <https://www.blackrock.com/us/individual/2022-larry-fink-ceo-letter>. Acesso em: 18 jan. 2022.

[129] OLIVEIRA, A. S. F.; MACHADO, M. Mais do que dinheiro: *pink money* e a circulação de sentidos na comunidade LGBT+. **Signos do Consumo**, São Paulo, v. 13, n. 1, p. 28-29, jan./jun. 2021.

LGBTQIAPN+; (ii) a promoção de igualdade de oportunidades e tratamento justo às pessoas LGBTQIAPN+; (iii) a promoção de ambiente respeitoso, seguro e saudável para esse grupo; (iv) a sensibilização e a educação para o respeito aos direitos LGBTQIAPN+; (v) o estímulo e o apoio à criação de grupos de afinidade LGBTQIAPN+; (vi) a promoção e o respeito aos direitos LGBTQIAPN+ na comunicação e no *marketing*; (vii) a promoção e o respeito aos direitos LGBTQIAPN+ no planejamento de produtos, serviços e atendimento aos clientes; (viii) a promoção de ações de desenvolvimento profissional para pessoas LGBTQIAPN+; (ix) a promoção e o desenvolvimento econômico dos grupos LGBTQIAPN+ nas cadeias de valor; e (x) a promoção e o apoio de ações em prol desses grupos na comunidade em geral[130].

O raciocínio supramencionado também vale para o movimento *Black Lives Matter*, visto no item anterior. Contudo, é essencial o acompanhamento de tais iniciativas por parte dos consumidores, sob pena de novamente as empresas aumentarem seus lucros a partir de meros posicionamentos públicos e que destoem da realidade. A título de exemplo, os anúncios digitais de 2020 tangenciaram o tema após a morte de George Floyd, bem como foram marcantes posicionamentos expressos de diretores(as) de grandes corporações prometendo mudanças no comportamento corporativo interno a fim de combater esse crime de natureza estrutural em todo o planeta. Ocorre que tais posicionamentos muitas vezes acabam por ocultar dados relevantes sobre a participação de pessoas negras nos quadros de funcionários das próprias empresas envolvidas. As estatísticas são ainda mais alarmantes quando alcançados os principais cargos de direção: grandes corporações ainda contam com porcentagens acima dos 50% de pessoas brancas em seus cargos de chefia[131]. Idêntica situação se aplica à proteção das mulheres a partir de propagandas que explorem o movimento "*#metoo*", como visto anteriormente.

A publicidade participativa e o ativismo de marca, portanto, não podem se limitar somente às propagandas e estratégias digitais das

---

[130] FÓRUM DE EMPRESAS E DIREITOS LGBTI+. **10 Compromissos**. Disponíveis em: <https://www.forumempresas lgbt.com/10-compromissos>. Acesso em: 18 abr. 2022.
[131] NIKE. 2019 **Representation in Leadership**. Disponível em: <https://purpose.nike.com/fy19-representation-and-pay>. Acesso em: 24 jun. 2020. AMAZON. **Our Workforce Data**. Disponível em: <https://www.aboutamazon.com/working-at-amazon/diversity-and-inclusion/our-workforce-data>. Acesso em: 24 jun. 2020. MICROSOFT. **Diversity and Inclusion Report 2019**. Disponível em: <http://query.prod.cms.rt.microsoft.com/cms/api/am/binary/RE4aqv1>. Acesso em: 24 jun. 2020.

empresas, sob o risco de se configurar como *greenwashing* (ambiental), *bluewashing* (uso do logotipo da ONU, com referência aos direitos humanos preconizados por aquela organização internacional), *rainbow-washing* (LGBTQIAPN+), *purpose washing* (propósito em geral), *SDG-washing* (menção inverídica aos ODS) ou *ESG washing* (menção às práticas de ESG, mas que inexistem na realidade daquela empresa)[132]. Caso algo dessa natureza ocorra – o propagado seja superior ao efetivamente praticado –, a empresa deve reagir prontamente, o que deve ser feito por meio da implementação de novas políticas e do consequente aprendizado com a situação[133]. Por fim, propósito e transparência são as palavras de ordem: propósito na missão, nos valores e principalmente na cultura da empresa; transparência nos procedimentos internos, nas propagandas e, principalmente, no aprendizado em caso de erro.

2.5. A PROTEÇÃO AOS DIREITOS HUMANOS DAS COMUNIDADES AFETADAS PELA ATIVIDADE CORPORATIVA: A IMPORTÂNCIA DA ATUAÇÃO PREVENTIVA E DA MITIGAÇÃO DE RISCOS E IMPACTOS

Um dos preceitos básicos ao investigar os impactos causados por uma empresa é a análise de riscos sobre como o desenvolvimento de suas atividades tem afetado as comunidades locais e que vivem no entorno de suas plantas ou prédios, o que ocorre principalmente (mas não somente) com as indústrias extrativistas, químicas, dos setores de petróleo e gás e empreiteiras de grande porte, que normalmente provocam com suas atividades repercussões ambientais e sociais relevantes[134].

Os Princípios Orientadores da ONU sobre Empresas e Direitos Humanos consideram a avaliação de riscos aos direitos humanos como

---

[132] Referências específicas trazidas pela ABNT-PR2030. ASSOCIAÇÃO BRASILEIRA DE NORMAS TÉCNICAS. **Prática recomendada**: ABNT PR 2030: ambiental, social e governança (ESG) – conceitos, diretrizes e modelo de avaliação e direcionamento para organizações. Rio de Janeiro: ABNT, 2022, p. 33.

[133] SENADOR, André; JOSGRILBERG, Fabio B. ESG, reputação e "a razão da simpatia, do poder, do algo mais e da alegria". NASCIMENTO, Juliana Oliveira (Coord.). **ESG**: o cisne verde e o capitalismo de stakeholder: a tríade regenerativa do futuro global. São Paulo: Thomson Reuters Brasil, 2021, p. 259.

[134] TAYLOR, Mark B.; ZANDVLIET, Luc; FOROUHAR, Mitra. **Due Diligence for Human Rights**: a risk-based approach. Corporate Social Responsibility Initiative Working Paper n. 53. Cambridge, MA: John F. Kennedy School of Government, Harvard University, 2009.

pedra angular do desenvolvimento das atividades corporativas em determinado território, servindo, portanto, de fundamento para a consecução de programas e políticas dessa ordem para empresas engajadas em fomentar o aspecto social de seus modelos de negócio. A partir dos Princípios Orientadores, as empresas devem considerar os critérios de severidade e probabilidade ao edificar suas matrizes de riscos aos direitos humanos.

Cumpre observar, ainda, que a elaboração de matriz de risco aos direitos humanos não se confunde[135] com avaliação de impactos aos direitos humanos (*Human rights impact assessment*, ou HRIA[136]), esta última também prevista nos Princípios Orientadores, mas que observa os impactos potenciais e reais nos diferentes detentores de direitos (*rights--holders*) envolvidos em determinado empreendimento ("qualquer ação ou omissão que reduza ou retire a capacidade de um indivíduo ou grupo de exercer e usufruir de seus direitos humanos"[137]). Os Princípios Orientadores instruem as empresas a conduzir ambos os processos conjuntamente, de forma a implementar de maneira adequada a chamada devida diligência (*due diligence*), que será analisada detalhadamente no item subsequente.

A chegada de um novo empreendimento a um território, independentemente de seu porte e setor de atuação, impacta o ambiente e a sociedade do entorno. Para micro e pequenas empresas, percebe-se, por exemplo, a alteração das relações com a sociedade local, e até mesmo com questões ambientais, seja de ordem visual ou auditiva. Para grandes empreendimentos, os impactos são mais robustos, vistos, portanto, em grande escala – tanto em relação ao meio ambiente quanto à sociedade como um todo.

No caso de determinadas atividades econômicas, alguns empreendimentos se situam afastados dos principais centros urbanos, o que acaba por gerar certa relação de dependência entre a comunidade e a empresa. Ocorre, assim, uma correlação entre o projeto implantado

---

[135] GLOBAL COMPACT NETWORK GERMANY. **Assessing human rights risks and impacts**. Perspectives from corporate practice. Germany: Global Compact Network Germany, 2016, p. 10-11.
[136] THE DANISH INSTITUTE FOR HUMAN RIGHTS. **Human rights impact assessment**: guidance and toolbox. Copenhagen: The Danish Institute for Human Rights, 2020.
[137] PACTO GLOBAL REDE BRASIL. **Toolkit sobre a devida diligência em direitos humanos**: para gestores do setor elétrico-energético. Disponível em: <https://go.pactoglobal.org.br/l/979353/2023-12-13/541qf/979353/1702466816i UyGeVzY/toolkit.pdf>. Acesso em: 1º fev. 2024, p. 14.

pela corporação e o desenvolvimento econômico da região, posto que a atividade desenvolvida acaba por alterar a infraestrutura local, gerar empregos diretos e indiretos, aumentar a arrecadação tributária, a população geral e, em alguns casos, criar demandas até então inexistentes ou reduzidas nos locais de atuação[138].

Ademais, em muitos casos as comunidades do entorno de determinados empreendimentos são formadas por grupos vulneráveis, tanto sob a perspectiva socioeconômica quanto sob o viés cultural: populações indígenas e quilombolas, por exemplo, são grupos reconhecidamente afetados no Brasil[139].

Merecem destaque, nesse caso, recentes discussões perante o Poder Judiciário sobre a demarcação de terras indígenas, sobretudo após decisão do STF no Recurso Extraordinário n. 1.017.365[140], reconhecendo seu direito originário de posse da terra e a proteção constitucional aos direitos dos povos indígenas no território nacional (tese que mereceu repercussão geral[141], ou seja, orientará a decisão de todas as demais ações judiciais intentadas com o mesmo tema), além da promulgação da Lei n. 14.701/2023[142], que regulamenta o artigo 231 da Constituição

---

[138] RISÉRIO, Fábio; AVELAR, Sérgio; FREITAS, Viviane. **Gestão de impactos sociais nos empreendimentos**: riscos e oportunidades. Instituto Ethos. Disponível em: <https://www.ethos.org.br/cedoc/gestao-de-impactos-sociais-nos-empreendimentos-riscos-e-oportunidades/>. Acesso em: 13 abr. 2022.

[139] CENTRO DE ESTUDOS EM SUSTENTABILIDADE DA FUNDAÇÃO GETÚLIO VARGAS. INTERNATIONAL FINANCE CORPORATION. **Grandes obras na Amazônia**: aprendizados e diretrizes. 2016. Disponível em: <https://bibliotecadigital.fgv.br/dspace/bitstream/handle/10438/18603/GVces_Direitos%20humanos_povos%20indigenas%2c%20comunidades%20tradicionais%20e%20quilombolas.pdf?sequence=1&isAllowed=y>. Acesso em: 21 abr. 2022.

[140] SUPREMO TRIBUNAL FEDERAL. Recurso Extraordinário n. 1.017.365-SC. Processo n. 0000168-27.2009.4.04.7214. Rel. Min. Edson Fachin, j. 27/09/2023. Disponível em: <https://portal.stf.jus.br/processos/downloadPeca.asp?id=15364370153&ext=.pdf>. Acesso em: 18 mar. 2024.

[141] SUPREMO TRIBUNAL FEDERAL. **Tema 1.031**: definição do estatuto jurídico-constitucional das relações de posse das áreas de tradicional ocupação indígena à luz das regras dispostas no artigo 231 do texto constitucional. Rel. Min. Edson Fachin. Disponível em: <https://portal.stf.jus.br/jurisprudenciaRepercussao/verAndamentoProcesso.asp?incidente=5109720&numeroProcesso=1017365&classeProcesso=RE&numeroTema=1031>. Acesso em: 18 mar. 2024.

[142] BRASIL. **Lei n. 14.701, de 20 de outubro de 2023**. Regulamenta o art. 231 da Constituição Federal, para dispor sobre o reconhecimento, a demarcação, o uso e a gestão de terras indígenas; e altera as Leis n. 11.460, de 21 de março de 2007, 4.132, de 10 de setembro de 1962, e 6.001, de 19 de setembro de 1973. Disponível em: <https://www.planalto.gov.br/ccivil_03/_ato2023-2026/2023/lei/L14701.htm>. Acesso em: 18 mar. 2024.

Federal brasileira para "o reconhecimento, a demarcação, o uso e a gestão de terras indígenas".

O setor de mineração é um dos mais controversos, com riscos e problemas que, muitas vezes, implicam em passivos ambientais e de ordem social. Recentemente, repetidos desastres socioambientais de rompimento de barragens de rejeitos de minérios, como nos casos de Mariana (2015) e Brumadinho (2019), de responsabilidade, respectivamente, das empresas Samarco (*joint venture* entre Vale e BHP Billiton) e Vale, demonstraram que a falta de atuação preventiva e conscientização das empresas para as pautas ESG pode ocasionar a destruição de cidades inteiras do entorno do empreendimento, assim como ceifar a vida de grande número de trabalhadores, seja diretos, seja terceirizados – este último especialmente no caso de Brumadinho. Insta ressaltar que a empresa Vale era signatária do Pacto Global e demonstrava publicamente se engajar na proteção de tais princípios, além de informar em seus relatórios de sustentabilidade que observava os ODS e os Princípios Orientadores da ONU sobre Empresas e Direitos Humanos – após denúncia de organizações da sociedade civil sobre o ocorrido em Brumadinho, viu-se diante da situação de renunciar sua posição naquela iniciativa empresarial[143]. Somado ao dano reputacional e imagético, são também profundos os abalos sob a perspectiva judicial contra a corporação que não alinha sua prática ao seu discurso e às normas minimamente exigidas pelo Estado.

Assim, não basta que as empresas se utilizem das normas e programas internacionais existentes e de preceitos ESG como estratégias de rentabilidade ou *marketing*, pois se não houver uma estratégia empresarial com ações práticas para uma boa governança em prol dos direitos humanos, as tragédias seguirão acontecendo em larga escala. As pessoas, por sua vez, continuarão sendo afetadas: as comunidades dos entornos dos projetos, os(as) trabalhadores(as) e a sociedade como um todo, que seguirá consumindo produtos com a marca, muitas vezes, da própria vida daqueles que sofreram as consequências diretas dos impactos corporativos.

---

[143] Cardia A. Ana Cláudia Ruy; VILLAS BOAS, Izabela Zonato. Mariana e Brumadinho: o (des)compromisso das empresas mineradoras envolvidas nas duas tragédias com a sustentabilidade e com os direitos humanos. CARDIA A., Ana Cláudia Ruy; VILLAS BOAS, Izabela Zonato (Coord.). **Quanto Vale?**: uma análise interdisciplinar do Direito sobre as tragédias de Mariana e Brumadinho. Londrina: Thoth, 2021, p. 31 e 37.

A atuação com foco no "S" e no diálogo com grupos vulneráveis e comunidades locais e das redondezas de determinados empreendimentos possivelmente afetados precisa ser considerada desde o estabelecimento dos projetos, o que inclui não apenas os riscos dos impactos a serem causados e de eventuais ações judiciais e consequentes indenizações deles decorrentes, mas também e principalmente os custos para a implementação de medidas de cuidado e proteção quando do desempenho das atividades. Para os casos em que violações aos direitos humanos sob essas circunstâncias venham a ocorrer, o diálogo direto com os grupos afetados novamente se apresenta como a melhor alternativa para compreensão das dinâmicas existentes e das demandas sociais mais urgentes. Sendo assim, é essencial a avaliação das "necessidades, expectativas, valores e potencialidades"[144] específicos das localidades em que os projetos serão implementados.

Somado aos impactos socioambientais ocasionados durante ou após o desempenho das atividades corporativas, deve-se também atentar para as violações aos direitos humanos cometidas em comunidades nos entornos de grandes empreendimentos que serão utilizados pela sociedade[145]. Foi o que se verificou, a título de exemplo, durante a construção das obras da usina hidrelétrica de Belo Monte com populações locais e comunidades indígenas em isolamento. A situação em referência chegou a ser discutida até mesmo perante a Comissão Interamericana de Direitos Humanos, sendo emitida Medida Cautelar por aquele órgão internacional determinando a suspensão das obras por parte do Estado brasileiro[146].

Para todas as situações, é essencial que haja efetivo diálogo com as comunidades do entorno, bem como um plano para o potencial crescimento da localidade em que o novo projeto será implementado. O crescimento ordenado de determinadas comunidades evita que outros direitos fundamentais e humanos sejam violados, sendo respeitadas as

---

[144] RISÉRIO, Fábio; AVELAR, Sérgio; FREITAS, Viviane. **Gestão de impactos sociais nos empreendimentos**: riscos e oportunidades. Instituto Ethos. 2013. Disponível em: <https://www.ethos.org.br/cedoc/gestao-de-impactos-sociais-nos-empreendimentos-riscos-e-oportunidades/>. Acesso em: 13 abr. 2022.

[145] SASSEN, Saskia. **Expulsões**: brutalidade e complexidade na economia global. Trad. Angélica Freitas. Rio de Janeiro; São Paulo: Paz e Terra, 2016.

[146] COMISSÃO INTERAMERICANA DE DIREITOS HUMANOS. **MC 382/10** – Comunidades Indígenas da Bacia do Rio Xingu, Pará, Brasil. Disponível em: <https://www.cidh.oas.org/medidas/2011.port.htm>. Acesso em: 21 abr. 2022.

necessidades daquele grupo social, bem como coibidas determinadas práticas atentatórias à dignidade humana, tais como o tráfico de pessoas para fins de exploração laboral e sexual, o trabalho análogo à escravidão e outras formas exploratórias que ferem o olhar para o "S" da sigla ESG, como visto anteriormente.

Para o caso específico de comunidades indígenas, destaca-se a Convenção n. 169 sobre Povos Indígenas e Tribais, oriunda da OIT[147]. Referido documento, adotado em 1989 pela ONU, foi ratificado pelo Brasil e entrou em vigor no país em 2003. O objetivo daquela norma é garantir para tais povos mecanismos de consulta livre, prévia e informada quando da realização de qualquer empreendimento que porventura afete suas condições de vida e seu território. O mesmo vale para as regras oriundas da Comissão Interamericana de Direitos Humanos, que também demonstram a preocupação do consentimento livre, prévio e informado de povos tradicionais e tribais como parte dos pilares do desenvolvimento sustentável[148], preconizado pela própria Convenção Americana de Direitos Humanos – à qual o Brasil é signatário.

Contudo, como é sabido, os programas de ESG não devem somente se atentar para as leis e normas vinculantes existentes no próprio país. É necessário que as empresas e suas lideranças caminhem para além da regra, no estabelecimento de esforços capazes de superar os ditames legais, aliando a proteção normativa à sustentabilidade efetiva e eficaz. Sendo assim, para empresas que tenham atuação em locais que contem com grupos vulneráveis e cuja atividade venha a ocasionar impactos de ordem social e ambiental, o essencial, como visto, é que a construção de um programa de ESG considere a existência desses impactos e sua mitigação sempre que possível, pautando-se, sempre e sob qualquer circunstância, pelo diálogo livre, consentido e, principalmente, transparente com as comunidades, além do reconhecimento e respeito de suas particularidades.

---

[147] INTERNATIONAL LABOUR ORGANIZATION. **C169 Indigenous and Tribal Peoples Convention**. 1989. Disponível em: <https://www.ilo.org/dyn/normlex/en/f?p=NORMLEXPUB:55:0::NO::P55_TYPE,P55_LANG,P55_DOCUMENT,P55_NODE:REV,en,C169,/Document>. Acesso em: 13 abr. 2022.

[148] COMISIÓN INTERAMERICANA DE DERECHOS HUMANOS. **Informe Empresas y Derechos Humanos**: Estándares Interamericanos. Relatoría Especial sobre Derechos Económicos, Sociales, Culturales y Ambientales de la Comsión Interamericana de Derechos Humanos, 2019. Disponível em: <https://www.oas.org/es/cidh/informes/pdfs/EmpresasDDHH.pdf>. Acesso em: 10 abr. 2022.

2.6. UMA TENDÊNCIA PARA O ESG: A *DUE DILIGENCE* EM DIREITOS HUMANOS

Com a função de mensurar os quatro eixos em que o olhar para o "S" figura como essencial para uma corporação, uma nova frente de atuação ganha corpo: a devida diligência (ou *due diligence*) em direitos humanos. Os princípios 17 a 21 dos Princípios Orientadores da ONU sobre Empresas e Direitos Humanos destacam a importância da devida diligência em direitos humanos, sendo esse um procedimento a ser realizado de maneira contínua para identificar, prevenir, mitigar e responder aos impactos negativos das atividades empresariais perante os direitos humanos (Princípio 17). Assim, aquela regra, em seu segundo pilar, determina que as empresas devem realizar a devida diligência em direitos humanos e desenvolver procedimentos de reparação aos impactos causados por sua atuação.

Estudo feito pelo *NYU Stern Center for Business and Human Rights* constatou que quatro são as principais lacunas relacionadas à boa implementação de programas de "S" nas empresas, a saber: (i) a medição de impactos ao "S" por parte das empresas analisadas tem maior foco no que é conveniente para a empresa, e não nos temas mais significativos de mudança; (ii) as abordagens atuais de divulgação de resultados provavelmente deixarão de fornecer as informações necessárias para identificar os principais líderes sociais envolvidos em determinada matéria; (iii) a ausência de padrões consistentes que sustentem a medição da conformidade com padrões de "S" aumenta os custos e causa confusão nos demais *stakeholders*; e (iv) os critérios existentes para medir os programas de "S" nas empresas não são suficientes para os investidores responderem à crescente demanda por estratégias e produtos de investimento socialmente responsáveis. Percebe-se, assim, que não apenas há confusão em relação aos critérios existentes, mas também sobre como mensurá-los em um contexto multidimensional e complexo e em que inexiste a obrigatoriedade de cumprimento para além do disposto nas leis e demais normas vinculantes[149].

O Guia de Devida Diligência para uma Conduta Empresarial Responsável (CER) da OCDE – fundamentado a partir das Diretrizes da OCDE para as Empresas Multinacionais, atualizadas em 2023 com o

---

[149] O'CONNOR, Casey; LABOWITZ, Sarah. **Putting the "S" in ESG**: measuring human rights performance for investors. Nova Iorque: NYU Stern Center for Business and Human Rights, 2017.

objetivo de abarcar temas relevantes da Agenda ESG[150] – apresenta os elementos essenciais para um bom processo de *due diligence*, quais sejam: (i) prevenção, com a finalidade de evitar impactos adversos; (ii) múltiplos processos inter-relacionados para identificar, prevenir e mitigar impactos adversos, além de monitoramento da implementação de ações e seus resultados; (iii) medida proporcional e adaptada à gravidade e à probabilidade do impacto adverso; (iv) priorização de medidas baseadas no risco (quando não for possível enfrentar todos os impactos de uma única vez) – com a elaboração de matriz de risco à luz do preconizado nos Princípios Orientadores; (v) dinamismo e adaptação aos impactos que surgirem ao longo da atividade empresarial (em outras palavras, as empresas devem adaptar seus sistemas de *due diligence* às suas necessidades conforme o tempo e o contexto); (vi) responsabilidade intransferível, pois cada empresa deve assumir sua própria responsabilidade pelo impacto adverso causado; (vii) obediência a princípios e normas reconhecidas internacionalmente para uma conduta empresarial responsável (CER); (viii) adequação às circunstâncias da empresa (tamanho, natureza, modelo de negócio, entre outros critérios relevantes); (ix) adequação às limitações vinculadas às relações comerciais, feita por meio de mecanismos como acordos de voto, acordos contratuais, requisitos de pré-qualificação, associações setoriais ou iniciativas intersetoriais; (x) engajamento das partes interessadas a partir de comunicação bilateral; e (xi) comunicação contínua, clara e adequada aos *stakeholders*[151].

Referido Guia, em diálogo com as atualizadas Diretrizes da OCDE para as Empresas Multinacionais de 2023, devem ser avaliados por empresas e consultorias a fim de implementar programas de ESG práticos e condizentes principalmente com as demandas atuais de proteção aos direitos humanos em toda a cadeia produtiva e de fornecimento/suprimentos. Ainda que as Diretrizes da OCDE para as Empresas Multinacionais não sejam mandatórias aos Estados, são relevante material na construção de programas internos e até mesmo inspiração para normas nacionais e internacionais sobre devida diligência em direitos humanos[152], como se verá adiante.

---

[150] OECD. **OECD Guidelines for Multinational Enterprises on Responsible Business Conduct**. Paris: OECD Publishing, 2023.
[151] OCDE. **Guia da OCDE de devida diligência para uma conduta empresarial responsável**. OCDE, 2018. Disponível em: <http://mneguidelines.oecd.org/guia-da-ocde-de-devida-diligencia-para-uma-conduta-empresarial-responsavel-2.pdf>. Acesso em: 10 abr. 2022.
[152] INGRAMS, Marian; BOOTH, Katharine. **Hardening soft law**: strategic use of the OECD Guidelines to achieve meaningful outcomes. Columbia Center on Sustainable Investment,

Quanto às mais recentes regulações da *due diligence* a partir de um olhar ESG e notadamente de direitos humanos, faz-se importante mencionar normas implementadas por alguns países europeus. Assim, destacam-se[153]: (i) *UK Modern Slavery Act*[154], que entrou em vigor em 2015, caracterizando-se como a primeira norma dessa natureza estabelecida no plano doméstico[155] e que objetiva estabelecer diretrizes àquele Estado de combate às formas de escravidão, servidão, trabalho forçado ou compulsório e tráfico de pessoas, incluindo disposições de salvaguardas às vítimas, com o reforço do imperativo de transparência em toda a cadeia de produção de organizações comerciais, o que deve ser feito mediante declarações públicas anuais por parte das corporações enquadradas naquela norma; (ii) a Lei de Vigilância Francesa (*Loi relative au devoir de vigilance des sociétés mères et des enterprises donneuses d'ordre*, ou

---

n. 351, 2023. Disponível em: <https://ccsi.columbia.edu/sites/default/files/content/docs/fdi% 20perspectives/No%20351%20-Ingrams%20and%20Booth%20-%20FINAL.pdf>. Acesso em: 8 jan. 2024.

[153] A primeira edição desta obra trazia destaque para a Lei de Devida Diligência do Trabalho Infantil da Holanda (*Wet Zorgplicht Kinderarbeid*, 2021), que tinha previsão de entrada em vigor em 2022 e era voltada especificamente para a eliminação do trabalho infantil das cadeias de fornecimentos de produtos de empresas holandesas. Ocorre, contudo, que referida lei não foi adiante, tendo sido substituída em 2022 por um projeto de lei sobre conduta empresarial responsável e sustentável (*Responsible and Sustainable International Business Conduct*) – mais alinhado com a nova norma alemã e as discussões europeias sobre uma diretiva específica sobre o tema, bem como com a visão para toda a cadeia de valor (*upstream* e *downstream value chain*), como se verá adiante. O projeto em referência ainda não foi aprovado pelas autoridades legislativas holandesas, demandando acompanhamento. OVERHEID.NL. **Wet van 24 oktober 2019 houdende de invoering van een zorgplicht ter voorkoming van de levering van goederen en diensten die met behulp van kinderarbeid tot stand zijn gekomen (Wet zorgplicht kinderarbeid)**. Disponível em: <https://zoek.officielebekendmakingen.nl/stb-2019-401.html>. Acesso em: 12 abr. 2022. LINKLATERS. **The Netherlands**: A Dutch initiative for a value chain due diligence. 2023. Disponível em: <https://sustainablefutures.linklaters.com/post/102i833/the-netherlands-a-dutch-initiative-for-a-value-chain-due-diligence>. Acesso em: 29 jan. 2024.

[154] UNITED KINGDOM. **Modern slavery act**. Reino Unido: 2015. Disponível em: <http://www.legislation.gov.uk/ukpga/2015/30/pdfs/ukpga_20150030_en.pdf?>. Acesso em: 25 maio 2018.

[155] O *Modern Slavery Act* foi a primeira norma de caráter nacional estabelecida com referida temática. Anterior a ele encontra-se a norma estadual "California Transparency in Supply Chains Act", estabelecida no ano de 2010 e com contornos semelhantes. A respeito da regra californiana, ver: HARRIS, Kamala D. **The California transparency in supply chains act**: a resource guide. California Department of Justice, 2015. Disponível em: <https://oag.ca.gov/sites/all/files/agweb/pdfs/sb657-resource-guide.pdf>. Acesso em: 14 nov. 2018.

Loi de vigilance)[156], de 2017, com foco na elaboração de planos de vigilância de suas atividades com inspiração nos Princípios Orientadores; (iii) a Lei de Transparência Norueguesa (*Norwegian Transparency Act*)[157], de 2021, que atribui às grandes empresas os deveres de realizar a devida diligência relativa a direitos humanos e trabalho decente e de prestar contas à sociedade sobre os impactos adversos, bem como traz um sistema de aplicação de sanções, com a previsão de controle de todas as faixas da cadeia de fornecimento, apesar de não apresentar considerações sobre a proteção ao meio ambiente em seu texto[158]; (iv) a Lei da Suíça sobre *due diligence* e transparência sobre "minerais de conflito"[159] e trabalho infantil (*Swiss Conflict Minerals and Child Labor Due Diligence and Transparency Obligations*), com efeitos desde 2023 e voltada a empresas com sede naquele país para cumprimento dos deveres de devida diligência e obrigações de reporte para o caso de exercerem atividades em uma ou em ambas as áreas[160]; e (v) a Lei da Cadeia de Suprimentos (*Gesetz über die unternehmerischen Sorgfaltspflichten in Lieferketten,* ou LKSG) da Alemanha (aprovada pelo Parlamento Alemão em 2021), que pretende fiscalizar, por meio de processos de *due diligence*, a cadeia de produção das indústrias alemãs e punir as empresas infratoras da cadeia no país, mesmo que não sejam companhias nacionais, por meio de multas de oito milhões de euros ou até 2% do faturamento anual da empresa.

A lei alemã, que entrou em vigor em 2023 (e com impactos residuais em 2024), é relevante por impor obrigações a empresas sediadas na

---

[156] ASSEMBLÉE NATIONALE. **Proposition de loi relative ao devoir de vigilance des sociétés mères et des entreprises donneuses d'ordre** (Texte définitif). 2017. Disponível em: <https://www.assemblee-nationale.fr/14/ta/ta0924.asp>. Acesso em: 12 abr. 2022.

[157] LOVDATA. **Act relating to enterprises' transparency and work on fundamental and decent working conditions (Transparency Act)**. Disponível em: <https://lovdata.no/dokument/NLE/lov/2021-06-18-99>. Acesso em: 12 abr. 2022.

[158] BUSINESS & HUMAN RIGHTS RESOURCE CENTRE. **Norwegian parliament adopts the Transparency Act**. Disponível em: <https://www.business-humanrights.org/en/latest-news/norwegian-parliament-adopts-the-transparency-act/>. Acesso em: 12 abr. 2022.

[159] Minerais extraídos de áreas com alto risco de ocorrência de conflitos locais, zonas de guerra ou zonas com violações sistemáticas e recorrentes de direitos humanos e do direito internacional que envolvam a perda potencial de vidas humanas. São os seguintes: "minerais e metais que contenham estanho, tântalo, tungsténio ou ouro (denominados 3TG)".

[160] SIDLEY. **Update on New Swiss Conflict Minerals and Child Labor Due Diligence Obligations**. 2023. Disponível em: <https://www.sidley.com/en/insights/publications/2023/04/update-on-new-swiss-conflict-minerals-and-child-labor-due-diligence-obligations>. Acesso em: 29 jan. 2024.

Alemanha com até ou mais de mil funcionários para garantir a proteção aos direitos humanos em determinados níveis da cadeia de fornecimento[161], de forma que as corporações serão obrigadas a realizar a devida diligência para o desenvolvimento de sua própria atividade e nas empresas de seus fornecedores diretos a partir de um sistema de administração de riscos para identificar, prevenir ou minimizar os riscos aos direitos humanos e ao meio ambiente e de outras políticas relevantes de controle da cadeia produtiva, com reforço também aos mecanismos de denúncia.

No plano comunitário europeu, a revolução nesta temática se deu com a Proposta de Diretiva da União Europeia para a *Due Diligence* (*Corporate Sustainability Due Diligence Directive*, CSDDD ou CS3D), apresentada em 23 de fevereiro de 2022 e estruturada a partir do *European Green Deal*, com fundamento nos Objetivos de Desenvolvimento Sustentável da ONU, nos Princípios Orientadores da ONU sobre Empresas e Direitos Humanos, nas Diretrizes da OCDE para as Empresas Multinacionais e no Guia de Devida Diligência para uma Conduta Empresarial Responsável da OCDE, na Declaração Tripartite de Princípios sobre Empresas Multinacionais e Política Social da OIT, bem como na integração da sustentabilidade à governança corporativa e às cadeias de fornecimento de empresas europeias ao redor do planeta[162].

Referido documento será aplicável às corporações europeias, que serão divididas por grupos de acordo com seu tamanho e rentabilidade (não sendo aplicável diretamente às pequenas e médias empresas), além de corporações não vinculadas diretamente à União Europeia, mas com volumes de negócios alinhados aos grupos de empresas europeias. Por meio da norma, as empresas deverão (i) integrar a *due diligence* em suas políticas; (ii) identificar impactos atuais ou potenciais aos direitos humanos e ao meio ambiente; (iii) prevenir ou mitigar impactos; (iv) minimizar ou extinguir impactos adversos; (v) estabelecer e manter

---

[161] KRAJEWSKI, Markus; TONSTAD, Kristel; WOHLTMANN, Franziska. Mandatory Human Rights Due Diligence in Germany and Norway: Stepping, or Striding, in the Same Direction? **Business And Human Rights Journal**, v. 6, issue 3. Cambridge University Press: October 2021. Disponível em: <https://www.cambridge.org/core/journals/business-and-human-rights-journal/article/mandatory-human-rights-due-diligence-in-germany-and-norway-stepping-or-striding-in-the-same-direction/85815FE5F1D1F64208B0068B7FBBECF8>. Acesso em: 16 fev. 2022.

[162] EUROPEAN COMMISSION. **Proposal for a Directive of the European Parliament and of the Council on Corporate Sustainability Due Diligence and amending Directive (EU) 2019/1937**. 2022/0051(COD). Disponível em: <https://ec.europa.eu/info/sites/default/files/1_1_183885_prop_dir_susta_en.pdf>. Acesso em: 10 abr. 2022.

procedimentos de reclamação; (vi) monitorar a efetividade das políticas e medidas de *due diligence*; e (vii) comunicar publicamente os resultados dos procedimentos de *due diligence* conduzidos[163].

Os objetivos dessa norma comunitária são: (i) melhorar as práticas de governança corporativa com a finalidade de integração de riscos e mitigação de impactos e riscos aos direitos humanos e ao meio ambiente como forma de estratégia corporativa, incluindo aqueles decorrentes de cadeias de valor; (ii) evitar a fragmentação de exigências de *due diligence* em um único mercado e criar segurança jurídica para corporações e *stakeholders* como forma de comportamento esperado e responsabilidade; (iii) incrementar a responsabilidade empresarial para impactos adversos, garantindo a coerência para as empresas no que tange às obrigações sobre iniciativas existentes ou que venham a ser propostas pela UE sobre conduta empresarial responsável; (iv) melhorar o acesso aos remédios para aqueles impactados por violações aos direitos humanos ou ao meio ambiente decorrentes do comportamento empresarial; e (v) ser um instrumento horizontal com foco em processos corporativos, também aplicável às cadeias de valor, sendo complementar às outras medidas em vigor ou mesmo propostas que enderecem desafios específicos à sustentabilidade ou sejam aplicáveis a determinados setores especialmente na UE[164].

Em março 2024, após intensas discussões e reveses perante o Parlamento Europeu com os textos previamente acordados[165], foi aprovado o texto final da CSDDD, com sua aplicabilidade restrita às empresas da EU com mais de 1.000 (mil) colaboradores(as) e volume de negócios globais superior a 450 milhões de euros. Será publicada pela Comissão Europeia uma lista de empresas não europeias (países terceiros) com

---

[163] BUSINESS & HUMAN RIGHTS RESOURCE CENTRE. **EU Commission publishes proposal for a Directive on corporate sustainability due diligence**. Disponível em: <https://www.business-humanrights.org/en/latest-news/eu-commission-publishes-proposal-for-a-directive-on-corporate-sustainability-due-diligence/>. Acesso em: 12 abr. 2022.

[164] EUROPEAN COMMISSION. **Proposal for a Directive of the European Parliament and of the Council on Corporate Sustainability Due Diligence and amending Directive (EU) 2019/1937**. 2022/0051(COD). Disponível em: <https://ec.europa.eu/info/sites/default/files/1_1_183885_prop_dir_susta_en.pdf>. Acesso em: 10 abr. 2022.

[165] CONSELHO EUROPEU. **Dever de diligência das empresas em matéria de sustentabilidade**: Conselho e Parlamento chegam a acordo para proteger o ambiente e os direitos humanos. 2023. Disponível em: <https://www.consilium.europa.eu/pt/press/press-releases/2023/12/14/corporate-sustainability-due-diligence-council-and-parliament-strike-deal-to-protect-environment-and-human-rights/>. Acesso em: 29 jan. 2024.

receita superior a 450 milhões de euros gerada no mercado europeu que deverão cumprir com referida norma[166].

É possível que, se aprovada, a norma seja aplicável de maneira faseada a partir de três anos, sendo ainda necessários eventuais ajustes para sua publicação e efetiva produção de efeitos na UE e de empresas de fora da UE que tenham alto impacto para o comércio europeu. Um ponto objeto de críticas para o acordo alcançado para seguimento da CSDDD foi o de exclusão de seu alcance para serviços financeiros, não obstante a inserção de cláusula de revisão futura.

A CSDDD será a primeira regra comunitária com amplo alcance extraterritorial na frente ambiental e de direitos humanos capaz de impactar diretamente empresas de todo o planeta no controle de riscos atuais e potenciais de suas respectivas cadeias produtivas (ou cadeia de atividades, conforme a última versão de seu texto). É necessário acompanhar seus desdobramentos, tendo em vista sobretudo sua aplicabilidade em conjunto com outras normas já existentes no contexto europeu, como a Diretiva de Reporte de Sustentabilidade Corporativa (*Corporate Sustainability Reporting Directive* ou CSRD), implementada em 2022 e objeto do capítulo sobre Finanças Sustentáveis[167] e outras normas da UE voltadas para setores específicos e que também prevejam a devida diligência em determinados contextos (como o Regulamento sobre minerais de conflito, de 2017).

Fora do contexto europeu, merecem destaque as leis australiana e canadense voltadas à devida diligência. Em 2018, a Austrália publicou norma inspirada no *UK Modern Slavery Act*[168]. Contudo, diferentemente daquele documento, o governo australiano inovou ao determinar às empresas que reportassem seus mecanismos de remediação de danos. A lei canadense sobre devida diligência para o caso de trabalho forçado e trabalho infantil em cadeias de suprimentos (*Fighting Against Forced Labour*

---

[166] COUNCIL OF THE EUROPEAN UNION. **Proposal for a Directive of the European Parliament and of the Council on Corporate Sustainability Due Diligence and amending Directive (EU) 2019/1937**: analysis of the final compromise text with a view to agreement. Disponível em: <https://media.licdn.com/dms/document/media/D4E1FAQEQDmbOeCkW3w/feedshare-document-pdf-analyzed/0/1710504856356?e=1711584000&v=beta&t=Dtq6RrXVrnxrFX4UMSQ-cBONQbOpHp3aHVOr5_YC0tU>. Acesso em: 18 mar. 2024.

[167] GLOBAL CSR. **BEWARE**: The Liability Trap by introducing CSRD before CSDDD. Disponível em: <https://globalcsr.net/wp-content/uploads/2019/02/24_BEWARE_TRAP_CSRD_CSDDD20.pdf>. Acesso em: 29 jan. 2024.

[168] AUSTRALIAN GOVERNMENT. **Modern Slavery Act 2018**. Disponível em: <https://www.legislation.gov.au/Details/C2018A00153>. Acesso em: 31 maio 2020.

and Child Labour in Supply Chains Act, ou Bill S-211), que entrou em vigor em 2024, demanda às empresas que operam naquele país que reportem anualmente seus esforços na prevenção e na redução dos riscos do uso de trabalho forçado ou infantil em suas cadeias de produção. A frente de reporte é aplicável para (i) qualquer entidade canadense que produza, venda ou distribua mercadorias no Canadá ou em outros países; (ii) importe para o Canadá bens produzidos fora daquela jurisdição; ou (iii) controle uma entidade envolvida em qualquer atividade supramencionada[169].

Um ponto comum em todas as normas apresentadas é a frente de reporte de informações sobre o cumprimento dos requisitos protetivos apresentados em toda a cadeia produtiva. Assim, para além da criação de políticas internas de monitoramento para boa realização da *due diligence*, as empresas terão também de realizar efetiva divulgação (*disclosure*) de informações[170], tornando esse processo mais transparente para os *stakeholders* envolvidos, evitando novos casos dos mais variados *washings*, como visto no item anterior, e trazendo mais resiliência[171] na proteção aos direitos humanos.

As normas avaliadas fornecem um impulso para futuras leis internacionais ou domésticas referentes ao respeito corporativo aos direitos humanos e ao meio ambiente. É, assim, essencial que os países regulamentem a responsabilidade das empresas em assegurar os direitos humanos, devendo as corporações, independentemente de seu porte ou setor, observar tais ditames para não serem responsabilizadas ou mesmo descreditadas imageticamente e em sua reputação em função de sua desatenção aos princípios de governança e *due diligence*.

Percebe-se, assim, que o escopo da devida diligência tem se expandido cada vez mais não somente para abranger temas de direitos

---

[169] PARLAMENT OF CANADA. **Bill S-211**. An Act to enact the Figthing Against Forced Labour and Child Labour in Supply Chains Act and to amend the Customs Tariff. 2022. Disponível em: <https://www.parl.ca/DocumentViewer/en/44-1/bill/S-211/third-reading>. Acesso em: 29 jan. 2024.

[170] GRI. **Corporate sustainability due diligence policies and sustainability reporting**. A state-of-play report by the GRI Policy team. 2023. Disponível em: <https://www.globalreporting.org/media/cqho34tm/corporate_sustainability_due-diligence_and_sustainability_reporting_final.pdf>. Acesso em: 29 jan. 2024.

[171] GEREFFI, Gary. **How to make global supply chains more resilient**. Columbia FDI Perspectives. Columbia Center on Sustainable Investment, n. 348, 2023. Disponível em: <https://ccsi.columbia.edu/sites/default/files/content/docs/fdi%20perspectives/No%20348%20-%20Gereffi%20-%20FINAL.pdf>. Acesso em: 29 jan. 2024.

humanos, mas também aspectos voltados à proteção ambiental e a estrita conexão entre o desenvolvimento humano e a conservação do meio ambiente. Essa é, inclusive, a visão da OCDE em suas diretrizes atualizadas e a tendência é a incorporação dessas matrizes nas diferentes normas a ser implementadas por Estados e outros organismos de alcance supranacional ou internacional. É imprescindível acompanhar os desdobramentos futuros e considerar, sob o prisma corporativo, que a tendência cada vez maior em termos de proteção interna e reporte a partir da operacionalização da devida diligência será a correlação entre direitos humanos e meio ambiente – e, consequentemente, sua dupla materialidade com os riscos e impactos financeiros do negócio.

Outra tendência crescente para os programas de devida diligência tem sido o acompanhamento do produto ou serviço após sua oferta à sociedade de consumo, termo em português definido como "cadeia de valor à jusante" (em inglês, *downstrean value chain*[172]), em que são avaliados e priorizados os impactos aos direitos humanos "que ocorrem como resultado de ações ou omissões da empresa durante a concepção, desenvolvimento, promoção, implantação, venda, licenciamento ou utilização de produtos ou serviços"[173].

Os Princípios Orientadores da ONU sobre Empresas e Direitos Humanos e as Diretrizes da OCDE para as Empresas Multinacionais determinam às empresas que se preocupem com sua cadeia de valor não somente no momento de consecução dos produtos e serviços (*upstream value chain*), mas também quando de sua comercialização. A importância do uso do produto (*product stewardship*) é equivalente à sua produção, sobretudo considerando a possibilidade de ocorrência de violações aos direitos humanos em sentido amplo por parte dos trabalhadores, consumidores e usuários finais em todos os setores da

---

[172] Optou-se no presente trabalho por usar o termo "cadeia de valor" (*value chain*, em inglês) para conceituar a cadeia de valor à justante sobretudo em função de sua amplitude para o cenário da devida diligência. O termo "cadeia de suprimentos" (*supply chain*, em inglês) se restringe às matérias-primas utilizadas e aos seus respectivos fornecedores, ao passo que a cadeia de valor abrange outros aspectos da produção, que perpassam a visão de *design*, *marketing* e governança em sentido amplo. THE DANISH INSTITUTE FOR HUMAN RIGHTS. **Due Diligence in the downstream value chain**: case studies of current company practice. Copenhagen: The Danish Institute for Human Rights, 2023, p. 4-9.

[173] BSR. **Human Rights Due Diligence of Products and Services**: assessing the downstream value chain. 2021. Disponível em: <https://www.bsr.org/reports/BSR-Human-Rights-Due-Diligence-Products-Services.pdf>. Acesso em: 6 fev. 2024.

economia. O reforço de mecanismos de denúncia, a criação de departamentos de *design* do produto com foco em sustentabilidade e promoção aos direitos humanos e o engajamento com empresas parceiras para garantir a padronização de critérios de segurança e mitigação de riscos com o uso do produto são algumas iniciativas relevantes nessa frente que tende a crescer em importância (para empresas e na frente de litigância) nos próximos anos[174].

Por fim, mas não menos importante, a devida diligência não pode somente ser instrumento para que não sejam causados danos (*do no harm*, termo técnico em inglês comumente utilizado na prática), mas também ser visto como forma preventiva à eventual ocorrência de impactos[175].

Dessa maneira, a partir dos recortes apresentados, evidencia-se a importância crescente de todas as empresas observarem os impactos sociais de sua atuação cotidiana. A letra "S" do acrônimo ora analisado não pode ser mais negligenciada, devendo também constar dos programas de governança e, especialmente, a partir da atuação das lideranças corporativas na construção de matriz de materialidade e matriz de riscos, como se verá nos capítulos 3 e 4.

---

[174] GBI. **Effective downstream human rights due diligence**: key questions for companies. Disponível em: <https://gbihr.org/images/docs/GBI_Effective-Downstream-HRDD_Key-Questions-for-Companies_-_Feb_2023.pdf>. Acesso em: 6 fev. 2024.

[175] PACTO GLOBAL REDE BRASIL. **Toolkit sobre a devida diligência em direitos humanos**: para gestores do setor elétrico-energético. Disponível em: <https://go.pactoglobal.org.br/l/979353/2023-12-13/541qf/979353/1702466816iUyGeVzY/toolkit.pdf>. Acesso em: 1º fev. 2024.

CAPÍTULO 3
O Preço da Transformação ESG: as Finanças Sustentáveis

As iniciativas apresentadas nos capítulos anteriores demandam tecnologias de ponta, reestruturações em modelos de negócios, adaptação cultural e organizacional e, consequentemente, vultosos investimentos de Estados e corporações para se expandirem e prosperarem. Em um planeta em que "petróleo é mais barato que refrigerante"[1], a transição energética e os demais imperativos de sustentabilidade se concretizarão no longo prazo, mas exigem esforços e valores imediatos de todos os *stakeholders*.

Considerando que as empresas se constituem como maiores economias globais, à frente até mesmo de Estados[2], é crucial compreender seu papel no suporte financeiro para o atingimento das metas supramencionadas. Assim, a resposta encontrada para subsidiar tais projetos está nas chamadas finanças sustentáveis (*sustainable finances*[3]), definidas como movimentos de reorganização do mercado financeiro e de capitais para o financiamento das iniciativas de sustentabilidade e efetivo alcance transversal da agenda ESG. O aspecto central das finanças sustentáveis, não se pode esquecer, está na avaliação dos riscos sociais, ambientais e climáticos que as empresas de diferentes portes e setores podem trazer aos acionistas, mas também a todos os *stakeholders* envolvidos nas operações.

De acordo com a Comissão de Valores Mobiliários (CVM) brasileira, "para os reguladores e formuladores de políticas públicas, o termo se refere à reorientação dos investimentos em direção às tecnologias e modelos de negócio sustentáveis". Quando voltadas aos investidores,

---

[1] GATES, Bill. **Como evitar um desastre climático**: as soluções que temos e as inovações necessárias. Trad. Cássio Arantes Leite. São Paulo: Companhia das Letras, 2021, p. 50.

[2] CARDIA A., Ana Cláudia Ruy. **Transterritorialidade**: uma teoria de responsabilização de empresas por violação aos direitos humanos. Rio de Janeiro: Lumen Juris, 2020, p. 20-28.

[3] KUNUJI, Valentine. **Sustainable Finance and the UNGPs**: towards a grievance mechanism for victims of climate action. Cambridge Core Blog. Disponível em: <https://www.cambridge.org/core/blog/2021/08/06/sustainable-finance-and-the-ungps-towards-a-grievance-mechanism-for-victims-of-climate-action/>. Acesso em: 25 jan. 2022.

por sua vez, são analisados os "aspectos climáticos, ambientais, sociais e de governança no processo de tomada de decisão de investimento e alocação de recursos" e que considerem, principalmente, as avaliações de riscos ESG e de sustentabilidade das empresas investidas[4].

O investimento em finanças sustentáveis, que se propaga em diferentes ramos da economia, como, por exemplo, o setor de energias renováveis[5] (como visto, essenciais para a transição para o chamado *net-zero*), permite que haja efetivo deslocamento de ativos para a consecução dos objetivos cruciais à sobrevivência da humanidade.

Nesse mesmo sentido, caminha o papel crescente dos bancos: considerando que desde a assinatura do Acordo de Paris os maiores bancos do planeta alocaram aproximadamente 1.9 trilhões de dólares no financiamento de combustíveis fósseis[6], é também dessas instituições a responsabilidade de reunir esforços e estabelecer métricas de atuação.

Percebe-se, portanto, o peso da atuação do mercado financeiro e de capitais em empresas que tragam práticas ESG em suas cadeias produtivas e de valor. Tal afirmação é facilmente constatada pelos números: nos últimos anos, e especialmente ao final de 2020, o aporte financeiro investido em empresas com práticas ESG foi de mais de 35 trilhões de dólares, sendo 68% desse valor (ao menos nos Estados Unidos e Europa) voltado para iniciativas de proteção ambiental[7].

A seguir, será apresentado breve histórico sobre as finanças sustentáveis e seus destaques para iniciativas internacionais, norte-americanas e europeias mais recentes com impacto direto no cenário nacional. Em seguida, será avaliada a evolução do tema no Brasil, país que conta com regras relevantes em relação à integração ESG ao seu já robusto mercado financeiro e de capitais.

---

[4] COMISSÃO DE VALORES MOBILIÁRIOS. **Série Educacional Finanças Sustentáveis**. Volume 1: O impacto dos seus investimentos. Brasília: CVM, 2024.

[5] BUSINESS AND HUMAN RIGHTS RESOURCE CENTRE. **Fast and Fair Renewable Energy Investments**: a practical guide for investors. 2019. Disponível em: <https://old.business-humanrights.org/sites/default/files/Renewable%20Energy%20Investor%20Briefing_0.pdf>. Acesso em: 31 jan. 2022.

[6] KUNUJI, Valentine. **Sustainable Finance and the UNGPs**: towards a grievance mechanism for victims of climate action. Cambridge Core Blog. Disponível em: <https://www.cambridge.org/core/blog/2021/08/06/sustainable-finance-and-the-ungps-towards-a-grievance-mechanism-for-victims-of-climate-action/>. Acesso em: 25 jan. 2022.

[7] O'CONNOR-WILLIS, Casey. **Making ESG Work**: how investors can help improve low-wage labor and ease income inequality. Nova Iorque: NYU Stern Center for Business and Human Rights, 2021, p. 1.

3.1. INTRODUÇÃO ÀS FINANÇAS SUSTENTÁVEIS: ASPECTOS INTERNACIONAIS PÚBLICOS E PRIVADOS

Os principais imperativos de integrar o mercado financeiro e de capitais às necessidades de sustentabilidade remontam à segunda metade do século passado e com crescimento exponencial no século XXI[8]. Atualmente, é sabido que aproximadamente 4 trilhões de dólares estão alocados em investimentos tidos por sustentáveis, valor este que tende a aumentar de maneira exponencial nas próximas décadas[9].

Em 2003, a *International Finance Corporation* (IFC – instituição vinculada ao Banco Mundial para investimentos em países em desenvolvimento), em parceria com bancos financiadores de projetos, lançou os Princípios do Equador, conhecidos como um conjunto de regras destinados à avaliação e ao gerenciamento de riscos ambientais e sociais dos projetos por eles financiados[10]. A perspectiva, naquele momento, seria a de estabelecer um padrão mínimo de devida diligência (*due diligence*) para as instituições no momento da concessão de empréstimos para entidades privadas. A última atualização dos Princípios do Equador foi feita em 2020, a fim de acomodar também os aspectos socioambientais relevantes detectados após a pandemia de COVID-19[11] e outros desdobramentos internacionais na área de sustentabilidade.

Em 2005, com o apoio da Iniciativa Financeira do Programa Ambiental ONU (em inglês, *United Nations Environment Programme Finance Initiative*, ou UNEP FI), foram instituídos por investidores de todo o planeta os Princípios para Investimento Responsável (*Principles for Responsible Investment*, ou PRI), com diretrizes internas voluntárias para empresas que atuam nos mercados financeiro e de capitais e que refletem os imperativos ambientais, sociais e de governança para as práticas de investimentos. Os seis princípios são: (i) incorporação de questões ESG na análise de investimentos e processos de tomada de decisão; (ii) incorporação de questões ESG em políticas e práticas

---

[8] BRITO, Renata; GONZALEZ, Lauro. Finanças sustentáveis. **GVexecutivo**, v. 9, n.6, 2007.

[9] BLACKROCK. **Larry Fink's 2022 Letter to CEOs**: the power of capitalism. Disponível em: <https://www.blackrock.com/us/individual/2022-larry-fink-ceo-letter>. Acesso em: 18 jan. 2022.

[10] CARDIA, Ana Cláudia Ruy. **Empresas, direitos humanos e gênero**: desafios e perspectivas na proteção e no empoderamento da mulher pelas empresas transnacionais. Porto Alegre: Buqui, 2015, p. 89.

[11] EQUATOR PRINCIPLES. **Os Princípios do Equador**. EP4. 2020. Disponível em: <https://equator-principles.com/app/uploads/EP4_Portuguese.pdf>. Acesso em: 15 jan. 2024.

internas; (iii) divulgação adequada de práticas ESG por parte das entidades investidas; (iv) promoção dos PRIs na indústria de investimentos; (v) aumento de eficácia na implementação dos PRIs; e (vi) apresentação de relatório de atividades e progresso na implementação dos PRIs[12].

Nesse mesmo sentido, é possível verificar a existência de índices de mercado que hoje seguem os critérios de ESG. Nos Estados Unidos, país com maior o mercado de capitais do planeta, o *Dow Jones Sustainability Index* (DJSI), estabelecido em 1999, traz a preocupação com a inclusão de empresas sustentáveis[13], assim como os índices ESG da *Bloomberg*[14], entre outros de igual relevância[15].

Quanto à filtragem e parametrização dos índices existentes (também conhecida como *screening*), merece destaque a atividade desenvolvida pela *Morgan Stanley Capital International* (MSCI), que, entre outros escopos, desenvolveu uma metodologia independente para índices de sustentabilidade negociados no mercado financeiro e de capitais, com possíveis diretrizes para facilitar a busca, pelos investidores, dos investimentos verdadeiramente sustentáveis a partir de *ratings* que variam de fundos "AAA" (líderes) a "CCC" (retardatários)[16]. Para o caso tão-somente da observância de aspectos relacionados ao "E", recebem ênfase os seguintes critérios para análise dos fundos: (i) mudanças climáticas, com a verificação de emissões de carbono, produtos que tenham a chamada "pegada de carbono" (*carbon footprint*), ou seja, com a quantidade de CO_2 utilizada para sua produção, financiamento do impacto

---

[12] PRINCIPLES FOR RESPONSIBLE INVESTMENT. **What are the Principles for Responsible Investment?** Disponível em: <https://www.unpri.org/about-us/what-are-the-principles-for-responsible-investment>. Acesso em: 3 fev. 2022.

[13] S&P GLOBAL. **DJSI Index Family**. Disponível em: <https://www.spglobal.com/esg/performance/indices/djsi-index-family#objective>. Acesso em: 3 fev. 2022.

[14] BLOOMBERG. **Bloomberg ESG Indices**. Disponível em: <https://www.bloomberg.com/professional/product/indices/bloomberg-esg-indices/>. Acesso em: 3 fev. 2022.

[15] HARVARD LAW SCHOOL FORUM ON CORPORATE GOVERNANCE. **What Board Members Need to Know about the "E" in ESG**. Disponível em: <https://corpgov.law.harvard.edu/2020/07/09/what-board-members-need-to-know-about-the-e-in-esg/>. Acesso em: 22 fev. 2022.

[16] MSCI. **MSCI ESG Fund Ratings Methodology**. 2023. Disponível em: <https://www.msci.com/documents/1296102/34424357/MSCI+ESG+Fund+Ratings+Methodology.pdf/f80c3897-85f4-0cc4-3c38-9537b7ea83a3?t=1672936698044#:~:text=MSCI%20ESG%20Fund%20Ratings%20include,Union%20(EU)%20sustainable%20finance.&text=Metrics%20are%20calculated%20using%20the%20weighted%20average%20of%20a%20given%20metric.>. Acesso em: 12 jan. 2024.

ambiental e vulnerabilidade a partir das mudanças climáticas; (ii) capital natural, com a análise sobre a possibilidade de escassez de água (*water stress*), biodiversidade e uso de terras e exploração e utilização de matérias-primas; (iii) poluição e descarte de materiais, com descarte de lixo e emissões de gases tóxicos, descarte de embalagens e descarte de eletrônicos; e (iv) oportunidades ambientais, tais como oportunidades em tecnologias limpas (*clean tech*), em "edifícios verdes" (*green building*) e energias renováveis[17]. Além de tais critérios, há também outras diretrizes para aspectos sociais e de governança componentes da sigla ESG.

Além da MSCI, há outras iniciativas corporativas de parametrização, de maneira que cada empresa do mercado financeiro e de capitais pode optar, para seus fundos, pela forma de *screening* que entender mais pertinente para os ativos então negociados. Nesse sentido, a *Transition Pathway Initiative* (iniciativa global organizada por empresários e investidores) também desempenha importante papel de capacitação por meio de metodologia própria para que os investidores alinhem seus portfólios ao Acordo de Paris e à redução de emissões de gases do efeito estufa[18].

3.2. *DISCLOSURE* DE INFORMAÇÕES: PEÇA-CHAVE NA TRANSPARÊNCIA DAS FINANÇAS SUSTENTÁVEIS

Aspecto essencial para o mercado financeiro e de capitais nas finanças sustentáveis é a divulgação das informações (*disclosure*) relacionadas à sustentabilidade das empresas, principalmente aquelas emissoras de valores mobiliários publicamente negociados (como ações e debêntures, por exemplo). A busca por transparência na divulgação de informações é peça-chave para coibir o *greenwashing*, bem como para mensurar de maneira quantitativa o impacto socioambiental, climático e financeiro da transição para uma economia de baixo carbono praticada por Estados e entes privados.

A maioria das metodologias apresentadas segue a lógica do "pratique ou explique" (*report or explain*, em inglês). Em outras palavras, as empresas de capital aberto precisam apresentar em seus relatórios de

---

[17] MSCI. **MSCI Ratings ESG Methodology**. 2020. Disponível em: <https://www.msci.com/documents/1296102/4769829/MSCI+ESG+Ratings+Methodology+-+Exec+Summary+-Dec+2020.pdf/15e36bed-bba2-1038-6fa0-2cf52a0c04d6?t=1608110671584>. Acesso em: 4 fev. 2022.

[18] TRANSITION PATHWAY INITIATIVE. **Overview of the TPI**. Disponível em: <https://www.transitionpathwayinitiative.org/overview>. Acesso em: 18 fev. 2022.

sustentabilidade ou relatos integrados se estão implementando medidas de ESG em sua atividade principal. Em caso positivo, devem informar como estão atuando e mensurando seus resultados. Em caso negativo, devem ser explicadas quais as razões para sua não implementação – e as razões devem ser suficientemente plausíveis e verossímeis.

A seguir, serão apresentadas algumas das principais organizações orientadas à criação de critérios para a elaboração de relatórios de sustentabilidade orientados à agenda ESG de finanças sustentáveis[19].

3.2.1. O papel da IOSCO

Nesse caso, destaca-se o trabalho da *International Organization of Securities Commissions* (IOSCO) – organização internacional criada em 1983 que congrega entidades regulatórias de valores mobiliários de diferentes países, entre elas a Comissão de Valores Mobiliários (CVM) brasileira.

Em 2021, a IOSCO publicou relevante relatório com recomendações sobre práticas, políticas, procedimentos e divulgação (*disclosure*) relacionados à gestão de ativos ESG[20]. No documento, apesar dos desafios apresentados (tais como: a ausência de dados em nível corporativo – *corporate level sustainability-related data* –; a proliferação de dados de ESG e de provedores de *rating*; a falta de terminologia exata e de classificação dos aspectos apresentados, assim como as diferentes interpretações sobre a materialidade do tema, somados à ausência de conhecimentos específicos e a ainda crescente regulação para a apresentação de resultados, a fim de evitar práticas enganosas), cinco são as recomendações centrais para que reguladores de valores mobiliários e/ou formuladores de políticas instituam práticas relacionadas à sustentabilidade, a saber: (i) a definição de expectativas regulatórias e de supervisão para gestores de ativos em relação ao desenvolvimento de políticas e práticas

---

[19] Para além do ora apresentado, existem outras organizações e iniciativas que apresentam diretrizes e *frameworks* a serem utilizados na elaboração dos relatórios de sustentabilidade. A título de exemplo, menciona-se: Coalition for Climate Resilient Investment (CCRI), International Association for Impact Assessment (IAIA), Corporate Reporting Dialogue (CRD), Focusing Capital on the Long Term (FCLT Global), Global Impact Investing Network (GIIN), entre outros.

[20] INTERNATIONAL ORGANIZATION OF SECURITIES COMMISSIONS. **Recommendations on Sustainability-Related Practices, Policies, Procedures and Disclosure in Asset Management**. 2021. Disponível em: <https://www.iosco.org/library/pubdocs/pdf/IOSCOPD688.pdf>. Acesso em: 8 fev. 2022.

relacionadas a riscos e oportunidades de sustentabilidade, com sua respectiva divulgação; (ii) a implementação de novas regras, além das já existentes, para auxiliar os investidores a compreender o funcionamento de produtos relacionados à sustentabilidade, assim como os riscos materiais relacionados à sustentabilidade para todos os produtos e ativos; (iii) a criação de ferramentas de supervisão para monitorar se os gestores de ativos e produtos relacionados à sustentabilidade estão em conformidade com as regras e ferramentas fiscalizatórias impostas; (iv) o incentivo ao desenvolvimento de terminologias coesas voltadas às finanças sustentáveis e ESG; e (v) a educação financeira de investidores para iniciativas relacionadas à sustentabilidade[21].

Merece menção, também, relatório de dezembro de 2023 contendo relevantes definições e métodos para evitar *greenwashing* nas práticas de finanças sustentáveis, sobretudo com o reforço de coleta de informações fidedignas e de definições regulatórias apropriadas ao endereçamento e repressão de más práticas corporativas[22].

3.2.2. *Global Reporting Initiative* (GRI): relevância global para o reporte de informações voltadas à sustentabilidade

Quanto à parametrização de informações corporativas voltadas à sustentabilidade, em 1997 foi criada a *Global Reporting Initiative* (GRI) – entidade que visa auxiliar organizações a identificar e informar seus impactos em tema como mudanças climáticas, direitos humanos e corrupção – com o objetivo de estabelecer diretrizes para a elaboração de relatórios de sustentabilidade por parte das corporações.

Em 2016, foram lançados os GRI *Standards*, normas válidas para a feitura de relatórios de sustentabilidade com foco também em ESG e que se consubstanciam em um conjunto de diretrizes inter-relacionadas, inicialmente, com normas universais e, posteriormente, com normas específicas para relatar os tópicos materiais. No decorrer dos anos

---

[21] INTERNATIONAL ORGANIZATION OF SECURITIES COMMISSIONS. **Recommendations on Sustainability-Related Practices, Policies, Procedures and Disclosure in Asset Management**. 2021. Disponível em: <https://www.iosco.org/library/pubdocs/pdf/IOSCOPD688.pdf>. Acesso em: 8 fev. 2022, p. 59-70.

[22] IOSCO. **Supervisory Practices to Address Greenwashing**. Final Report. IOSCO, 2023. Disponível em: <https://www.iosco.org/library/pubdocs/pdf/IOSCOPD750.pdf>. Acesso em: 14 jan. 2024.

e com a evolução das necessidades dos *stakeholders* e do mercado, suas diretrizes foram sendo atualizadas[23].

Em 2021, a GRI divulgou a última atualização seus *Standards*, que se tornaram válidos em GR2023[24]. As normas universais revisadas representam a atualização mais significativa dessas novas diretrizes, de modo que empresas vinculadas a essa métrica atualmente usam seus relatórios baseados nas métricas da GRI para responder às necessidades emergentes de divulgação regulatória, tais como a CSRD europeia e os planos da *International Financing Reporting Standards Foundation* (IFRS) para normas de valor empresarial, que serão vistas adiante. As normas universais são compostas de (i) GRI 1: Fundamentos (substituindo a GRI 101 do primeiro relatório); GRI 2: Contextos Gerais (em substituição à antiga GRI 102); e (ii) GRI 3: Tópicos Materiais (substituindo a GRI 103 e fornecendo orientações e divulgações revisadas sobre como a organização determina, lista e gerencia cada um de seus tópicos materiais)[25].

Além das normas universais, são avaliadas normas temáticas, que variam por setores e especificidades operacionais das empresas. As normas temáticas também são objeto de constante reavaliação, sobretudo a partir de processos de consulta pública que envolvem a participação de diferentes *stakeholders*.

Em 2024, lançou a regra GRI 101: *Biodiversity* 2024, com vistas a atualizar, expandir e substituir a regra GRI 304 (2016), também relacionada à biodiversidade[26]. O novo *standard* já está alinhado ao Marco Global da Biodiversidade e auxiliará corporações a divulgar suas informações sobre práticas que eventualmente levem à perda da diversidade não apenas em sua atividade principal, mas também em sua cadeia de valor. Sua aplicabilidade se dará a partir de 2026.

O trabalho de organização de relatórios de sustentabilidade a partir das métricas da GRI permite que as empresas façam importante

---

[23] GRI. **Consolidated Set of GRI Sustainability Reporting Standards 2020**. Disponível em: <https://www.globalreporting.org/how-to-use-the-gri-standards/gri-standards-english-language/>. Acesso em: 12 abr. 2022.

[24] GRI. **Consolidated Set of the GRI Standards 2021**. Disponível em: <https://www.globalreporting.org/how-to-use-the-gri-standards/gri-standards-english-language/>. Acesso em: 12 abr. 2022.

[25] GRI. **GRI raises the global bar for due diligence and human rights reporting**. 2021. Disponível em: <https://www.globalreporting.org/about-gri/news-center/gri-raises-the-global-bar-for-due-diligence-and-human-rights-reporting/>. Acesso em: 13 jan. 2022.

[26] GRI. **GRI 101**: Biodiversity 2024. The Netherlands: GRI, 2024.

diagnóstico de sua atuação e, eventualmente, implementem novas políticas e processos inovadores capazes de mitigar impactos aos direitos humanos e ao meio ambiente.

As normas GRI estão entre as mais utilizadas pelas corporações na atualidade, complementando, inclusive, os padrões globais mais recentes sobre reporte de informações financeiras e não financeiras relacionadas aos aspectos ESG, como os da *International Financial Reporting Standards Foundation* (IFRS *Foundation*), como se verá a seguir. Em 2024, inclusive, ambas as instituições apresentaram relatório conjunto sobre a interoperabilidade entre a Regra GRI 305 (relacionada à divulgação de informações sobre emissões de CO_2), e a regra IFRS S2 (voltada à divulgação de informações climáticas) que as empresas precisam considerar ao mensurar e divulgar suas reduções de CO_2 nos Escopos 1, 2 e 3[27].

3.2.3. *Carbon Disclosure Project* (CDP) e o *Climate Disclosure Standards Board*

Quanto à vertente ambiental, nos anos 2000, com o incremento das discussões sobre mudanças climáticas decorrentes do aumento da temperatura do planeta, foi lançado o chamado *Carbon Disclosure Project* (CDP), que visava à divulgação, pelas empresas, de suas emissões de gases do efeito estufa (GEE) e consequentes ações para sua mitigação em relatórios para investidores[28]. Em 2023, a iniciativa contava com mais de 500 investidores signatários interessados na manutenção do seu valor de mercado à luz da divulgação padronizada de suas emissões de CO_2.

Ainda sob a batuta do CDP, foi instituído o *Climate Disclosure Standards Board* (CDSB)[29], um consórcio internacional de empresas e ONGs focado no alinhamento de um marco global para relatórios de

---

[27] IFRS. **Interoperability considerations for GHG emissions when applying GRI Standards and ISSB Standards**. 2024. Disponível em: <https://www.ifrs.org/content/dam/ifrs/supporting-implementation/ifrs-s2/interoperability-considerations-for-ghg-emissions-when-applying-gri-standards-and-issb-standards.pdf>. Acesso em: 23 jan. 2024.

[28] CDP. **Capital Markets Signatories to CDP's 2023 Request**. Disponível em: <https://cdn.cdp.net/cdp-production/comfy/cms/files/files/000/007/621/original/CDP_Investor_Signatories_2023.pdf>. Acesso em: 10 jan. 2024.

[29] CLIMATE DISCLOSURE STANDARDS BOARD. **CDSB Framework for reporting environmental & social information**. Advancing and aligning disclosure of environmental and social information in mainstream reports. 2022. Disponível em: <https://www.cdsb.net/sites/default/files/cdsb_framework_2022.pdf>. Acesso em: 17 jan. 2024.

sustentabilidade. Referido grupo foi incorporado em 2022 aos trabalhos desenvolvidos pela IFRS *Foundation*, como se verá a seguir.

3.2.4. International Integrated Reporting Council (IIRC), Sustainability Accounting Standards Board (SASB) e a formação da *Value Reporting Foundation* (VRF)

Em 2010, uma coalizão global de organizações, investidores e reguladores criou o *International Integrated Reporting Council* (IIRC), conselho de empresas focado em melhorar a comunicação corporativa sobre a criação de valor para os negócios em longo prazo. O IIRC estabelece que o reporte de informações de gestão deve ser feito por meio de um Relatório Integrado, ou seja, documento único que contenha informações financeiras, socioambientais e de governança corporativa interligadas por meio de seis temas, a saber: financeiro, humano, intelectual, manufatureiro, natural, social e de relacionamento.

Em conformidade com a versão de 2021 do IIRC *Reporting Framework*, o objetivo dessa estrutura é (i) melhorar a qualidade das informações disponíveis aos provedores de capital financeiro para permitir uma alocação de capital mais eficiente e produtiva; (ii) promover uma abordagem mais coesa e eficiente de relatórios corporativos que se baseie em diferentes vertentes de relatórios e comunique toda a gama de fatores que afetam materialmente a capacidade de uma organização de criar valor ao longo do tempo; (iii) aprimorar a responsabilidade e a gestão da ampla base de capitais (financeiros, manufaturados, intelectuais, humanos, sociais e de relacionamento, e naturais) e promover a compreensão de suas interdependências; e (iv) apoiar o pensamento integrado, a tomada de decisões e ações que se concentram na criação de valor a curto, médio e longo prazo. O Relatório Integrado do IIRC deve conter oito elementos principais em sua estrutura, quais sejam: (i) visão geral organizacional; (ii) governança; (iii) modelo de negócios; (iv) riscos e oportunidades; (v) estratégia e alocação de recursos; (vi) desempenho (informações quantitativas e qualitativas sobre o desempenho – KPIs); (vii) perspectiva (desafios e incertezas para o futuro); e (viii) metodologia de apresentação dos dados[30].

---

[30] IIRC. **International Integrated Reporting Framework**. 2021. Disponível em: <https://www.integratedreporting.org/wp-content/uploads/2021/01/InternationalIntegratedReportingFramework.pdf>. Acesso em: 2 fev. 2022.

Em 2011, foi lançado o *Sustainability Accounting Standards Board* (SASB)[31], como um complemento aos padrões de contabilidade financeira americana, concentrando-se em métricas relevantes para negócios de setores específicos. Em 2018 (com atualização em 2023[32]), o SASB propôs setenta e sete indicadores setorizados (com foco em cada indústria), aplicáveis globalmente, que identificam o conjunto mínimo de tópicos de sustentabilidade financeira material e suas métricas associadas para empresas típicas de um setor, levando em conta a objetividade, possibilidade de mensuração, completude e relevância de cada tema. Em junho de 2021, o IIRC e o SASB se fundiram[33] para criar a *Value Reporting Foundation* (VRF), com o objetivo de alinhar as ferramentas para uma visão mais abrangente sobre o desempenho dos negócios para os *stakeholders*. Apesar da fusão, foi permitido que os padrões fossem também usados separadamente. A atuação da *Value Reporting Foundation* se modificou a partir dos novos arranjos organizados pela *International Financial Reporting Standards Foundation* (IFRS *Foundation*) e pelo *International Sustainability Standards Board* (ISSB), detalhados nos subitens subsequentes.

3.2.5. Uma força-tarefa para as finanças sustentáveis: a *Task Force on Climate-Related Financial Disclosures* (TCFD)

Somam-se às iniciativas de *disclosure* apresentadas os pressupostos desenvolvidos pela *Task Force on Climate-Related Financial Disclosures* (TCFD), grupo de trabalho criado em 2017 a pedido do G-20 e a partir da reunião de especialistas de diferentes organizações internacionais e entes privados, como bancos, companhias de seguros, gestores de ativos, entre outros. Sua estruturação foi feita pelo organismo

---

[31] SUSTAINABILITY ACCOUNTING STANDARDS BOARD (SASB). **Standards Overview**. Disponível em: <https://www.sasb.org/standards/>. Acesso em: 22 jan. 2022.

[32] IFRS. **SASB Standards**. Under the stewardship of the International Sustainability Standards Board. Basis for Conclusions on Enhancing the International Applicability of the SASB Standards. Londres: IFRS, 2023.

[33] INSTITUTO BRASILEIRO DE GOVERNANÇA CORPORATIVA (IBGC). **União de relatórios de sustentabilidade visa maior clareza**: SASB e IIRC fundem-se em organização internacional para simplificar divulgação de desempenho ASG das companhias. 2020. Disponível em: <https://www.ibgc.org.br/blog/uniao-relatorios-sustentabilidade>. Acesso em: 13 fev. 2022.

internacional *Financial Stability Board* (FSB), que monitora e traz recomendações sobre o sistema financeiro global[34].

Referida força-tarefa, em sua tradução literal, buscou desenvolver recomendações sobre *disclosures* relacionados às mudanças climáticas que fossem mais efetivos, resultando, para os investidores, em decisões "mais informadas sobre investimentos, crédito e subscrição de seguros"[35]. Nessa esteira, foram identificados riscos conexos às mudanças climáticas (divididos em riscos relacionados à transição para uma economia de baixo carbono e riscos relacionados aos impactos físicos das mudanças climáticas), assim como oportunidades e impactos financeiros positivos e negativos, que, integradas ao planejamento estratégico de gestão de risco das empresas, poderiam resultar em benefícios ao planeta e aos investidores. Suas primeiras recomendações foram publicadas em 2017, sendo dirigidas não apenas de maneira ampla, mas também setorizada e parametrizada para o mercado. Quatro são os seus pilares, a saber: (i) Governança; (ii) Estratégia; (iii) Gestão de Riscos; e (iv) Métricas e Metas, com recomendações sobre *disclosure* que apoiam cada uma dessas categorias[36].

A TCFD foi dissolvida em 2023, após a publicação do último relatório voltado à divulgação de informações financeiras relacionadas ao clima[37], sendo considerado atingido o objetivo daquele grupo de trabalho – e com sua incorporação aos critérios da IFRS. A importância de adequação dos relatórios de sustentabilidade frente às mudanças climáticas a partir da metodologia de reporte estabelecida pela TCFD é crescente, servindo de modelo por entes públicos e privados em todo o mundo, inclusive no Brasil[38], bem como inspirando os padrões ISSB.

---

[34] FSB. **About the FSB**. Disponível em: <https://www.fsb.org/about/>. Acesso em: 15 fev. 2022.

[35] Tradução livre. No original: "promote more informed investment, credit, and insurance underwriting decisions". TASK FORCE ON CLIMATE-RELATED FINANCIAL DISCLOSURES. **Overview**. 2021. Disponível em: <https://assets.bbhub.io/company/sites/60/2020/10/TCFD_Booklet_FNL_Digital_March-2020.pdf>. Acesso em: 15 fev. 2022, p. 6.

[36] TASK FORCE ON CLIMATE-RELATED FINANCIAL DISCLOSURES. **Recommendations of the Task Force on Climate-Related Financial Disclosures**. 2017. Disponível em: <https://assets.bbhub.io/company/sites/60/2021/10/FINAL-2017-TCFD-Report.pdf>. Acesso em: 15 fev. 2022, p. 14.

[37] TASK FORCE ON CLIMATE-RELATED FINANCIAL DISCLOSURES. **2023 Status Report**. 2023. Disponível em: <https://assets.bbhub.io/company/sites/60/2023/09/2023-Status-Report.pdf>. Acesso em: 14 jan. 2024.

[38] TASK FORCE ON CLIMATE-RELATED FINANCIAL DISCLOSURES. **2021 Status Report**. 2021. Disponível em: <https://assets.bbhub.io/company/sites/60/2021/07/2021-TCFD-Status_Report.pdf>. Acesso em: 15 fev. 2022, p. 3.

O conhecimento e a observância das métricas estabelecidas pela TCFD é medida de rigor para investidores nacionais que queiram se adequar às práticas mais modernas de *disclosure* sobre mudanças climáticas disponíveis no mercado.

3.2.6. A crescente importância da *Taskforce on Nature-related Financial Disclosure* (TNFD) para os padrões de reporte

Em 2020, um grupo de trabalho formado por instituições financeiras, empresas e organizações da sociedade civil (e com o apoio de estruturas internas da ONU, como o Programa das Nações Unidas para o Meio Ambiente, PNUMA) organizou uma nova força-tarefa com o intuito de criar diretrizes para gestores de riscos financeiros em temas relacionados à proteção da natureza[39], a chamada *Taskforce on Nature-related Financial Disclosure*, ou TNFD. O objetivo central desse trabalho é o de trazer orientações adequadas à proteção da natureza para além do disposto nos trabalhos da TCFD.

Assim, a partir do reconhecimento de que riscos relacionados à proteção da natureza podem ensejar problemas macroeconômicos e estruturais de ordem global, o relatório da TNFD (lançado em 2023 e com última atualização em fevereiro 2024) afirma expressamente ser a proteção da natureza não mais uma matéria de responsabilidade social corporativa, mas sim um aspecto central de gestão e gerenciamento de riscos, por meio da indicação, para todas as empresas, de diretrizes nas seguintes frentes de reporte: (i) governança: devem ser informados todos os processos, controles e procedimentos utilizados pela empresa para monitorar e gerir aspectos relacionados à natureza; (ii) estratégia: devem ser reportadas as principais abordagens usadas pela empresa para gerir os temas voltados à natureza; (iii) gestão de riscos e impactos: a empresa deve relatar os processos utilizados para identificar, avaliar, priorizar e monitorar questões relacionadas à natureza; e (iv) métricas e objetivos: a empresa deve reportar seu desempenho quanto às questões relacionadas à natureza, sobretudo quanto ao seu progresso sobre as metas definidas internamente ou oriundas de obrigações legais ou regulatórias[40].

---

[39] WWF. **TNFD**: conheça a plataforma que orienta organizações contra riscos à biodiversidade. 2021. Disponível em: <https://www.wwf.org.br/?80168/tnfd-conheca-a-plataforma-que-orienta-organizacoes-contra-riscos-a-biodiversidade>. Acesso em: 5 fev. 2024.

[40] TNFD. **Recommendations of the Taskforce on Natute-related Financial Disclosures**. 2023. Disponível em: <https://tnfd.global/wp-content/uploads/2023/08/Recommendations_of_the_Taskforce_on_Nature-related_Financial_Disclosures_September_2023.pdf?v=1695118661>. Acesso em: 5 fev. 2024.

Tais diretrizes serão importantes balizadores para empresas tanto na tomada de decisão quanto a investimentos sustentáveis, mas também – e principalmente – em processos de gestão responsável para a sustentabilidade (o que será avaliado com maior vigor no capítulo subsequente).

3.2.7. A consolidação de um caminho de padronização: o papel da *International Financial Reporting Standards Foundation* (IFRS) e do *International Sustainability Standards Board* (ISSB)

A IFRS *Foundation* foi criada em 2000 a partir dos esforços e da reestruturação do *International Accounting Standards Committee* (IASC), sendo supervisionada por curadores independentes (*trustees*). O Brasil também aderiu aos padrões contábeis daquela organização, que se tornou nas últimas décadas a mais respeitada no mundo em relação ao tema.

Em 2021, durante a COP26, a IFRS *Foundation* anunciou a consolidação do *Climate Disclosure Standards Board* e da *Value Reporting Foundation* em um único conselho, a saber, o *International Sustainability Standards Board* (ISSB)[41], que se tornaria uma estrutura global para prover padrões de reporte de alta qualidade em temas socioambientais e climáticos para investidores e demais *stakeholders* envolvidos nas finanças sustentáveis. Em 2023, o ISSB publicou seus primeiros *standards*[42], oriundos da atualização de padrões desenvolvidos pela IFRS no passado, somados aos critérios da SASB e da TCFD, a saber: (i) IFRS S1, com a padronização das informações financeiras relacionadas à sustentabilidade a partir de uma estrutura com quatro pilares ("Governança, Estratégia, Gestão de Riscos e Métricas e Objetivos"[43]) e que preze a interconectividade entre a divulgação de informações financeiras e de sustentabilidade e a formação de valores positivos para a sociedade e para o planeta; e (ii) IFRS S2, com padrões para o reporte de informações relacionadas ao clima com os conceitos-chave dos planos de transição dos esquemas de compensação, da resiliência climática e da divulgação, em

---

[41] IFRS. **About the International Sustainability Standards Board**. Disponível em: <https://www.ifrs.org/groups/international-sustainability-standards-board/>. Acesso em: 17 jan. 2024.

[42] IFRS. **ISSB issues inaugural global sustainability disclosure standards**. 2023. Disponível em: <https://www.ifrs.org/news-and-events/news/2023/06/issb-issues-ifrs-s1-ifrs-s2/>. Acesso em: 17 jan. 2024.

[43] EY. **IFRS S1 e IFRS S2**: implicações para o mercado brasileiro. 2023. Disponível em: <https://www.ey.com/pt_br/sustainability/ifrs-implicacoes-mercado-brasileiro>. Acesso em: 17 jan. 2024.

diferentes fases, das emissões de GEE dos Escopos 1,2 e 3. O reporte deverá considerar riscos internos e ligados à cadeia de valor das empresas e somente será necessário o reporte dos critérios do IFRS S2 se no IFRS S1 as companhias informarem que também estão engajadas no enfrentamento às mudanças climáticas.

As normas entraram em vigor em janeiro de 2024. O trabalho consolidador do ISSB demonstra o amadurecimento da padronização global de informações contábeis e de sustentabilidade, bem como da elaboração de avaliações de riscos e seu gerenciamento por parte de empresas ligadas às finanças sustentáveis. Ressalta-se também a consolidação de tema sobre a materialidade financeira das empresas. Sua incorporação nas diversas normas globais é uma realidade – sendo inclusive um fato concreto nas finanças climáticas brasileiras.

Por fim, como visto, em 2024 IFRS e GRI apresentaram relatório conjunto sobre a interoperabilidade entre suas regras na divulgação corporativa de reduções de CO_2 nos Escopos 1, 2 e 3[44]. No mesmo ano, o UNEP FI publicou importante estudo comparado com todos os *frameworks* e *standards* de divulgação de informações sobre os principais aspectos das finanças sustentáveis (CDP, ESRS, GRI, ISSB, *Natural Capital Protocol*, SBTN e TNFD), considerando como cada um trabalha os temas de materialidade, cobertura de reinos (vegetal, animal, aquático etc.), cobertura de setores, cobertura de cadeias de valor, localização dos requisitos informacionais, impactos relacionados à natureza, dependências relacionadas à natureza, oportunidades e riscos relacionados à natureza, métricas de divulgação, principais eixos de direcionamento e engajamento com detentores de direitos e *stakeholders* relevantes. As conclusões são relevantes sobretudo no sentido de que cada vez mais os *frameworks* e *standards* aproximarão as temáticas de proteção ambiental e aos direitos humanos, focando na dupla materialidade e na observância das cadeias de valor *upstream* e *downstream*[45].

---

[44] IFRS. **Interoperability considerations for GHG emissions when applying GRI Standards and ISSB Standards**. 2024. Disponível em: <https://www.ifrs.org/content/dam/ifrs/supporting-implementation/ifrs-s2/interoperability-considerations-for-ghg-emissions-when-applying-gri-standards-and-issb-standards.pdf>. Acesso em: 23 jan. 2024.

[45] UNITED NATIONS ENVIRONMENT PROGRAMME. WORLD CONSERVATION MONITORING CENTRE. **Accountability for Nature**: Comparison of Nature-related Assessment and Disclosure Frameworks and Standards. 2024. Disponível em: <https://www.unepfi.org/wordpress/wp-content/uploads/2024/01/Accountability-for-Nature.pdf>. Acesso em: 6 fev. 2024.

3.3. O DESENVOLVIMENTO DAS FINANÇAS SUSTENTÁVEIS NA UNIÃO EUROPEIA E OS IMPACTOS DA SEC NORTE-AMERICANA: IMPORTANTES DESINCENTIVOS AO *GREENWASHING* PARA AS EMPRESAS DE TODO O PLANETA

A União Europeia (UE) estabeleceu em 2019 um Regulamento específico para a divulgação de informações relacionadas à sustentabilidade no setor de serviços financeiros e ESG (Regulamento n. 2019/2088, *Sustainable Finance Disclosure Regulation*, ou SFDR)[46], com vistas à padronização das informações divulgadas por instituições financeiras em operação na União Europeia ou subsidiárias de empresas não europeias com atuação na UE (bancos, seguradoras, gestores de ativos e empresas de investimentos), a fim de facilitar a tomada de decisões sobre investimentos sustentáveis por parte dos investidores e impedir a ocorrência de possíveis descompassos nos dados apresentados *versus* as práticas adotadas.

As medidas do Regulamento – que entrou em vigor em 2021 – devem ser aplicadas tanto a produtos financeiros com o lastro de ESG quanto para aqueles que não tenham relação direta com a sigla em questão, justamente para que os investidores tenham a possibilidade de comparar tanto os impactos dos produtos ofertados no mercado financeiro como os riscos ao planeta. Em 2023, a Comissão Europeia abriu consulta pública para averiguar o cumprimento daquela norma pelos *stakeholders*, bem como para definir a necessidade de "potenciais alterações nos requisitos de divulgação para participantes do mercado financeiro" de finanças sustentáveis e o "potencial estabelecimento de um sistema de categorização para produtos financeiros"[47].

O SFDR dialoga com a taxonomia sustentável da União Europeia, que foi atualizada e publicada pelo Parlamento e Conselho Europeus em 2020[48], com classificações de sustentabilidade para diferentes setores

---

[46] EUROPEAN PARLIAMENT. **Regulation (EU) 2019/2088 of the European Parliament and of the Council of 27 November 2019 on sustainability-related disclosures in the financial services sector**. Disponível em: <https://eur-lex.europa.eu/legal-content/EN/TXT/PDF/?uri=CELEX:02019R2088-20200712&from=EN>. Acesso em: 11 fev. 2022.

[47] EUROPEAN COMMISSION. **Targeted consultation document**. Implementation of the Sustainable Finance Disclosures Regulation (SFDR). European Commission: Brussels, 2023, p. 3.

[48] Sobre a definição de taxonomias nas finanças sustentáveis: "A taxonomia, no contexto das finanças (sustentáveis), é um sistema de classificação que permite identificar atividades, ativos e/ou projetos que apresentem objetivos sustentáveis (ambientais e/ou sociais) com base

da economia daquele bloco ligados à transição para uma economia de baixo carbono[49]. No que tange à divulgação de informações quantitativas sobre atividades financeiras que estejam em compasso com a sustentabilidade à luz da taxonomia, os bancos europeus terão, em 2024, de apresentar os chamados *Green Asset Ratio* (GAR)[50] e a *Banking Book Taxonomy Alignment Ratio* (BTAR)[51].

Quanto à divulgação de informações sobre sustentabilidade das empresas, a Diretiva de Reporte de Sustentabilidade Corporativa (*Corporate Sustainability Reporting Directive* ou CSRD)[52] foi implementada em 2022 e entrou em vigor em 2023, já em consonância com a taxonomia europeia de finanças sustentáveis e em revisão à diretiva europeia voltada às informações não financeiras de empresas, de 2014 (*Non Financial Reporting Directive,* ou NFRD[53]). A nova regra passou a ser

---

em métricas e/ou metas preestabelecidas". LAB. **Taxonomia em finanças sustentáveis**: panorama e realidade nacional. 2021. Disponível em: <https://labinovacaofinanceira.com/2021/04/20/taxonomia- em-financas-sustentaveis-panorama-e-realidade-nacional/>. Acesso em: 14 jan. 2024.

[49] EUR-LEX. **Regulation (EU) 2020/852 of the European Parliament and of the Council of 18 June 2020 on the establishment of a framework to facilitate sustainable investment, and amending Regulation (EU) 2019/2088 (Text with EEA relevance)**. 2020. Disponível em: <https://eur-lex.europa.eu/legal-content/EN/TXT/PDF/?uri=CELEX: 32020R0852>. Acesso em: 14 jan. 2024.

[50] ACCENTURE. **Countdown to the Green Asset Ratio**: Insights from EU banks' second EU taxonomy reporting season. 2023. Disponível em: <https://www.accenture.com/content/dam/accenture/final/a-com-migration/r3-3/pdf/pdf-180/accenture-eu-taxonomy-sustainability-banking.pdf>. Acesso em: 16 jan. 2024.

[51] EUROPEAN BANKING AUTHORITY. **Environmental, Social and Governance Pillar 3 Disclosures**. 2022. Disponível em: <https://www.eba.europa.eu/sites/default/files/document_library/News%20and%20Press/Communication%20materials/Factsheets/1026177/EBA%202021.5984%20ESG%20Factsheet%20update2.pdf>. Acesso em: 16 jan. 2024.

[52] EUR-LEX. **Directive (EU) 2022/2464 of the European Parliament and of the Council of 14 December 2022 amending Regulation (EU) n. 537/2014, Directive 2004/109/EC, Directive 2006/43/EC and Directive 2013/34/EU, as regards corporate sustainability reporting (Text with EEA relevance)**. 2022. Disponível em: <https://eur-lex.europa.eu/legal-content/EN/TXT/PDF/?uri=CELEX:32022L2464>. Acesso em: 14 jan. 2024.

[53] A Diretiva sobre relatórios não financeiros da União Europeia traz diretrizes às empresas sobre quais informações relacionadas aos critérios de sustentabilidade devem ser consideradas no momento da elaboração de seus relatórios. As empresas pertencentes à UE que contam com mais de 500 colaboradores devem incluir em seus respectivos relatórios de gestão informações de suas atividades referentes "às questões ambientais, sociais e relativas aos trabalhadores, ao respeito dos direitos humanos, ao combate à corrupção e às tentativas de suborno". Referida norma deve, agora, ser lida em conjunto com a CSRD. EUR-LEX. **Directive 2014/95/EU of the European Parliament and of the Council of 22 October 2014 amending**

aplicável não somente às grandes empresas listadas nas bolsas de valores europeias, mas também às grandes empresas não listadas em bolsas, mas com volume de ativos superior a 20 milhões de Euros (ou volume líquido de negócios superior a 40 milhões de Euros), tendo seus efeitos também estendidos às pequenas e médias empresas de capital aberto e às instituições financeiras e companhias de seguros.

Em referida norma, merecem ênfase os principais aspectos da chamada dupla materialidade, em que as empresas demonstram "como os riscos e as oportunidades podem ser materiais tanto do ponto de vista financeiro, como do impacto", de maneira que "questões ou informações relevantes do ponto de vista ambiental e social podem ter consequências financeiras no presente ou no futuro das organizações"[54] – diferentemente do critério somente de materialidade financeira previsto pela ISSB.

Assim, as empresas devem informar como os aspectos de sustentabilidade afetam seu desempenho (perspectiva *outside in*, ou "de fora para dentro"), bem como quais são seus impactos nas pessoas e no ambiente (perspectiva *inside-out*, ou de "de dentro para fora"). Há também o estímulo à expansão de referidos critérios à cadeia de valor e a necessidade de os relatórios serem auditados por auditorias independentes antes de sua publicação em conjunto com os relatórios de gestão da empresa seguindo as normas de reporte dos Padrões de Relatórios de Sustentabilidade da UE (*European Sustainability Reporting Standards*, ou ESRS)[55].

A CSRD teve o condão de reforçar sobremaneira os aspectos de transparência na divulgação de informações para todas as partes envolvidas no financiamento para uma economia de baixo carbono, à luz do já visto Pacto Ecológico Europeu. Sua leitura está alinhada aos ISSB *Standards* e sua vigência será faseada para diferentes tipos de empresas a partir de janeiro de 2024, com os primeiros reportes em 2025 – que merecem acompanhamento crítico[56] por parte de todos os *stakeholders*.

Directive 2013/34/EU as regards disclosure of non-financial and diversity information by certain large undertakings and groups. 2014. Disponível em: <https://eur-lex.europa.eu/legal-content/EN/TXT/PDF/?uri= CELEX:32014L0095>. Acesso em: 14 jan. 2024.

[54] PWC. **Dupla materialidade**: uma nova perspectiva sobre a identificação dos temas materiais para a sua organização. 2022. Disponível em: <https://www.pwc.pt/pt/sustentabilidade/docs/pwc-sustentabilidade-dupla-materialidade-meto dologia.pdf>. Acesso em: 14 jan. 2024.

[55] EUROPEAN COMMISSION. **Questions and answers on the adoption of European Sustainability Reporting Standards**. 2023. Disponível em: <https://ec.europa.eu/com mission/presscorner/detail/en/qanda_23_4043>. Acesso em: 15 jan. 2024.

[56] Recomenda-se nesse ponto o trabalho desenvolvido pelo *European Financial Reporting Advisory Group* (EFRAG), associação privada formada por diferentes *stakeholders* europeus

Destacam-se em 2023 no cenário europeu outras duas iniciativas relevantes, a saber: (i) "Pacote de Finanças Sustentáveis" [57], elaborado em 2023 pela agência de finanças sustentáveis da Comissão Europeia, com foco em reforçar os critérios da Taxonomia Europeia para o financiamento da transição climática justa para novas atividades empresariais e propor um novo Regulamento[58] para garantir maior transparência aos *ratings* de ESG na Europa, sobretudo com o robustecimento das atividades das cadeias de valor; e (ii) Regulamento sobre títulos verdes[59] (*green bonds*[60]) para uniformizar e tornar mais transparentes os

---

públicos e privados em 2001 com apoio da Comissão Europeia para servir ao interesse comum europeu na área de finanças sustentáveis e reporte. Em 2022, a CSRD trouxe novo papel à instituição, sobretudo no suporte técnico à Comissão Europeia. Os trabalhos desenvolvidos pela EFRAG são relevantes para a boa implementação dos relatórios submetidos à luz da CSRD. EFRAG. **EFRAG Today**. Disponível em: <https://www.efrag.org/About/Facts>. Acesso em: 5 fev. 2024.

[57] EUROPEAN COMMISSION. **Communication from the Commission to the European Parliament, the Council, the European Economic and Social Committee and the Committee of the Regions**. A sustainable finance framework that works on the ground. European Commission: Brussels, 2023.

[58] EUROPEAN COMMISSION. **Proposal for a Regulation of the European Parliament and of the Council on the transparency and integrity of Environmental, Social and Governance (ESG) rating activities**. 2023. Disponível em: <https://eur-lex.europa.eu/resource.html?uri=cellar:1243bcf3-0ac8-11ee-b12e-01aa75ed71a1.0001.02/DOC_1&format=PDF>. Acesso em: 14 jan. 2024.

[59] EUR-LEX. **Regulation (EU) 2023/2631 of the European Parliament and the Council of 22 November 2023 on European Green Bonds and optional disclosures for bonds marketed as environmentally sustainable and for sustainability-linked bonds**. 2023. Disponível em: <https://eur-lex.europa.eu/legal-content/EN/TXT/PDF/?uri=OJ:L_202302631>. Acesso em: 14 jan. 2024.

[60] Títulos verdes ou *green bonds* são "instrumentos de dívida emitidos por empresas, governos e entidades multilaterais negociados nos mercados de capitais com a finalidade de atrair capital para projetos que tenham como propósito um impacto social positivo". São exemplos de títulos verdes aqueles voltados aos projetos de adaptação às mudanças climáticas e conservação da biodiversidade do planeta, entre outros ligados à transição energética e modificações em infraestrutura e reorganização de modelos de negócios para economia circular, entre outros. Há, ainda, outros títulos ligados não somente à proteção ao meio ambiente, mas obedecendo também critérios de proteção social, tais como os Títulos Sociais, os Títulos de Sustentabilidade e os Títulos Vinculados à Sustentabilidade. B3. **Títulos Temáticos ESG**. Disponível em: <https://www.b3.com.br/pt_br/b3/sustentabilidade/produtos-e-servicos-esg/green-bonds/>. Acesso em: 15 jan. 2024. OECD. **Green bonds**: mobilizing the debt capital markets for a low--carbon transition. Policy Perspectives. 2015. Disponível em: <https://www.oecd.org/environment/cc/Green%20bonds%20PP%20%5Bf3%5D%20%5Blr%5D.pdf>. Acesso em: 27 abr. 2022. A International Capital Market Association (ICMA) organizou em 2021 os Green Bond Principles, princípios voluntários voltados à uniformização da estrutura e divulgação de resul-

Capítulo 3 • A Urgente Proteção Ambiental na Agenda ESG

critérios de investimentos em títulos tidos por sustentáveis, evitando potenciais riscos de *greenwashing* às finanças sustentáveis europeias[61].

Tosas as iniciativas apresentadas são parte do Pacto Ecológico Europeu (*European Green Deal*) e devem ser lidas conjuntamente às regras europeias relacionadas à proteção aos direitos humanos nas cadeias de produção e fornecimento.

Além de normativas internacionais e supranacionais com impacto direto às finanças sustentáveis no Brasil, mencionam-se medidas autorregulatórias relacionadas à temática ESG. Nos Estados Unidos, em 2021, a *U.S. Securities and Exchange Commission* (SEC) – a comissão de valores mobiliários daquele país – estabeleceu uma força-tarefa de fiscalização focada em questões climáticas e ESG, especialmente na identificação de más condutas relacionadas ao tema e tornadas públicas de maneira distinta pelas empresas do mercado financeiro e de capitais norte-americano. Apesar de inicialmente o objetivo ser analisar possíveis violações a partir de regras já existentes, é também aberta a possibilidade de novas normas voltadas a essa finalidade serem futuramente implementadas pela SEC[62]. Tais medidas foram resultado de um relatório publicado no mesmo ano por aquela instituição alertando investidores e a sociedade norte-americana para os riscos da proliferação desregrada de programas de ESG, muitas vezes desconectados da efetiva implementação das medidas aventadas[63].

Em 2023, a SEC lançou novas regras voltadas à nomenclatura de fundos tidos por ESG (chamadas de *Names Rules*). De acordo com

---

tados de fundos verdes. ICMA. **Green Bond Principles**. Voluntary Process Guidelines for Issuing Green Bonds. 2021. Disponível em: <https://www.icmagroup.org/assets/documents/Sustainable-finance/2022-updates/Green-Bond-Principles-June-2022-060623.pdf>. Acesso em: 13 jan. 2024.

[61] EUROPEAN SECURITIES AND MARKETS AUTHORITY. **Progress Report on Greenwashing Response to the European Commission's request for input on "greenwashing risks and the supervision of sustainable finance policies"**. 2023. Disponível em: <https://www.esma.europa.eu/sites/default/files/2023-06/ESMA30-1668416927-2498_Progress_Report_ESMA_response_to_COM_RfI_on_greenwashing_risks.pdf>. Acesso em: 18 jan. 2024.

[62] U.S. SECURITIES AND EXCHANGE COMMISSION. **SEC Announces Enforcement Task Force Focused on Climate and ESG Issues**. Disponível em: <https://www.sec.gov/news/press-release/2021-42>. Acesso em: 15 fev. 2022.

[63] U.S. SECURITIES AND EXCHANGE COMMISSION. **The Division of Examinations' Review of ESG Investing**. Disponível em: <https://www.sec.gov/files/esg-risk-alert.pdf>. Acesso em: 15 fev. 2022.

aquela instituição, fundos que se autodenominam ESG devem ter, obrigatoriamente, pelo menos 80% de sua carteira ligada aos critérios dessa sigla. Os fundos que estiverem em desacordo com a regra deverão promover sua adequação ou, em caso de descumprimento, desvincular seu nome da sigla ESG[64].

É também importante salientar o papel da SEC na responsabilização de empresas que eventualmente disseminem informações inverídicas sobre suas agendas ESG. Foi, por exemplo, o caso de uma subsidiária do Deutsche Bank AG, que em 2023 teve de pagar 25 milhões de dólares em penalidades por sua má conduta[65], bem como da empresa brasileira Vale, que teve aplicada multa de 55,9 milhões de dólares por divulgar aos seus investidores, anteriormente à tragédia de Brumadinho[66], notícias inverídicas sobre a segurança de suas barragens[67].

Em 2024, a SEC publicou nova regra voltada à divulgação de informações financeiras e riscos relacionados ao clima e a impactos materiais reais ou prováveis (e sua gestão), bem como emissões de CO_2[68]. De acordo com a norma, as empresas de capital aberto deverão reportar de maneira fidedigna informações sobre efeitos financeiros de riscos climáticos em suas operações (sobretudo quando tiverem impacto na estratégia corporativa) e como esses riscos estão sendo geridos, mitigados e equilibrados no desenvolvimento de suas atividades e em relação às suas metas ou objetivos climáticos[69]. Todas as medidas apresentadas

---

[64] U.S. SECURITIES AND EXCHANGE COMMISSION. **Investment Company Names**. Final Rule. 2023. Disponível em: <https://www.sec.gov/files/rules/final/2023/33-11238.pdf>. Acesso em: 12 jan. 2024.

[65] U.S. SECURITIES AND EXCHANGE COMMISSION. **Deutsche Bank Subsidiary DWS to pay $25 Million for anti-money laundering violations and misstatements regarding ESG investments**. Press Release. 2023. Disponível em: <https://www.sec.gov/news/press-release/2023-194>. Acesso em: 12 jan. 2024.

[66] CARDIA A., Ana Cláudia Ruy; VILLAS BOAS, Izabela Zonato (Coord.). **Quanto Vale?**: uma análise interdisciplinar do Direito sobre as tragédias de Mariana e Brumadinho. Londrina: Thoth, 2021.

[67] U.S. SECURITIES AND EXCHANGE COMMISSION. **Brazilian Mining Company to pay $55.9 Million to settle charges related to misleading disclosures prior to deadly dam collapse**. Press Release. 2023. Disponível em: <https://www.sec.gov/news/press-release/2023-63>. Acesso em: 12 jan. 2024.

[68] U.S. SECURITIES AND EXCHANGE COMMISSION. **Enhancement and Standardization of Climate-Related Disclosures**. 2022. Disponível em: <https://www.sec.gov/files/33-11042-fact-sheet.pdf>. Acesso em: 17 jan. 2024.

[69] U.S. SECURITIES AND EXCHANGE COMMISSION. **SEC Adopts Rules to Enhance and Standardize Climate-Related Disclosures for Investor**. Disponível em: <https://www.sec.gov/news/press-release/2024-31>. Acesso em: 18 mar. 2024. Para avaliação da regra na

devem ser também lidas em conjunto com as demais normas norte-americanas relacionadas à transição para uma economia de baixo carbono, como o IRA, por exemplo.

3.4. O BRASIL NA ESTEIRA DAS FINANÇAS SUSTENTÁVEIS

O Brasil é importante *player* no universo das finanças sustentáveis, tendo incrementado sua regulação e autorregulação nos últimos anos para estabelecer critérios relevantes à adequação de fundos de investimentos ESG, bem como endurecido os mecanismos de responsabilização para o caso de descompassos entre práticas corporativas e divulgação de informações.

Em 2023, o grupo de trabalho interministerial e interinstitucional liderado pelo Ministério da Fazenda lançou um plano de ação para consulta pública para uma taxonomia sustentável brasileira, buscando alinhar os interesses nacionais de finanças sustentáveis às normas e boas práticas internacionalmente reconhecidas e aplicadas bem como aos Objetivos de Desenvolvimento Sustentável e aos tratados sobre mudanças climáticas e direitos humanos, tornando-se "um guia orientador para concessão de crédito, investimentos, subsídios e direcionamento de políticas e estratégias, públicas e privadas" e "promovendo mudanças de modelos de produção e de negócio"[70].

Os principais objetivos da taxonomia sustentável brasileira em discussão são (i) mobilização e reorientação dos investimentos públicos e privados voltados às atividades com impactos socioambientais positivos; (ii) promoção do adensamento tecnológico necessário aos imperativos de sustentabilidade; e (iii) definição dos pressupostos para maior transparência na divulgação de informações financeiras relacionadas às finanças sustentáveis[71].

Ainda em 2023, o Ministério da Fazenda anunciou a emissão de títulos verdes (*green bonds*) na bolsa de valores de Nova Iorque a fim de financiar a transição energética do Brasil[72], bem como estimulou o

---

íntegra, ver: U.S. SECURITIES AND EXCHANGE COMMISSION. The Enhancement and Standardization of Climate-Related Disclosures for Investors. Disponível em:

[70] FGVCES. **Considerações para uma taxonomia sustentável no Brasil com foco em biodiversidade**. São Paulo: FGV, 2023, p. 36.

[71] MINISTÉRIO DA FAZENDA. **Taxonomia sustentável brasileira**: plano de ação para consulta pública. Brasília: Ministério da Fazenda, 2023, p. 21.

[72] VALOR INVESTE. **Títulos verdes do governo federal serão lançados na Bolsa de Nova York**. 2023. Disponível em: <https://valorinveste.globo.com/produtos/investimento-no-ex

debate para o financiamento climático por meio de estruturas híbridas de financiamento[73] (ou *blended finance*[74] – em que investimentos públicos ou filantrópicos estejam conjugados ao capital privado para projetos de impacto socioambiental positivo –, tema que vem crescendo exponencialmente no Brasil e no mundo nos últimos anos e que também demanda cada vez mais a participação de atores privados e de definição de taxonomias relevantes, a mitigação de riscos de diferentes moedas, o enquadramento de plataformas e parcerias em nível global, a redução de custos de financiamento para empresas que investem em transição climática por meio de "bancos verdes", entre outros desafios relevantes[75]).

As empresas brasileiras de capital aberto são regidas pela Lei n. 6.404/76 ("Lei das S.A."), que determina, em seu artigo 133, que seja divulgado "o relatório da administração sobre os negócios sociais e os principais fatos administrativos do exercício findo". Tais relatórios podem ser integrados em relação às informações financeiras e não financeiras ou mesmo feitos de maneira independente.

Os principais atores das políticas de finanças sustentáveis são: o Banco Central (BCB), o Conselho Monetário Nacional (CMN), a Comissão de Valores Mobiliários (CVM) e, na frente de previdência e seguros, a Superintendência Nacional de Previdência Complementar (PREVIC) e a Superintendência de Seguros Privados (SUSEP). Destacam-se, também o Laboratório de Inovação Financeira (LAB), a Federação Brasileira de Bancos (FEBRABAN) e a Associação dos Investidores do Mercado de Capitais (ANBIMA)[76] como relevantes partícipes na autorregulação, controle e lócus privilegiados de discussão sobre ESG.

---

terior/noticia/2023/09/18/titulos-verdes-do-governo-federal-na-bolsa-de-nova-york.ghtml>. Acesso em: 15 jan. 2024.

[73] CARBON REPORT. **Ministério da Fazenda realiza debate sobre financiamento climático por meio de blended finance**. 2023. Disponível em: <https://carbonreport.com.br/ministerio-da-fazenda-realiza-debate-sobre-financiamento-climatico-por-meio-de-blended-finance/>. Acesso em: 14 jan. 2024.

[74] BNDES. **Blended Finance**. 2021. Disponível em: <https://agenciadenoticias.bndes.gov.br/export/sites/default/.galleries/downloadgallery/BNDES_WHITE_PAPER_BLENDED_FINANCE.pdf>. Acesso em: 14 jan. 2024.

[75] CONVERGENCE. **State of blended finance 2023**. Climate Edition. 2023. Disponível em: <https://www.convergence.finance/resource/state-of-blended-finance-2023/view>. Acesso em: 22 jan. 2024.

[76] CDP. **Formando um sistema financeiro mais sustentável**: a prova do sistema financeiro global. Brasil CDP Report 2021. Disponível em: <https://cdn.cdp.net/cdp-production/cms/reports/documents/000/005/939/original/NICFI_Country_Profile_Brazil_POR_%281%29_-_Rebeca_Rocha.pdf?1635965644>. Acesso em: 15 jan. 2024.

3.4.1. Gerenciamento de riscos ESG pelo Banco Central e pelo Conselho Monetário Nacional

O Banco Central, como órgão regulador do Sistema Financeiro Nacional, é responsável por averiguar riscos e impactos à agenda ESG tanto em sua atuação interna quanto na regulação do mercado. Em 2021, o BCB e o Conselho Monetário Nacional publicaram importantes regras de gerenciamento de riscos ESG, a saber: (i) Resolução BCB n. 139/2021[77], relacionada à divulgação do Relatório de Riscos e Oportunidades Sociais, Ambientais e Climáticas (Relatório GRSAC), documento voltado ao gerenciamento de riscos climáticos e à oportunidades de negócios em temas sociais, ambientais e climáticos (tais como transição para economia de baixo carbono e redução de impactos ocasionados por intempéries ou por alterações ambientais de longo prazo) e que deve ser publicado anualmente por todas as empresas do setor financeiro autorizadas pelo Banco Central; (ii) Resolução BCB n. 151/2021[78], com disposições sobre a remessa de informações relativas a riscos ambientais, sociais e climáticos de exposição de instituições autorizadas a funcionar pelo BCB enquadradas nos Segmentos 1 (S1), 2 (S2), 3 (S3) e 4 (S4) à luz da Política de Responsabilidade Social, Ambiental e Climática (PRSAC); (iii) Resolução BCB n. 153/2021[79], que define as tabelas padronizadas para a divulgação do Relatório GRSAC; (iv) Resolução BCB n. 140/2021[80], que dispõe sobre a criação de seção no Manual de Crédito Rural (MCR) voltada aos Impedimentos Sociais, Ambientais e Climáticos das Condições Básicas daquele documento, com vistas à restrição de acesso ao crédito rural para o

---

[77] BANCO CENTRAL DO BRASIL. **Resolução BCB n. 139, de 15/9/2021**. Disponível em: <https://www.ldr.com.br/wp-content/uploads/2021/09/Resolucao-BCB-n.-139-de-15_9_2021.pdf>. Acesso em: 15 fev. 2022.

[78] BANCO CENTRAL DO BRASIL. **Resolução BCB n. 151, de 6 de outubro de 2021**. Disponível em: <https://www.bcb.gov.br/estabilidadefinanceira/exibenormativo?tipo=Resolu%C3%A7%C3%A3o%20BCB&numero=151>. Acesso em: 15 fev. 2022.

[79] BANCO CENTRAL DO BRASIL. **Resolução BCB n. 153, de 15/9/2021**. Disponível em: <https://www.ldr.com.br/wp-content/uploads/2021/09/Instrucao-Normativa-BCB-n.-153-de-15_9_2021.pdf>. Acesso em: 15 fev. 2022.

[80] Sob o aspecto ambiental, destacam-se as proibições à concessão de crédito para produtores rurais que tenham empreendimentos situados no Bioma Amazônia localizado em imóvel em que exista embargo vigente decorrente de uso econômico de áreas desmatadas ilegalmente. BANCO CENTRAL DO BRASIL. **Resolução BCB n. 140, de 15/9/2021**. Disponível em: <https://www.ldr.com.br/wp-content/uploads/2021/09/Resolucao-BCB-n.-140-de-15_9_2021.pdf>. Acesso em: 15 fev. 2022.

caso de descumprimento e descompromisso de produtores rurais para com regras ambientais, sociais e de governança; (v) Resolução CMN n. 4.943/2021[81], que altera a resolução n. 4.557/2017 com vistas à adequação das estruturas de gerenciamento de riscos, de gerenciamento de capital e a política de divulgação de informações a partir da PRSAC, aplicável às instituições financeiras reguladas pelo Banco Central do Brasil; (vi) Resolução CMN n. 4.944/2021[82], com alterações à Resolução CMN n. 4.606/2017 para definir e incluir riscos sociais, ambientais e climáticos na metodologia facultativa simplificada para apuração do requerimento mínimo de Patrimônio de Referência Simplificado (PRS5); e (vii) Resolução CMN n. 4.945/2021[83], que institui a Política de Responsabilidade Social, Ambiental e Climática (PRSAC) das instituições financeiras reguladas pelo Banco Central do Brasil, trazendo também as ações relacionadas à sua efetividade, tais como a divulgação ampla e pública de informações sobre riscos sociais, ambientais e climáticos das empresas do setor financeiro autorizadas pelo Banco Central. É importante salientar que as normas tiveram inspiração nos pressupostos estabelecidos pela TCFD.

Em 2023, a Resolução CNM n. 5.081/2023 ajustou as normas referentes a impedimentos sociais, ambientais e climáticos para a concessão de crédito rural[84], com destaque para o impedimento à concessão de crédito rural para empreendimentos situados total ou parcialmente em terras ocupadas por povos indígenas. Assim, é possível concluir que a atuação do BCB em prol da sustentabilidade evolui à luz do olhar acurado para a governança, o planeta, as pessoas e a prosperidade[85].

---

[81] BANCO CENTRAL DO BRASIL. **Resolução CMN n. 4.943, de 15/9/2021**. Disponível em: <https://www.ldr.com.br/wp-content/uploads/2021/09/Resolucao-CMN-n.-4.943-de-15_9_2021.pdf>. Acesso em: 15 fev. 2022.

[82] BANCO CENTRAL DO BRASIL. **Resolução CMN n. 4.944, de 15/9/2021**. Disponível em: <https://www.ldr.com.br/wp-content/uploads/2021/09/Resolucao-CMN-n.-4.944-de-15_9_2021.pdf>. Acesso em: 15 fev. 2022.

[83] BANCO CENTRAL DO BRASIL. **Resolução CMN n. 4.945, de 15/9/2021**. Disponível em: <https://www.ldr.com.br/wp-content/uploads/2021/09/Resolucao-CMN-n.-4.945-de-15_9_2021.pdf>. Acesso em: 15 fev. 2022.

[84] BANCO CENTRAL DO BRASIL. **Resolução CNM n. 5.081, de 29 de junho de 2023**. Disponível em: <https://www.bcb.gov.br/estabilidadefinanceira/exibenormativo?tipo=Resolu%C3%A7%C3%A3o%20CMN&numero=5081>. Acesso em: 14 jan. 2024.

[85] BANCO CENTRAL DO BRASIL. **Relatório de Riscos e Oportunidades Sociais, Ambientais e Climáticos**, v. 3, Brasília: Banco Central do Brasil, 2023.

3.4.2. Comissão de Valores Mobiliários (CVM) e a regulação das finanças sustentáveis

A CVM (autarquia federal responsável pela regulação do mercado de valores mobiliários nacional) promoveu desde 2021 o redesenho de sua política regulatória a fim de acomodar as temáticas ESG, valendo-se de intensos debates e processos de consulta pública. Naquele ano foi aprovada a Resolução CVM 59[86], que, após intenso processo de consulta pública[87], reformou a Instrução CVM 480[88] para inclusão de critérios ESG nos chamados Formulários de Referência para divulgação de informações, por companhias abertas, dos registros de emissores de valores mobiliários admitidos à negociação em mercados regulamentados. A Resolução CVM 59 é relevante por reforçar o compromisso das empresas brasileiras de capital aberto a divulgar suas informações sobre sustentabilidade de maneira mais transparente e em conformidade com os avanços internacionais.

A Resolução CVM 160[89] (2022), por sua vez, ao dispor sobre as ofertas públicas de distribuição primária ou secundária de valores mobiliários e a negociação dos valores mobiliários ofertados nos mercados regulamentados, trouxe obrigações para os fundos que se autodenominam "verdes", "sociais" ou "sustentáveis", que perpassam a informação sobre a metodologia adotada para a nomenclatura, a entidade responsável por averiguar o atendimento aos critérios e as obrigações de reporte.

A Resolução CVM 175 (2022)[90], ao dispor sobre a constituição, o funcionamento e a divulgação de informações dos diferentes fundos de investimento, consolidou as obrigações das empresas que informam ter fundos "ESG", "ASG", "ambiental", "verde", "social", "sustentável" ou correlatos às finanças sustentáveis de reportar de maneira fidedigna a metodologia adotada e os demais critérios vistos na Resolução anterior.

---

[86] COMISSÃO DE VALORES MOBILIÁRIOS. **Resolução CVM 59**. Rio de Janeiro: Comissão de Valores Mobiliários, 2021.

[87] COMISSÃO DE VALORES MOBILIÁRIOS. **Audiência Pública SDM 09/20**. Disponível em: <https://conteudo.cvm.gov.br/audiencias_publicas/ap_sdm/2020/sdm0920.html>. Acesso em: 14 jan. 2024.

[88] COMISSÃO DE VALORES MOBILIÁRIOS. **Instrução CVM 480**. Disponível em: <http://conteudo.cvm.gov.br/legislacao/instrucoes/inst480.html>. Acesso em: 15 fev. 2022.

[89] COMISSÃO DE VALORES MOBILIÁRIOS. **Resolução CVM 160**. Rio de Janeiro: Comissão de Valores Mobiliários, 2022.

[90] COMISSÃO DE VALORES MOBILIÁRIOS. **Resolução CVM 175**. Rio de Janeiro: Comissão de Valores Mobiliários, 2022.

Ademais, tornou-se expressa a vedação à utilização de tais termos por fundos dessa ordem que não originem benefícios ambientais, sociais ou de governança (art. 49), em franco direcionamento a uma maior transparência no mercado financeiro e de capitais nacional e em inspiração e consonância com a SFDR.

Na frente de reporte, foi aprovada em 2023 a Resolução CVM 193[91], pioneira no mundo e que permitiu às companhias abertas, fundos de investimentos e companhias securitizadoras a possibilidade de divulgar seus relatórios de informações financeiras relacionadas à sustentabilidade à luz do padrão internacional emitido pelo ISSB. A obrigatoriedade de uso desse modelo se aplicará somente às companhias abertas a partir de 2026, após realização de consulta pública prévia sobre a adaptabilidade dos padrões do ISSB ao cenário nacional. Nos "processos de adequação do investimento ao perfil de cada investidor" (também conhecidos como *suitability*[92]), a CVM, por meio do Ofício Circular Conjunto n. 1/2023/CVM/SIN/SMI[93], indicou haver um dever do intermediário ou consultor de diligenciar os títulos recomendados ou sugeridos e seus emissores, na certificação se os fundos "ASG" e correlatos também fazem jus ao nome, a fim de evitar práticas de *greenwashing* e em cumprimento à Resolução CVM 30.

As normas mais recentes acompanham a Política de Finanças Sustentáveis[94] e o Plano de Ação de Finanças Sustentáveis[95] para o biênio 2023-2024 daquela autarquia, ambos estruturados para se adequar aos desafios da regulação e divulgação transparente das finanças sustentáveis no Brasil e em diálogo com normas e regulamentos internacionais e estrangeiros.

---

[91] COMISSÃO DE VALORES MOBILIÁRIOS. **Resolução CVM 193**. Rio de Janeiro: Comissão de Valores Mobiliários, 2023.

[92] COMISSÃO DE VALORES MOBILIÁRIOS. **Guia CVM Suitability**. Dever de verificação da adequação dos produtos, serviços e operações ao perfil do investidor. Rio de Janeiro: Comissão de Valores Mobiliários, 2022, p. 6

[93] COMISSÃO DE VALORES MOBILIÁRIOS. **Ofício Circular Conjunto n. 1/2023/CVM/SIN/SMI**. 2023. Disponível em: <https://conteudo.cvm.gov.br/legislacao/oficios-circulares/sin/oc-sin-smi-0123.html>. Acesso em: 16 jan. 2024.

[94] COMISSÃO DE VALORES MOBILIÁRIOS. **Portaria CVM/PTE/N. 10**. 2023. Disponível em: <https://conteudo.cvm.gov.br/export/sites/cvm/legislacao/portarias/anexos/Portaria-TE2023_010.pdf>. Acesso em: 16 jan. 2024.

[95] COMISSÃO DE VALORES MOBILIÁRIOS. **Finanças sustentáveis**. Plano de Ação da CVM. 2023. Disponível em: <https://www.gov.br/cvm/pt-br/acesso-a-informacao-cvm/acoes-e-programas/plano-de-acao-de-financas-sustentaveis/plano_de_acao_financas_sustentaveis_cvm_bienio_2023_2024.pdf>. Acesso em: 16 jan. 2024.

3.4.3. Sustentabilidade na indústria de seguros brasileira

Na indústria de seguros brasileira (voltada às sociedades seguradoras, entidades abertas de previdência complementar, sociedades de capitalização e resseguradores locais), a Superintendência de Seguros Privados (SUSEP) abriu, em 2021, consulta pública para a elaboração de nova regra sobre sustentabilidade para as entidades privadas de seguros (Consulta Pública n. 44/2021[96]). A Circular n. 666/2022 materializou as discussões, determinando a gestão dos riscos de sustentabilidade (que compreendem riscos climáticos físicos, climáticos de transição, climáticos de litígio, ambientais, sociais e de interesse comum, conforme art. 2º) às sociedades seguradoras, entidades abertas de previdência complementar, sociedades de capitalização e resseguradores locais.

A gestão dos riscos de sustentabilidade e os estudos de materialidade deverão se inserir no contexto geral do Sistema de Controles Internos (SCI) e da Estrutura de Gestão de Riscos (EGR) da SUSEP, de maneira que as supervisionadas estabeleçam suas políticas com princípios e diretrizes com riscos e oportunidades de sustentabilidade para a condução de seus negócios e em seu relacionamento com as partes interessadas. A aplicabilidade de tais políticas deverá ser refletida na oferta de produtos ou serviços ou no desempenho das atividades e operações das supervisionadas. Sob o prisma da governança, destaca-se a apresentação de relatórios de sustentabilidade que contemplem os resultados obtidos na implementação das políticas supramencionadas, em complemento às matrizes de risco existentes.

3.4.4. A atuação da ANBIMA

A ANBIMA, organização representante das empresas atuantes no mercado de capitais nacional, também tem importante papel na autorregulação das finanças sustentáveis no Brasil. Além de atuar em parceria com a CVM (em acordo de cooperação técnica[97]), também conta com regras internas de relevância para o mercado e com projetos

---

[96] SUPERINTENDÊNCIA DE SEGUROS PRIVADOS. **Edital de Consulta Pública n. 44/2021/SUSEP**. Disponível em: <https://www.in.gov.br/en/web/dou/-/edital-de-consulta-publica-n-4/2021/susep-364830279>. Acesso em: 18 fev. 2022.

[97] ANBIMA. **ANBIMA e CVM ampliam acordo de cooperação para iniciativas de educação, sustentabilidade e inovação financeira**. 2023. Disponível em: <https://www.anbima.com.br/pt_br/noticias/anbima-e-cvm-ampliam-acordo-de-cooperacao-para-iniciativas-de-educacao-sustentabilidade-e-inovacao-financeira.htm>. Acesso em: 18 jan. 2024.

educacionais e de conscientização de *stakeholders* para os impactos da sustentabilidade nas finanças.

Nos últimos anos, organizou uma série de iniciativas voltadas ao tema, com os "Guias ASG": no primeiro Guia, publicado em 2020 (Guia ASG I[98]) foram detalhadas as formas de incorporação dos aspectos ASG nas análises de investimento, ao passo que o Guia ASG II[99], com o detalhamento de aspectos ASG para gestores e fundos de investimento, documento este baseado em comparativos nacionais e internacionais de normas aplicáveis à temática, bem como à luz das métricas definidas pela extinta TCFD e incorporadas pela IFRS e pelo ISSB.

Em 2023, a ANBIMA atualizou suas Regras e Procedimentos para Finanças Sustentáveis[100], estendendo-a para todas as espécies de fundos de investimentos no Brasil (com exceção de Fundos de Investimentos em Participações e Fundos de Investimentos Imobiliários) em que explica detalhadamente as diferenças entre dois tipos de fundos relevantes à agenda ESG, a saber: (i) Fundos de Investimento Sustentável (Fundos IS), que objetivam "proteger, contribuir, evitar danos ou degradações, gerar impacto positivo e/ou assegurar direitos em questões ambientais, sociais e/ou de governança", em verdadeiro engajamento e ativismo, mas sem o comprometimento do desempenho financeiro do fundo como; (ii) Fundos que integram ESG, assim denominados por integrar aspectos ESG ou fundos de outras categorias que considerem "questões ESG em sua política de investimentos, ainda que não tenha como objetivo o investimento sustentável"[101]. Os fundos deverão ter a metodologia expressamente explicada em seus regulamentos, em busca da máxima transparência para os gestores e investidores.

---

[98] ANBIMA. **Guia ASG**. Incorporação dos aspectos ASG nas análises de investimento. 2020. Disponível em: <https://www.anbima.com.br/data/files/1A/50/EE/31/BFDEF610CA9C4D F69B2BA2A8/ANBIMA-Guia-ASG-2019.pdf>. Acesso em: 17 jan. 2024.

[99] ANBIMA. **Guia ASG II**. Aspectos ASG para gestores e para fundos de investimento. Disponível em: <https://www. anbima.com.br/data/files/93/F5/05/BE/FEFDE71056DEBDE 76B2BA2A8/Guia_ASG_II.pdf>. Acesso em: 17 jan. 2024.

[100] ANBIMA. **Regras e procedimentos para investimentos em ativos sustentáveis**. 2023. Disponível em: <https://www.anbima.com.br/data/files/C3/03/3E/09/954C88107D 83F688EA2BA2A8/1.%20Regras_procedimentos_Fundos%20IS_13.7.23.pdf>. Acesso em: 17 jan. 2024.

[101] ANBIMA. **Tutorial para cadastro de Fundos Sustentáveis**. Disponível em: <https:// www.anbima.com.br/data/files/C8/E4/AE/EB/015C88107D83F688EA2BA2A8/Tutorial_ para_cadastro_de_fundos_sustentaveis.pdf>. Acesso em: 17 jan. 2024.

Ademais, é relevante também o papel que a ANBIMA atribui aos gestores de fundos de investimentos (independentemente do tipo de fundo, se Fundos IS ou Fundos que integrem aspectos ESG), direcionando a eles a responsabilidade de (i) relatar expressamente seu compromisso com a sustentabilidade (por meio de políticas internas de sustentabilidade); (ii) desenvolver ações continuadas por meio de uma estrutura de governança; e (iii) ser transparentes quanto às medidas implementadas, com divulgação em *sites* e outros materiais para investidores.

Visando reforçar a comunicação entre os diferentes *stakeholders* atuantes na área de finanças sustentáveis, a ANBIMA lançou em 2023 a Rede ANBIMA de Sustentabilidade[102], canal de diálogo de diferentes *stakeholders* sobre o desenvolvimento de práticas ESG e de sustentabilidade no Brasil e no mundo. Espera-se com esse movimento a congregação de vozes em prol das finanças sustentáveis no Brasil, reforçando as discussões internas daquele órgão e seus consequentes impactos no mercado financeiro e de capitais brasileiro.

3.4.5. O Novo Mercado e os índices de sustentabilidade na Bolsa de Valores brasileira

Nas bolsas de valores brasileira, a partir do Novo Mercado (segmento do mercado financeiro e de capitais voltado à listagem de empresas com alto nível de governança corporativa e, atualmente, também de ESG)[103], a Bolsa de Valores de São Paulo (B3) conta com o chamado Índice Brasil ESG, responsável pela medição de *performance* de títulos que estejam em consonância com critérios de sustentabilidade, sendo ponderado pelas pontuações ESG da *Standard & Poor's* e *Dow Jones Industrial Average* (S&P DJI)[104]. Destacam-se também os seguintes índices, cada qual com sua respectiva particularidade: (i) Índice de Sustentabilidade Empresarial (ISE B3)[105]; (ii) Índice Carbono Eficiente (ICO2 B3);

---

[102] ANBIMA. **ANBIMA lança Rede de Sustentabilidade para fomentar agenda ESG no mercado de capitais**. 2023. Disponível em: <https://www.anbima.com.br/pt_br/noticias/anbima-lanca-rede-de-sustentabilidade-para-fomentar-agenda-esg-no-mercado-de-capitais-8A2AB2AE8AD87EDD018ADC67645B2AAB-00.htm>. Acesso em: 16 jan. 2024.

[103] B3. **Segmentos de listagem**. Disponível em: <https://www.b3.com.br/pt_br/produtos-e-servicos/solucoes-para-emissores/segmentos-de-listagem/novo-mercado/>. Acesso em: 18 fev. 2022.

[104] B3. **Índice Brasil ESG**. Disponível em: <https://www.b3.com.br/pt_br/market-data-e-indices/indices/indices-em-parceria-s-p-dowjones/indice-brasil-esg.htm>. Acesso em: 3 fev. 2022.

[105] B3. **Índice de Sustentabilidade Empresarial (ISE B3)**. Disponível em: <https://www.b3.com.br/pt_br/market-data-e-indices/indices/indices-de-sustentabilidade/boletim-informativo.htm>. Acesso em: 23 fev. 2022.

(iii) Índice de Ações com Governança Corporativa Diferenciada (IGC)[106]; (iv) Índice de Governança Corporativa Trade (IGCT); (v) Índice Governança Corporativa – Novo Mercado (IGC-NM); (vi) Índice de Ações com *Tag Along* Diferenciado (ITAG)[107]; (vii) Índice GPTW B3 (IGPTW B3, voltado às melhores empresas para se trabalhar a partir da consultoria *Great Place to Work*). Por último (mas não menos importante), o Índice de Diversidade (IDIVERSA B3) foi criado em 2023 sendo especificamente focado em gênero e raça, com metodologia definida a partir das respostas apresentadas nos novos Formulários de Referência constantes da Resolução CVM 59 e criação de *score* interno para classificação das empresas nele listadas[108].

Dos índices supracitados, o ISE B3 é o que conta com os debates mais acalorados na atualidade. Além de ter sido um dos primeiros índices de sustentabilidade do planeta (criado em 2005 com apoio da IFC), desde 2023 conta com nova metodologia de avaliação das empresas nele listadas, à luz principalmente de critérios internacionais de avaliação de sustentabilidade (como CDP e PRI)[109], constante de um questionário a ser preenchido pelas companhias interessadas em fazer parte. A atual carteira de empresas listadas no ISE B3 tem 78 companhias, pertencentes a 36 setores da economia, tais como setor alimentício, bancos, indústria, empresas de educação, varejo em geral, têxtil, entre outros[110].

Outra consequência foi a organização, pela B3, de fluxo mais robusto para exclusão das empresas listadas no ISE B3 em caso de descompasso entre informações e práticas ESG[111]. A atualização da metodologia de

---

[106] B3. **Índice de Ações com Governança Corporativa Diferenciada (IGC B3)**. Disponível em: <https://www.b3.com.br/pt_br/market-data-e-indices/indices/indices-de-governanca/indice-de-acoes-com-governanca-corporativa-diferenciada-igc.htm>. Acesso em: 17 fev. 2022.

[107] B3. **Produtos e Serviços ESG**. Disponível em: <https://www.b3.com.br/pt_br/b3/sustentabilidade/produtos-e-servicos- esg/indices-de-sustentabilidade/>. Acesso em: 4 fev. 2022.

[108] B3. **B3 lança primeiro índice de diversidade com foco em gênero e raça**. 2023. Disponível em: <https://www.b3.com.br/pt_br/noticias/b3-lanca-primeiro-indice-de-diversidade-com-foco-em-genero-e-raca.htm>. Acesso em: 23 jan. 2024.

[109] B3. **Metodologia do Índice de Sustentabilidade Empresarial (ISE B3)**. 2023. Disponível em: <https://iseb3-site.s3.amazonaws.com/ISE_B3_-_Metodologia_2023-vf-07jul 2023.pdf>. Acesso em: 16 jan. 2024.

[110] B3. **ISE B3**. Carteiras e questionários. 2023. Disponível em: <https://iseb3.com.br/carteiras-e-questionarios>. Acesso em: 16 jan. 2024.

[111] B3. **Tratativas da B3**. Crises que afetam participantes do ISE B3. Disponível em: <https://iseb3-site.s3.amazonaws.com/MonitoramentoParticipantesISEB3_-Tratativas_B3_revVF.pdf>. Acesso em: 14 jan. 2024.

avaliação foi necessária, sobretudo após a proliferação de casos e, consequentemente, de notícias indicando que empresas listadas naquele índice estavam diretamente envolvidas com escândalos de governança[112], violações recorrentes aos direitos humanos[113] e graves impactos socioambientais[114].

3.5. CAMINHOS PARA A EVOLUÇÃO DAS FINANÇAS SUSTENTÁVEIS NO BRASIL E NO MUNDO

As finanças sustentáveis são uma realidade inegável. Dessa forma, a conjugação de esforços sob a perspectiva internacional e doméstica é essencial no que tange à sua regulamentação, sob o pressuposto de transparência na divulgação de informações não somente para investidores, mas também para outras partes interessadas e potencialmente afetadas pelas atividades corporativas.

É imperioso que as normas que estabeleçam taxonomias sustentáveis e critérios de reporte sejam cada vez mais robustecidas de critérios sociais, que conciliem a proteção ao meio ambiente com o olhar atento à proteção aos direitos humanos e à consequente integração de grupos vulneráveis na transição para uma economia de baixo carbono[115].

---

[112] Destaca-se o caso da rede varejista Americanas, que, mesmo listada no ISE B3 foi responsável por uma fraude bilionária em seus balanços, resultando em sua recuperação judicial em 2023. B3. **Entenda o impacto da recuperação judicial da Americanas nos índices da B3**. 2023. Disponível em: <https://www.b3.com.br/pt_br/noticias/entenda-o-impacto-da-recuperacao-judicial-da-americanas-nos-indices-da-b3.htm>. Acesso em: 15 jan. 2024.

[113] Nesse caso, menção é feita à participação da mineradora Vale no ISE B3 e sua exclusão em 2019, após a tragédia de Brumadinho. B3. **Comunicado**: Saída da Vale da carteira 2019. Disponível em: <https://iseb3.com.br/comunicado-saida- vale-da-carteira-2019-1>. Acesso em: 15 jan. 2024.

[114] A exclusão mais recente do ISE B3 se deu com a empresa Braskem, após os graves impactos socioambientais provocados no município de Maceió, sobretudo com o risco de afundamento de bairros da cidade consequente da exploração de sal gema naquele território sem o cumprimento de critérios e requisitos de sustentabilidade. B3. **Braskem é excluída do Índice de Sustentabilidade Empresarial da B3**. 2023. Disponível em: <https://borainvestir.b3.com.br/noticias/braskem-e-excluida-do-indice-de-sustentabilidade-empresarial-da-b3/#:~:text=A%20Braskem%20ser%C3%A1%20exclu%C3%ADda%20do,ativos%20da%20carteira%20do%20ISE>. Acesso em: 14 jan. 2024.

[115] GRUPO DE TRABAJO SOBRE EMPRESAS Y DERECHOS HUMANOS DE NACIONES UNIDAS. **Como integrar los derechos humanos en las finanzas en América Latina y el Caribe**. Recomendaciones de acción para estados, inversionistas institucionales y bancos comerciales. 2022. Disponível em: <https://empresasyderechoshumanos.org/wp-content/uploads/2023/12/COMO-INTEGRAR-LOS-DERECHOS-HUMANOS-EN-LAS-FINANZAS-EN-AMERICA-LATINA-Y-EL-CARIBE.pdf>. Acesso em: 15 jan. 2024, p. 56.

Ademais, para que os relatórios reflitam os impactos econômicos e socioambientais em curto, médio e longo prazo, de acordo com as organizações que elaboram as metodologias dos Relatórios, como a GRI, a definição do princípio da materialidade se perfaz de grande importância. A materialidade determina se uma informação é relevante para a empresa e se deve ser incluída no relatório, sendo necessário que a empresa explique o motivo da apresentação ou omissão de determinado aspecto. Espera-se que as avaliações de materialidade levem em consideração a missão geral da empresa e sua estratégia competitiva, as preocupações dos *stakeholders*, as expectativas sociais (de fornecedores e clientes) e as expectativas expressas em normas e acordos internacionais que a organização deve cumprir[116]. O constante reforço à dupla materialidade, constante da CSRD europeia, é também medida de rigor.

As iniciativas ora apresentadas encontram-se em franca evolução, demandando visão crítica por parte de todos os *stakeholders*, e sobretudo de legisladores, formuladores de políticas públicas e dos reguladores do mercado financeiro e de capitais, sob pena de ser tão-somente um conjunto de regras sublimes, mas com pouca ou nenhuma aplicabilidade prática. As principais regulamentações são recentes, de maneira que seus impactos serão somente verificados nos anos vindouros – o que reforça o argumento de acompanhamento contínuo por toda a sociedade.

Por fim, considerando o peso das corporações no jogo das finanças climáticas, procedimentos internos de devida diligência e de avaliação de riscos ambientais e sociais precisam ser reforçados (e também auditados de forma independente), bem como o papel da governança no estabelecimento de metas e divulgação de informações sobre sustentabilidade.

---

[116] GRI. **Consolidated Set of GRI Sustainability Reporting Standards 2020**. Disponível em: <https://www.global reporting.org/how-to-use-the-gri-standards/gri-standards-english-language/>. Acesso em: 12 abr. 2022.

CAPÍTULO 4
Fechando o Ciclo e Criando um Círculo Virtuoso: os Desafios da Governança Corporativa na Era do ESG

Como visto nos capítulos anteriores, o valor de uma empresa era determinado tão-somente por seus ativos financeiros, de maneira que os negócios eram orientados buscando a maximização dos lucros das lideranças, gestores e acionistas. Atualmente, outros ativos tidos como intangíveis devem ser considerados, em especial quando da implementação de programas voltados à proteção ambiental e social, que, como visto, não contam com marcadores especificamente limitados, mas trazem grandes impactos nos ganhos de qualquer corporação, independentemente de seu porte e de seu ramo de atuação.

Estudo produzido pela consultoria McKinsey & Company em 2021 concluiu que nos últimos 25 anos houve um aumento de 29% do investimento em ativos intangíveis de empresas americanas e europeias. Inclusive, notou-se que as empresas cujas lideranças investiram significativamente nos principais tipos de capital intangível durante a pandemia de COVID-19 foram capazes de manter os níveis de crescimento semelhantes aos de 2019, ano anterior à eclosão do surto da doença[1]. Tais medidas exigem das empresas mecanismos para acompanhar essas mudanças de representação de seu valor, tanto do ponto de vista contábil quanto mercadológico.

Considerando que os investidores ainda têm importante papel na tomada de decisões de governança e investimentos de uma empresa, mas que no capitalismo de *stakeholders* outros grupos também têm papel significativo nessa dinâmica, como os(as) colaboradores(as), consumidores(as) e demais detentores(as) de direitos, mudanças estruturais e culturais na área de gestão se fazem essenciais na busca pela implementação de políticas e programas íntegros de ESG.

---

[1] HAZAN, Eric; SMIT, Sven; WOETZEL, Jonathan; CVETANOVSKI, Biljana; KRISHNAN, Mekala; GREGG, Brian; PERREY, Jesko; HJARTAR, Klemens. **Getting tangible about intangibles**: the future of growth and productivity? 2021. McKinsey Global Institute. Disponível em: <https://www.mckinsey.com/business-functions/marketing-and-sales/our-insights/getting-tangible-about-intangibles-the-future-of-growth-and-productivity>. Acesso em: 19 fev. 2022.

Essa compreensão é também a balizadora da Teoria dos *Stakeholders*[2], que correlaciona a necessidade de consideração dos ativos intangíveis e a proteção de todos os sujeitos e atores envolvidos na atividade corporativa[3], com a criação de valor e sustentabilidade em longo prazo para o bom sucesso da empresa. Ao agir desse modo, as corporações evitam os riscos de sofrerem possíveis ações judiciais, boicotes e publicidade negativa, entre outros atos atentatórios à sua reputação e ao valor de mercado.

Verifica-se a importância do papel das lideranças na chamada governança corporativa, reconhecida como o sistema de direção e monitoramento das empresas que envolve o relacionamento entre sócios, Conselho de Administração, Diretoria, Órgãos de Fiscalização e demais partes interessadas[4] para o bom desenvolvimento das atividades internas da empresa e seu relacionamento com a sociedade. Seu conceito, que evoluiu nos últimos anos, determina também que a atuação dos sócios e líderes seja orientada à criação de valor compartilhado com todas as partes interessadas, e não mais somente aos sócios e acionistas[5], em ligação com o desenvolvimento da agenda ESG no planeta.

Assim, esta obra se vale da definição de governança corporativa trazida pelo Instituto Brasileiro de Governança Corporativa (IBGC), nos seguintes termos:

> "Governança corporativa é um sistema formado por princípios, regras, estruturas e processos pelo qual as organizações são dirigidas e monitoradas, com vistas à geração de valor sustentável para a organização, para seus sócios e para a sociedade em geral. Esse sistema baliza a atuação dos agentes de governança e demais indivíduos de uma organização na busca pelo equilíbrio entre os interesses de todas as partes, contribuindo positivamente para a sociedade e para o meio ambiente"[6].

---

[2] FREEMAN, R.; Edward. HARRISON, Jeffrey S.; WICKS, Andrew C.; PARMAR, Bidhan; COLLE, Simone de. **Stakeholder Theory**: the state of the art. Reino Unido: Cambridge University Press, 2010.

[3] INSTITUTO BRASILEIRO DE GOVERNANÇA CORPORATIVA. **Código das melhores práticas de governança corporativa**. 5. ed. São Paulo: IBGC, 2015, p. 13.

[4] INSTITUTO BRASILEIRO DE GOVERNANÇA CORPORATIVA. **Código das melhores práticas de governança corporativa**. 5. ed. São Paulo: IBGC, 2015, p. 20-21.

[5] INSTITUTO BRASILEIRO DE GOVERNANÇA CORPORATIVA. **Código das melhores práticas de governança corporativa**. 6. ed. São Paulo: IBGC, 2023, p. 16.

[6] INSTITUTO BRASILEIRO DE GOVERNANÇA CORPORATIVA. **Código das melhores práticas de governança corporativa**. 6. ed. São Paulo: IBGC, 2023, p. 16.

O Conselho de Administração ainda hoje é o elemento central desse sistema[7], sendo responsável pela tomada de decisões estratégicas que considerem: (i) os impactos adversos socioambientais; (ii) o gerenciamento de riscos; (iii) a definição dos princípios éticos da companhia; (iv) a transparência no relacionamento com partes interessadas; e (v) a revisão do sistema de gestão. A Diretoria, por sua vez, é responsável pelo desenvolvimento da estratégia de implementação das políticas[8].

Ainda, visando a disseminação de boas práticas de gestão e com foco nas recentes discussões sobre ESG no Brasil e no mundo, o IBGC lançou em 2020 a Agenda Positiva de Governança Corporativa, estruturada a partir de seis pilares, quais sejam: (i) ética e integridade; (ii) diversidade e inclusão; (iii) ambiental e social; (iv) inovação e transformação; (v) transparência e prestação de contas; e (vi) conselhos do futuro.

Nesses seis pilares, quinze são as medidas essenciais para que os líderes empresariais estabeleçam programas sérios de governança com foco em ESG, a saber: (i) conscientização de líderes e colaboradores sobre o impacto de suas atitudes diárias e tomadas de decisões na empresa; (ii) integração dos pilares da Agenda Positiva ao propósito e modelos de negócio da empresa; (iii) garantia que os relacionamentos internos e com partes interessadas seja baseado no princípio da integridade; (iv) divulgação ao mercado das justificativas econômicas para a adoção de práticas ESG; (v) contribuição para a elaboração de leis e políticas públicas que estimulem as organizações a adotarem as melhores práticas ESG; (vi) investimento em inovação, pesquisa e desenvolvimento do mercado sustentável e consumo de produtos sustentáveis; (vii) abertura a novos modelos de decisão baseados na experimentação; (viii) fortalecimento do incentivo à inovação, com a realização de parcerias com centros de estudo, academia e fomento ao empreendedorismo das *startups*; (ix) capacitação de agentes para um contexto mais íntegro, inovador e transparente; (x) adoção de princípios básicos de governança corporativa; (xi) divulgação de informações integradas da empresa em questões financeiras, de sustentabilidade e governança corporativa;

---

[7] INSTITUTO BRASILEIRO DE GOVERNANÇA CORPORATIVA (IBGC). **Código brasileiro de governança corporativa**. São Paulo: Grupo de Trabalho Interagentes, 2016. Disponível em: <https://www.anbima.com.br/data/files/F8/D2/98/00/02D885104D66888568A80AC2/Codigo-Brasileiro-de-Governanca-Corporativa_1_.pdf>. Acesso em: 2 fev. 2022.

[8] OCDE. **Guia da OCDE de devida diligência para uma conduta empresarial responsável**. OCDE, 2018. Disponível em: <http://mneguidelines.oecd.org/guia-da-ocde-de-devida-diligencia-para-uma-conduta-empresarial-responsavel-2.pdf>. Acesso em: 10 abr. 2022.

(xii) divulgação de informações integradas de forma clara, completa e concisa, considerando a percepção social sobre os impactos da organização; (xiii) realização de processos seletivos e programas de incentivos que desenvolvam líderes empáticos, com foco na escuta ativa; (xiv) promoção de ambiente confiável e psicologicamente seguro, sendo respeitadas as diferenças; e (xv) criação de programas de diversidade e inclusão com fomento à cultura inclusiva[9].

Na governança corporativa orientada à construção de valor compartilhado, é essencial haver transparência no relacionamento e na transmissão de informações entre as diferentes frentes de liderança, sob pena de a empresa eventualmente incorrer em fraudes, problemas financeiros, reputacionais e com impacto direto aos(às) colaboradores(as), investidores e consumidores. Nesse sentido, menção deve ser feita ao caso da rede varejista Americanas, responsável por uma fraude bilionária em seus balanços decorrentes da ausência de transparência nas informações prestadas entre sua Diretoria, Conselho de Administração e investidores, resultando em sua recuperação judicial em 2023 e na queda de 93% no valor de suas ações na bolsa de valores nacional[10]. Referido caso comprova notadamente que os investidores cada vez mais prezam por transparência e, mais notadamente, pela garantia de veracidade das informações reportadas.

Percebe-se, assim, que o olhar para a sustentabilidade tem relação direta com os efeitos produzidos aos *stakeholders*, mas não terá sucesso se não for seguido e efetivamente implementado pelas lideranças empresariais, sobretudo a partir da ética e dos valores estabelecidos como prioritários para o *core business* de qualquer empresa – e seguindo os raciocínios de olhares voltados ao "E" e ao "S" também nos *boards* (em outras palavras, *boards* diversos – S – e com práticas sustentáveis – E). Nota-se, portanto, que as métricas analisadas nos capítulos anteriores trazem impactos diretos no resultado de governança das corporações, formando um círculo virtuoso que justifica a sigla ESG.

---

[9] INSTITUTO BRASILEIRO DE GOVERNANÇA CORPORATIVA. **Agenda positiva de governança**: medidas para uma governança que inspira, inclui e transforma. São Paulo: IBGC, 2020. Disponível em: <https://conhecimento.ibgc.org.br/Lists/Publicacoes/Attachments/24360/Agenda%20Positiva.pdf>. Acesso em: 10 abr. 2022.

[10] INFOMONEY. **Americanas (AMER3)**: 7 questões um ano após a fraude bilionária e queda de 93% das ações. 2024. Disponível em: <https://www.infomoney.com.br/mercados/americanas-amer3-7-questoes-um-ano-apos-a-fraude-bilionaria-e-o-futuro-das-acoes/>. Acesso em: 30 jan. 2024.

Ademais, esse caso comprova que a prática ESG e o *disclosure* de informações de ativos não tangíveis de uma empresa têm relação absolutamente simétrica com os dados financeiros relevantes para o funcionamento de um negócio. E mais: que uma governança efetivamente atenta a essa relação acaba sendo profícua tanto sob o ponto de vista financeiro quanto sob o olhar da sustentabilidade e da boa relação no capitalismo de *stakeholders*.

A sexta edição do Código das Melhores Práticas de Governança Corporativa do IBGC, publicada em 2023, estabelece os cinco princípios essenciais da governança corporativa, quais sejam: (i) integridade: deve ser mantida a coerência entre os princípios preconizados e as ações aplicadas pela empresa, com o devido cuidado à sociedade e ao meio ambiente; (ii) transparência: devem ser divulgadas todas as informações relevantes às partes interessadas e não apenas aquelas referentes ao desempenho econômico-financeiro da empresa, com enfoque também em práticas ESG; (iii) equidade: deve haver tratamento isonômico entre todas as partes interessadas, com "senso de justiça, respeito, diversidade, inclusão, pluralismo e igualdade de direitos e oportunidades"; (iv) responsabilização (*accountability*): a empresa deve se responsabilizar pelas consequências dos atos praticados se estes ferirem princípios relacionados ao "E" e ao "S", visando a "geração de valor no longo prazo"; e (v) sustentabilidade: a empresa deve zelar pela viabilidade econômico-financeira do negócio em curto, médio e longo prazos, com a compreensão de que "as organizações atuam em uma relação de interdependência com os ecossistemas social, econômico e ambiental, fortalecendo seu protagonismo e suas responsabilidades perante a sociedade"[11].

Todas essas medidas têm um objetivo comum: ainda hoje, muitos membros escolhidos para integrar o Conselho de Administração de uma empresa não apenas não têm conhecimento particular em áreas como Responsabilidade Social Corporativa, ESG ou Sustentabilidade, como também não veem a sigla como parte integrante de seu *core business*[12].

---

[11] INSTITUTO BRASILEIRO DE GOVERNANÇA CORPORATIVA. **Código das melhores práticas de governança corporativa**. 6. ed. São Paulo: IBGC, 2023, p. 18.

[12] ANBIMA. **Retrato da sustentabilidade no mercado de capitais**. Disponível em: <https://www.anbima.com.br/data/files/3C/C2/CA/05/72EBD71032ADBBD76B2BA2A8/Retrato%20da%20sustentabilidade%20no%20mercado%20de%20capitais.pdf>. Acesso em: 17 jan. 2022.

Contudo, o olhar da governança para a sustentabilidade, para além dos pressupostos apresentados pelo IBGC (também constantes dos já avaliados Agenda 2030 da ONU e Acordo de Paris), deve ser visto mais detalhadamente a partir dos Princípios Orientadores da ONU sobre Empresas e Direitos Humanos, que determinam que as empresas "devem se abster de violar os direitos humanos e devem enfrentar os impactos adversos nos direitos humanos com os quais tenham algum envolvimento". Para cumprir com tal responsabilidade, as corporações devem ter políticas e procedimentos adequados em função do seu porte e circunstâncias, incluindo: (i) um compromisso político interno e divulgado publicamente a todos os *stakeholders*; (ii) processos robustos de devida diligência em direitos humanos em toda a cadeia produtiva; e (iii) mecanismos efetivos de denúncia e reparação para o caso de eventuais impactos negativos aos direitos humanos e ao meio ambiente; e (iv) reporte transparente de duas práticas.

O chamado compromisso político (Princípio Orientador 16) estabelece as diretrizes políticas e procedimentos operacionais da empresa sobre o tema de direitos humanos a serem incorporados em todas as suas esferas (trabalhadores(as), parceiros comerciais e outras partes diretamente relacionadas às suas atividades, operações, produtos ou serviços). Os Princípios 17 a 21, como visto no capítulo 2, destacam a importância da devida diligência em direitos humanos (*due diligence*). Em um primeiro momento, a empresa deverá realizar uma boa avaliação dos riscos e impactos em direitos humanos potenciais e atuais ao seu negócio, conforme visto no capítulo 2. Posteriormente, deverá integrar o resultado das avaliações, adotar medidas apropriadas e monitorar de maneira recorrente a eficácia das ações implementadas por meio de indicadores de desempenho. Por fim, a empresa deve comunicar o enfrentamento das consequências negativas de forma clara e transparente para todos os *stakeholders*. Ainda conforme aquele documento, quando constatados impactos adversos em direitos humanos, as empresas têm o dever de contribuir para sua reparação por meio de processos legítimos (Princípio Orientador 22). Todas essas medidas foram detalhadas nos capítulos anteriores, mas para o presente momento servem da seguinte reflexão: as autoridades responsáveis por autorizar a concretização desses procedimentos estão nos cargos de gestão e governança. A tomada de decisão, assim, tem de necessariamente partir de cima para baixo. E a mudança cultural, não obstante discutida nos mais variados cargos da empresa, precisa obrigatoriamente ser cascateada das lideranças para os cargos de base de qualquer corporação.

Dessa maneira, para cumprir efetivamente com sua missão, o Conselho de Administração e as lideranças empresariais devem garantir que toda a sua atividade esteja ligada à sustentabilidade e à transparência, o que perpassa o estabelecimento de políticas robustas e transparentes, a consecução das atividades planejadas e a publicação dos respectivos relatórios aos investidores, sendo o primeiro passo a definição das prioridades corporativas com base em seus posicionamentos, missão, valores e cultura, e o passo seguinte é o estabelecimento de mecanismos de governança que possibilitem transformar essas prioridades em atitudes palpáveis em toda a cadeia produtiva[13].

Os mecanismos de governança focados em ESG e com o olhar para a *due diligence* em direitos humanos preconizada pelos Princípios Orientadores buscam evitar ao máximo esse tipo de situação, implicando o pleno reconhecimento de todos os participantes no processo de valorização de um produto ou serviço. Assim, apesar de a preocupação com a cadeia de suprimentos ter, em certa medida, deixado de ser a prioridade para Conselhos de Administração da América Latina nas Américas, é necessária a retomada de sua importância, sobretudo ante o cenário regulatório global iminente que tem se apresentado e à construção de valor em longo prazo[14].

A lógica supramencionada deve ser aplicada a toda sorte de companhia, independentemente de seu porte e setor. Para micro, pequenas e médias empresas, não obstante a inexistência de estrutura complexa de governança como a supramencionada, as lideranças precisam ter em mente os mesmos pressupostos éticos a serem seguidos, sendo esses valores os balizadores no momento da tomada de decisões. Essa afirmação se confirma a partir do entendimento do SEBRAE sobre as principais tendências de negócios para 2024: as micro, pequenas e médias empresas que focarem em sustentabilidade em seus modelos de negócio, bem como em programas de valorização da diversidade e inclusão tenderão a ganhar espaço e visibilidade. Negócios com propósito social

---

[13] MONTEIRO, Guilherme Fowler A.; MIRANDA, Bruno Varella; RODRIGUES, Vinicius Picanço; SAES, Maria Sylvia Macchione. ESG: disentangling the governance pillar. **Revista de Administração – RAUSP**. São Paulo, v. 56, p. 482-487, out. 2021. Disponível em: <https://www.revis tas.usp.br/rmj/article/view/193224/178061>. Acesso em: 7 jan. 2022.
[14] EY CENTER FOR BOARD MATTERS. **Prioridades dos conselhos de administração para 2024 nas Américas**: enfrentar a crise e abraçar oportunidades. 2024. Disponível em: <https://www.ey.com/pt_br/board-matters/prioridades-dos-conselhos-de-administracao-para-2024-nas-americas>. Acesso em: 31 jan. 2024.

e olhar para a experiência do cliente também serão grandes diferenciais[15]. Todos, portanto, com a mirada clara aos princípios de governança corporativa ora apresentados.

Ainda sob esse aspecto, essa sempre foi também a premissa dos Princípios Orientadores da ONU sobre Empresas e Direitos Humanos. Seu texto expressamente afirma que sua aplicabilidade é necessária para todas as empresas de todos os portes e setores. Sendo assim, não se trata de uma questão de orçamento ou de volume de negócios, mas sim de pressuposto para o respeito às diferenças e ao planeta. A base, portanto, deve ser a mesma para todos os negócios que queiram ser resilientes e orientados à sustentabilidade, à transição justa para uma economia verde e à maior proteção aos direitos humanos em toda a cadeia de atividades e valor.

Com isso em mente, lideranças orientadas ao verdadeiro propósito de sustentabilidade devem inicialmente (i) construir matrizes de materialidade robustas e em linha com as particularidades da agenda ESG; (ii) aplicar essas medidas internamente e perante os demais *stakeholders*; e (iii) avaliar periodicamente os resultados e reportar as informações de maneira clara para toda a sociedade. Alguns parâmetros e eventuais selos e certificações relevantes e reconhecidos (para além dos já apresentados no Capítulo 3) podem também auxiliar gestoras e gestores a transitar melhor por essa jornada, sendo apresentado a seguir um breve roteiro de governança orientada à sustentabilidade capaz de fechar o ciclo que compõe a agenda ESG e criar um círculo virtuoso e próspero para a atividade corporativa no planeta.

4.1. DEFININDO A MATRIZ DE MATERIALIDADE DA EMPRESA E SEUS INDICADORES-CHAVE DE *PERFORMANCE* (KPIs): PASSOS ESSENCIAIS PARA UMA GOVERNANÇA RESPONSÁVEL

As lideranças comprometidas com a implementação de programas de ESG em suas empresas devem iniciar tais práticas a partir da definição de uma matriz de materialidade orientada à sustentabilidade. Nesse caso, não se deve apenas observar quais são os pontos de relevância

---

[15] SEBRAE. **Empreendedorismo em 2024**: descubra as melhores áreas para investir. 2023. Disponível em: <https://sebrae.com.br/sites/PortalSebrae/artigos/empreendedorismo-em-2024-descubra-as-melhores-areas-para-investir,d9eed9ee8b44c810VgnVCM1000001b00320aRCRD?vgnextrefresh=1>. Acesso em: 30 jan. 2024.

para aquela atividade corporativa, mas também os interesses dos *stakeholders* envolvidos em cada uma dessas etapas.

Alguns passos práticos são fundamentais a fim de viabilizar a matriz de materialidade ESG, a saber: (i) avaliação das principais atividades da empresa e dos principais *stakeholders* potencialmente afetados positiva ou negativamente por sua atuação; (ii) definição dos principais temas de ESG relacionados aos diferentes *stakeholders*, o que pode ser feito à luz de *frameworks* de reporte existentes com definições claras de temas materiais; (iii) elaboração de *benchmark* setorial, a fim de comparar as principais medidas implementadas por diferentes empresas do setor, as boas práticas e tendências, os *frameworks* utilizados e seus passos na caminhada evolutiva do ESG; (iv) consulta com os principais *stakeholders* mapeados, a fim de compreender os impactos reais e potenciais definidos previamente nos temas materiais; e (v) elaboração de matriz de materialidade que considere as variáveis de influência na avaliação dos *stakeholders versus* impactos nos negócios da empresa no curto, médio e longo prazos, sendo os tópicos materiais mais urgentes aqueles que estiverem no plano mais alto de cada uma das variáveis do gráfico e menos urgentes os que estiverem no plano mais baixo de relevância e impacto[16].

Atualmente, os principais temas materiais a serem considerados, entre inúmeros outros de igual relevância, têm sido: (i) na frente ambiental ("E"): mudanças climáticas, eficiência energética, biodiversidade, gestão de resíduos, qualidade do ar, regeneração do meio ambiente, reciclagem de embalagens, inovação e tecnologia; (ii) para o social ("S"): saúde, bem-estar, segurança no trabalho, valorização de capital humano, engajamento e relacionamento com comunidades, emprego e salário digno, atração e retenção de colaboradores, diversidade e inclusão, responsabilidade sobre o produto, confiança dos consumidores, políticas de direitos humanos; (iii) e, no que tange à gestão ("G"), os temas centrais são: ética, integridade, gestão da cadeia de suprimentos e de fornecedores em geral, prevenção de acidentes e gestão de crises, solidez, relações governamentais e de *advocacy*, gestão de riscos e oportunidades[17].

---

[16] WBCSD. **Guia para a liderança ESG**. Trabalho realizado em parceria com as principais empresas agrícolas e de alimentos com o intuito de mapear as oportunidades e desafios que moldam o desempenho de líderes ESG. 2022. Disponível em: <https://www.wbcsd.org/contentwbc/download/14685/209298/1>. Acesso em: 31 jan. 2024.

[17] CEBDS. **Reporting Matters Brasil**. Rio de Janeiro: CEBDS, 2023, p. 12.

Novamente, deve-se ressaltar que a lista supramencionada traz rol não exaustivo e naturalmente dependente do tipo de empresa, do setor e porte a que pertence – sendo considerado também seu posicionamento no mercado atuante.

Após definida a matriz de materialidade, para determinar o desempenho de uma empresa no desenvolvimento de sua agenda ESG são definidos indicadores-chave de *performance* (em inglês, *Key Performance Indicators*, ou KPIs). Em resumo, os KPIs são indicadores das metas de curto, médio e longo prazo que as empresas precisam atingir dentro de determinada materialidade para perceber a evolução prática de sua agenda de sustentabilidade.

O foco de tais indicadores para programas de ESG encontra-se não apenas nas informações financeiras, mas também naquelas referentes aos ativos intangíveis das corporações, vistos nos capítulos anteriores. Além disso, devem também ser considerados os diferentes ramos empresariais e suas respectivas particularidades, com métricas que sejam adequadas à materialidade de cada setor[18].

Os KPIs têm relação direta com a matriz de materialidade definida. Assim, por exemplo, se uma empresa tiver por materialidade temas como desmatamento, o indicador-chave de *performance* será o rastreamento dos impactos ao meio ambiente, com a redução de áreas potencialmente desmatadas para a fabricação de determinado produto e o consequente acompanhamento da cadeia produtiva. Na frente social, se um dos temas urgentes da matriz de materialidade for diversidade e inclusão, o indicador-chave de *performance* será a criação de programas de contratação e retenção de talentos de grupos específicos com vistas à redução e eliminação das desigualdades e vulnerabilidades, e assim por diante.

Para a definição dos principais KPIs, é sugerido que se observem os padrões e *frameworks* nacionais e internacionais disponíveis e mais apropriados aos negócios. Os padrões GRI, SASB, ISSB e até mesmo aqueles definidos em índices de sustentabilidade oriundos das finanças sustentáveis (vistas no capítulo anterior) podem ser bons aliados na definição de KPIs testados e validados por empresas dos mais variados setores. Ademais, selos, certificações e guias setoriais também podem ser visitados para a boa adequação das práticas corporativas à matriz de

---

[18] PRINCIPLES FOR RESPONSIBLE INVESTMENT. **Materiality of ESG KPIs**: a perspective from Brazil. Disponível em: <http://www.sitawi.net/wp-content/uploads/2016/02/PRI_materiality-of-ESG-KPIs_BRAZIL.pdf>. Acesso em: 26 abr. 2022.

materialidade construída. Dada a relevância destes últimos para o tema, eles serão avaliados detalhadamente no item subsequente.

Essa organização deve ser divulgada de maneira transparente e revisitada periodicamente, acompanhando a evolução da agenda ESG da empresa, os marcos regulatórios nacionais e internacionais para o setor, a estrutura do modelo de negócio, a cultura corporativa e a percepção dos *stakeholders* sobre os resultados apresentados.

A elaboração de uma matriz robusta de materialidade em linha com as melhores práticas ESG com KPIs bem definidos tem o condão de auxiliar gestores(as) a criar programas de sustentabilidade direcionados às métricas corporativas mais urgentes, beneficiando a melhor alocação de recursos e de força de trabalho destinada à sua consecução, sobretudo em momento em que se percebe uma tendência geral ao corte de gastos em empresas nacionais e internacionais em programas de curto prazo (e, consequentemente, também para as áreas de sustentabilidade)[19].

Assim, além de facilitar e tornar transparente a prestação de contas aos *stakeholders*, as empresas conseguem avaliar seu desempenho comparativamente aos seus pares e constatar sua própria evolução na implementação de programas de ESG internos, facilitando até mesmo processos de avaliação e gestão de riscos e impactos componentes da devida diligência em direitos humanos e socioambientais em sentido amplo, criando um círculo virtuoso e uma cultura positiva rumo à sustentabilidade.

4.2. SELOS, CERTIFICAÇÕES E GUIAS SETORIAIS RELEVANTES PARA A PRÁTICA ESG: UM CONVITE À TOMADA DE CONSCIÊNCIA CORPORATIVA

O Fórum Econômico Mundial, em 2020, tentou criar métricas comuns para mensurar a criação de valor sustentável para as empresas, no documento denominado *"Measuring Stakeholder Capitalism: Towards Common Metrics and Consistent Reporting of Sustainable Value*

---

[19] WBCSD. **Guia para a Liderança ESG**. Trabalho realizado em parceria com as principais empresas agrícolas e de alimentos com o intuito de mapear as oportunidades e desafios que moldam o desempenho de líderes ESG. 2022. Disponível em: <https://www.wbcsd.org/content wbc/download/14685/209298/1>. Acesso em: 31 jan. 2024. Ver também: EY. **How can bold CFOs reframe their role to optimize performance?** 2023. Disponível em: <https://as sets.ey.com/content/dam/ey-sites/ey-com/en_gl/topics/cfo/ey-dna-of-the-cfo-2023-report-low-res.pdf>. Acesso em: 31 jan. 2024.

Creation"[20]. De acordo com a publicação, a padronização de critérios de governança, planeta, pessoas e prosperidade (com foco e observância nos Objetivos de Desenvolvimento Sustentável) traria maior transparência para os processos, facilitaria a comunicação entre os diferentes níveis de governança corporativa e resultaria em maior eficácia e efetividade para o relacionamento com *stakeholders* e, claro, para o planeta como um todo.

Além de todos os materiais apresentados no capítulo anterior com a finalidade precípua de estabelecer padrões de alcance para as três letras da sigla ESG na frente de finanças sustentáveis, há também variada gama de selos, certificações e guias setoriais relevantes aplicáveis à agenda de sustentabilidade corporativa. Serão apresentados a seguir e de forma não exaustiva alguns dos materiais mais utilizados, que servem não somente de base para a instituição de matrizes de materialidade, KPIs e programas internos e de devida diligência, mas que, em muitos casos, são também importantes balizadores para a garantia de cumprimento de práticas ESG perante investidores e melhoria de imagem diante de contratantes (no caso de contratos de fornecimento de serviços e/ou suprimentos).

É sabido, contudo, que as certificações *per se* não têm o condão de garantir imunidade permanente às empresas que as obtêm. Em outras palavras, o fato de uma empresa receber determinado selo ou certificação ainda a obriga a perseguir continuamente melhorias em sua agenda de ESG e sustentabilidade e reportar, de maneira fidedigna, as ações internas tomadas para o alcance dos critérios que justifiquem o seu recebimento.

Além dos padrões relevantes já apresentados nos capítulos anteriores, destacam-se as diversas diretrizes, certificações e selos oriundos da *International Organization for Standardization* (ISO)[21], com

---

[20] WORLD ECONOMIC FORUM. **Measuring Stakeholder Capitalism**: towards common metrics and consistent reporting of sustainable value creation. World Economic Forum, 2020. Disponível em: <https://www3.weforum.org/docs/WEF_IBC_Measuring_Stakeholder_Capitalism_Report_2020.pdf>. Acesso em: 12 abr. 2022.

[21] A Organização Internacional de Normalização (*International Organization for Standardization* – ISO) é a maior organização desenvolvedora de normas internacionais voluntárias. Fundada em 1947 e com sede em Genebra, Suíça, referida organização já publicou mais de 19.500 Normas Internacionais abrangendo quase todos os aspectos de negócios e tecnologia. Atualmente, conta com a participação de mais de 162 países. No Brasil, a ISO é representada pela Associação Brasileira de Normas Técnicas (ABNT). A ideia central de referida organização é garantir maiores ganhos de escala na produção e aumentar o nível de qualidade dos produtos e

especificidades para cada letra do acrônimo ESG, a saber: (i) ISO 9001, voltada à gestão de qualidade das empresas e com sua última atualização em 2015[22]; (ii) ISO 14001, atualizada em 2021 e com foco na estruturação de sistemas de gestão ambiental, que permeiam desde a "utilização de recursos e gestão de resíduos até o monitoramento do desempenho ambiental e ao envolvimento das partes interessadas nos compromissos ambientais"[23]; (iii) ISO 14064, com suas três partes, relacionada ao reporte de emissão de CO_2[24]; (iv) ISO 26000 (criada em 2010 e atualizada em 2021), diretriz (e não certificação) que traz orientações relevantes para as corporações em termos de responsabilidade social, com ênfase em boas práticas, engajamento com *stakeholders* e comunicação de responsabilidades e *performance*[25]; (v) ISO 27000, padrão atual (2022) reconhecido internacionalmente para sistemas de gerenciamento de segurança da informação, com orientações tanto para implementação quanto para gestão e eventuais melhorias dos sistemas existentes[26]; e (vi) ISO 45001, relacionada à saúde e segurança ocupacionais e totalmente em linha com o ODS 8 (trabalho decente e crescimento econômico)[27]. Há outras regras relevantes para o contexto, sendo

---

serviços fornecidos em nível internacional. CARDIA, Ana Cláudia Ruy. **Empresas, direitos humanos e gênero**: desafios e perspectivas na proteção e no empoderamento da mulher pelas empresas transnacionais. Porto Alegre: Buqui, 2015, p. 95-99.

[22] ISO. **ISO 9001:2015**. Quality management systems. Disponível em: <https://www.iso.org/standard/62085.html>. Acesso em: 2 fev. 2024.

[23] ISO. **ISO 14001:2015**. Environmental management systems. Disponível em: <https://www.iso.org/standard/60857.html>. Acesso em: 2 fev. 2024. Ver também: IPEN. **ABNT NBR ISO 14001**. Sistemas de gestão ambiental: requisitos com orientações para uso. 2015. Disponível em: <https://www.ipen.br/biblioteca/slr/cel/N3127.pdf>. Acesso em: 26 abr. 2022.

[24] ISO. **ISO 14064-1:2018**. Greenhouse gases. Part 1: specification with guidance at the organization level for quantification and reporting of greenhouse gas emissions and removals. Disponível em: <https://www.iso.org/standard/66453.html>. Acesso em: 2 fev. 2024. ISO. **ISO 14064-2:2019**. Greenhouse gases. Part 2: specification with guidance at the project level for quantification, monitoring and reporting of greenhouse gas emission reductions or removal enhancements. Disponível em: <https://www.iso.org/standard/66454.html>. Acesso em: 2 fev. 2024. ISO. **ISO 14064-3:2019**. Greenhouse gases. Part 3: specification with guidance for the verification and validation of greenhouse gas statements. Disponível em: <https://www.iso.org/standard/66455.html>. Acesso em: 2 fev. 2024.

[25] ISO. **ISO 26000:2010**. Guidance on social responsibility. Disponível em: <https://www.iso.org/standard/42546.html>. Acesso em: 2 fev. 2024.

[26] ISO. **ISO/IEC 27001:2022**. Information security, cybersecurity and privacy protection. Disponível em: <https://www.iso.org/standard/27001>. Acesso em: 2 fev. 2024.

[27] ISO. **ISO 45001 and related standards**. Disponível em: <https://www.iso.org/iso-45001-occupational-health-and- safety.html>. Acesso em: 2 fev. 2024.

apresentadas nesta obra tão-somente as mais comumente utilizadas e requisitadas, sobretudo para cadastro de fornecedores em avaliação de *score* e percepção de cumprimento de métricas ESG com foco também na devida diligência.

No Brasil, a ISO é representada pela Associação Brasileira de Normas Técnicas (ABNT), entidade responsável pela padronização de técnicas produtivas nacionais e que também apresenta regras próprias e de alta relevância para a agenda ESG. Em 2022, a ABNT lançou a ABNT PR 2030, Prática Recomendada com foco específico em elucidar para as empresas de diferentes portes e setores os principais aspectos da agenda ESG. O documento sofreu algumas atualizações em 2023, mas manteve sua essência de determinar conceitos e diretrizes para organizações privadas, com destaque para a importância das ações de governança para dar o "tom de como os temas e critérios ambientais e sociais devem ser conduzidos dentro da estratégia do negócio"[28].

São, assim, estabelecidos eixos abrangentes, temas e critérios para cada uma das letras que compõem o acrônimo ESG, com vistas a orientar lideranças para a otimização da gestão de riscos, conformidade regulatória e criação de vantagem competitiva, refinamento do propósito corporativo e abordagem das prioridades para os *stakeholders* com a consequente criação de valor para as partes interessadas.

Destacam-se também na ABNT PR 2030 os passos para a incorporação de métricas ESG nas empresas, a saber: (i) passo 1: conhecimento do tema; (ii) passo 2: intenção estratégica de incorporá-lo internamente; (iii) passo 3: diagnóstico dos principais temas; (iv) passo 4: planejamento prático de implementação; (v) passo 5: implementação efetiva; (vi) passo 6: medição e monitoramento dos programas implementados; e (vii) passo 7: relato e comunicação para os *stakeholders* envolvidos[29]. No último passo, a Prática Recomendada também destaca a importância da dupla materialidade (materialidade financeira e materialidade de impacto), em linha com outras regras outrora apresentadas.

A implementação prática das medidas trazidas naquele documento tem o condão de evitar que as empresas incorram em *greenwashing* (ou outros *washings* já mencionados nos capítulos anteriores), comprovando novamente o imperativo de que o investimento em medidas

---

[28] ASSOCIAÇÃO BRASILEIRA DE NORMAS TÉCNICAS. **Prática recomendada**: ABNT PR 2030: ambiental, social e governança (ESG): conceitos, diretrizes e modelo de avaliação e direcionamento para organizações. Rio de Janeiro: ABNT, 2022, p. 15.

[29] *Op. cit.*, p. 18-22.

protetivas é preferível na geração de valor em curto, médio e longo prazo em comparação com vultosos gastos em gestão de crises e processos judiciais e/ou multas administrativas compensatórias decorrentes de danos ambientais e violações aos direitos humanos.

Nota-se, assim, que a Prática Recomendada da ABNT voltada à agenda ESG tem inspiração em outros *frameworks* internacionalmente reconhecidos e atualmente utilizados por muitas empresas, sendo importante complemento – e devendo ser analisada e conhecida por profissionais que atuam com ESG e sustentabilidade em empresas de todos os portes e setores.

No que tange aos guias setoriais, destacam-se os materiais produzidos pelo Conselho Internacional de Mineração e Metais (*International Council on Mining and Metals*, em inglês, com a sigla ICMM), que, além de contar com princípios voluntários específicos para o setor de mineração em linha com os ODS e com o Acordo de Paris[30], entre outros guias orientativos para minérios específicos (como ouro, entre outros), publicou em 2023 um Guia para a Devida Diligência em Direitos Humanos (*ICMM Human Rights Due Diligence Guidance*), com vistas à orientação de empresas do setor minerário para aplicação de uma "lente de direitos humanos" aos processos de avaliação de riscos e impactos. Com isso, as empresas desse setor devem, em seus processos internos, levantar questões salientes de direitos humanos (ou *salient human rights issues*, termo comumente utilizado em inglês na prática) e endereçá-las de maneira apropriada, compreendendo que sua integração ao modelo de negócios é necessária para evitar novas e potenciais violações aos direitos humanos e ao meio ambiente em atividade que, naturalmente, pressupõe grandes modificações à geografia e à organização social de determinada localidade[31].

No setor de petróleo e gás, a *International Petroleum Industry Environmental Conservation Association* (IPIECA) também apresenta princípios voltados à proteção climática, da natureza, de pessoas e de integração da sustentabilidade, tendo lançado em 2020 um guia para reporte

---

[30] ICMM. **Our Principles**. 2024. Disponível em: <https://www.icmm.com/en-gb/our-principles>. Acesso em: 25 jan. 2024.

[31] ICMM. **ICMM Human Rights Due Diligence Guidance**. 2023. Disponível em: <https://www.icmm.com/website/publications/pdfs/social-performance/2023/guidance_human-rights-due-diligence.pdf?cb=58439>. Acesso em: 25 jan. 2024.

de sustentabilidade para o setor[32], bem como, em 2021, um roteiro atualizado para a boa implementação dos ODS pelas empresas petroleiras e de gás[33].

As recomendações setoriais são valiosas, pois fundamentadas nos principais *frameworks* e adaptadas às particularidades e aos contextos do setor. No caso de setores de alto impacto, como mineração e extração de petróleo e gás, considerando a alta possibilidade de afetação do solo e das comunidades, as recomendações são preciosas, a fim de garantir a vertente preventiva nos mais variados projetos e, em caso de potenciais ocorrências danosas, permitir a criação de programas concretos e céleres de gerenciamento de crise para mitigar os impactos.

Assim, é altamente recomendável que as lideranças empresariais que queiram avançar em suas pautas e práticas ESG tenham conhecimento de todos os *frameworks* apresentados, bem como times coesos e preparados para pensar e implementar programas alinhados com as boas práticas de sustentabilidade para seu setor e porte.

4.3. REPORTE DE INFORMAÇÕES: RESULTADO DE PRÁTICAS DE CONFORMIDADE ORIENTADAS À AGENDA ESG

O reporte de informações foi amplamente discutido no capítulo anterior em sua relação com as finanças sustentáveis e no diálogo com investidores, mas merece destaque também nas considerações sobre governança justamente por seu impacto para a sociedade e, principalmente, para a fixação de uma cultura corporativa orientada à sustentabilidade. Como visto, uma verdadeira visão ESG é responsabilidade que cascateia das mais altas lideranças até os cargos de base de uma empresa. E com as comunicações de progresso isso não pode (e não deve) ser diferente.

Os Princípios de Governança Corporativa da OCDE, definidos em parceria com o G-20[34] (considerados como o principal *benchmark* de

---

[32] IPIECA. **Sustainability reporting guidance for the oil and gas industry**. 4th edition. United Kingdom: IPIECA, 2020.

[33] IPIECA. **Accelerating action**: an SDG Roadmap for the oil and gas sector. United Kingdom: IPIECA, 2021.

[34] Fórum de cooperação econômica internacional formado pelas lideranças financeiras das maiores economias do planeta, entre as quais se inclui o Brasil. O apoio à sustentabilidade faz parte de sua agenda, sobretudo após a entrada em vigor do Acordo de Paris. BANCO CENTRAL DO BRASIL. **Grupo dos Vinte (G-20)**. Disponível em: <https://www.bcb.gov.br/rex/g20/port/mencaog20.asp?frame=1>. Acesso em: 30 jan. 2024.

governança corporativa das maiores economias do planeta) trouxeram em sua atualização de 2023 capítulo específico para a sustentabilidade e resiliência, com foco sobretudo na divulgação de informações aos investidores. Referido documento deve ser lido em conjunto com as demais regras apresentadas, sendo importante balizador de lideranças corporativas de todo o mundo.

Os princípios apresentados para a sustentabilidade e resiliência corporativas na frente de reporte de informações e que devem ser seguidos pelas lideranças são altamente relevantes, a saber: (i) a divulgação de informações sobre sustentabilidade deve ser "consistente, comparável e confiável", trazendo "informações materiais retrospectivas e prospectivas que um investidor razoável consideraria importante na tomada de decisão de investimentos ou de voto", levando-se em consideração os principais *frameworks* internacionais de reporte e a conexão entre temas financeiros e não financeiros e a submissão do documento final à auditoria externa para validação; (ii) a governança corporativa deve pressupor o diálogo entre a empresa, seus acionistas e *stakeholders* para que dividam opiniões sobre questões de sustentabilidade relevantes para a estratégia de negócios da empresa e para a construção de sua materialidade; (iii) as estruturas de "governança corporativa devem garantir que os conselhos considerem adequadamente riscos e oportunidades materiais de sustentabilidade ao cumprir suas funções principais na revisão, no monitoramento e na orientação de práticas de governança", sobretudo no que tange a riscos climáticos físicos e de transição; e (iv) a estrutura de governança corporativa "deve considerar os direitos, funções e interesses dos *stakeholders*", incentivando ativamente a cooperação entre todas as partes interessadas "na criação de valor, empregos de qualidade e empresas sustentáveis e resilientes"[35].

Para que as corporações sejam capazes de divulgar informações a partir dos mais variados *frameworks*, é necessário que suas estruturas internas estejam alinhadas com os padrões ESG inicialmente definidos. Isso inclui não somente a criação de um departamento específico de sustentabilidade e com diálogo aberto com as demais áreas da empresa (como recursos humanos e segurança do trabalho, meio ambiente, financeiro, *compliance*, gestão da informação e dados sensíveis, administrativo, entre outros), mas também a criação de canal aberto com os diferentes *stakeholders* a fim de avaliar as percepções e os resultados

---

[35] OECD. **G20/OECD Principles of Corporate Governance**. Paris: OECD Publishing, 2023, p. 44-50.

dos programas implementados[36]. Para além do diálogo e da avaliação de conformidade entre as práticas descritas e os resultados obtidos, é essencial a comunicação interna constante somada à capacitação recorrente de times das mais variadas áreas e *status* na empresa. Isso inclui treinamentos com lideranças, gestores(as), analistas, *trainees* e, com vista ao bom cumprimento da devida diligência, fornecedores.

Relatórios de sustentabilidade bem estruturados e com informações ajustadas e fidedignas permitem que a prestação de contas com a sociedade seja mais transparente, favorecendo o ambiente de negócios, reforçando a confiança para com determinada marca e produto e moldando "suas estratégias de negócios de uma forma que promova tanto a sustentabilidade quanto o desempenho financeiro"[37].

A contrapartida negativa, ou seja, os relatórios que não estiverem alinhados às boas práticas e não forem suficientemente transparentes, trarão como consequência o desprestígio da empresa, a fuga de investidores, eventuais ações judiciais e multas administrativas relevantes – e, em casos mais graves, pedidos de falência e recuperação judicial.

No Brasil, a pesquisa *Reporting Matters Brasil*, conduzida em 2023 pelo Conselho Empresarial Brasileiro para o Desenvolvimento Sustentável (CEBDS), constatou que não obstante a grande maioria das 77 empresas avaliadas se valer das normas GRI para apresentação de seus resultados (91%), ainda há um número reduzido de corporações que orientam seus documentos de divulgação de informações aos imperativos da dupla materialidade (40%) – que, como visto no capítulo anterior, congrega dados voltados aos riscos e impactos socioambientais e financeiros. A tendência é de crescimento dessa forma de divulgação de resultados, trazendo mais transparência a todos os *stakeholders* e melhorando também o desempenho corporativo na integração de seus programas de ESG às atividades cotidianas (além de alinhada a algumas regras de reporte com alcance extraterritorial, como a CSRD europeia).

O reporte de informações, como visto, é tendência que veio para ficar. Apesar de ainda haver dificuldades interpretativas em função da

---

[36] WORLD BENCHMARKING ALLIANCE. **Corporate Human Rights Benchmark 2023**. Clear responsibility and capacity building is key for translating commitments into action. Disponível em: <https://www.worldbenchmarkingalliance.org/publication/chrb/findings/clear-responsibility-and-capacity-building-is-key-for-translating-commitments-into-action/>. Acesso em: 1º fev. 2024.

[37] CEBDS. **Reporting Matters Brasil**. Rio de Janeiro: CEBDS, 2023, p. 4.

existência de diferentes *frameworks* de reporte, é possível que nos próximos anos a unificação de métricas se torne uma realidade global, sobretudo a partir da uniformização dos entendimentos sobre os temas materiais mais relevantes à agenda ESG de finanças sustentáveis e também com foco na proteção aos direitos humanos. Acompanhar os desdobramentos dessas iniciativas, sobretudo a partir de um prisma comparativo e de observância de boas práticas, é medida de rigor para lideranças que queiram se engajar de maneira mais efetiva na implementação de programas e na divulgação de práticas de ESG e sustentabilidade em sentido amplo.

4.4. DESAFIOS À EFETIVA GOVERNANÇA CORPORATIVA PARA A SUSTENTABILIDADE

A interligação da governança com a preocupação ambiental e social ganha maior destaque nos programas de devida diligência que antecedem à elaboração dos relatórios, tais como a *due diligence* em direitos humanos, conforme visto no capítulo 2, ou, para o mercado financeiro e de capitais, a conformação com determinados índices, como visto no capítulo 3. Apesar do vasto universo de indicadores e normas atualmente aplicáveis, ainda se verificam desafios de ordem prática ao olhar da governança para o ESG e que evoluem à medida que as métricas são implementadas, testadas e reportadas pelas empresas.

O primeiro deles é, indubitavelmente, a compreensão de que, ao se falar em governança corporativa na atualidade, não se está apenas a falar em práticas de *compliance* e anticorrupção, mas sim em sua complementaridade com temas voltados à proteção ambiental e aos direitos humanos. O enfrentamento à corrupção é altamente relevante para a agenda de governança e *compliance*, mas não é o único ponto a ser trabalhado. Não obstante o cumprimento de regras de anticorrupção (com a estrita observância à Lei n. 12.846/2013, ou Lei Anticorrupção[38]), é necessário que as lideranças sejam mais ambiciosas em implementar metas de descarbonização, diversidade e inclusão, entre outras igualmente relevantes e prementes ao porte e setor da empresa, contando com "bons resultados em dimensões tais como confiança

---

[38] BRASIL. **Lei n. 12.846, de 1º de agosto de 2013**. Dispõe sobre a responsabilização administrativa e civil de pessoas jurídicas pela prática de atos contra a administração pública, nacional ou estrangeira, e dá outras providências. Disponível em: <https://www.planalto.gov.br/ccivil_03/_ato2011-2014/2013/lei/l12846.htm>. Acesso em: 5 fev. 2024.

organizacional, liderança ética, orientação para o bem comum, empatia e liberdade para falar"[39].

Assim, as lideranças precisam enfrentar de maneira mais consistente as questões intangíveis de gestão, observando as diferentes percepções intergeracionais e gerindo a partir do acolhimento da diversidade e da compreensão de que não basta mais apresentar resultados financeiramente positivos se eles não estão acompanhados de um conjunto de práticas que façam com que o negócio seja sustentável para as pessoas e para o planeta.

Outro desafio à governança corporativa rumo à agenda ESG tem se dado a partir da desconfiança de muitos Conselhos de Administração e Diretorias quanto a movimentos contrários à pauta ESG. Como visto anteriormente, a politização da agenda e sua consequente polarização podem acabar por minar o conceito em sua nomenclatura atual, fazendo até mesmo com que alguns governos e empresas retrocedam na implementação de compromissos sustentáveis mais eficientes. Esse movimento, chamado de "retaliação ESG" (anti-*ESG backlash* ou *Greenlash*, comumente utilizado no inglês), acaba por impedir muitas vezes que empresas deem passos mais robustos rumo à sustentabilidade, gerando questionamentos contrários aos programas e, naturalmente, cortes de financiamento corporativo para sua existência e/ou continuidade[40].

Ainda na esteira da desconfiança e do descontentamento de gestores(as) e líderes empresariais, questionamentos sobre a eficiência e eficácia de *ratings* de sustentabilidade têm tomado conta dos debates sobre a pauta. No último ano, constatou-se que muitos investidores e corporações têm confiança modesta de que as classificações ESG são precisas[41]. Essa crescente desconfiança também pode impactar negativamente programas internos de ESG e consequente financiamento interno de atividades voltadas à sustentabilidade.

---

[39] DONAGGIO, Angela. O papel das lideranças para uma abordagem ESG nas Empresas do século XXI. NASCIMENTO, Juliana Oliveira (Coord.). **ESG**: o cisne verde e o capitalismo de stakeholder: a tríade regenerativa do futuro global. São Paulo: Thomson Reuters Brasil, 2021, p. 403.

[40] SKINNER, Claire. **How to move beyond the anti-ESG backlash**. World Economic Forum. 2023. Disponível em: <https://www.weforum.org/agenda/2023/11/esg-backlash/?utm_content=05%2F12%2F2023+20%3A00&utm_medium=social_scheduler&utm_source=linkedin&utm_term=ESG>. Acesso em: 6 fev. 2024.

[41] ERM. **Rate the Raters 2023**. ESG Ratings at a Crossroads. 2023. Disponível em: <https://www.sustainability.com/globalassets/sustainability.com/thinking/pdfs/2023/rate-the-raters-report-april-2023.pdf>. Acesso em: 6 fev. 2024.

O silenciamento de empresas quanto à aplicação de práticas ESG quando submetidas a ações de *greenwashing* e ameaças à sua reputação (movimento em inglês conhecido como *green hush*[42]) também faz parte dos desafios a serem enfrentados. Empresas com programas de governança corporativa bem estabelecidos contam com equipes que, conhecendo os principais riscos e impactos de sua atividade, constroem ações eficientes de gestão de crise para o caso de eventuais violações. Assim, o silêncio não é a saída, mas sim a transparência e o reconhecimento de que falar sobre ESG é ser partícipe de uma jornada evolutiva rumo à sustentabilidade. Somado a isso, avaliar como empresas e líderes diversos lidaram com casos graves de violações aos direitos humanos e ao meio ambiente também é uma excelente medida (para compreender o que deve e o que não deve ser feito).

Com argumentos favoráveis e contrários, é também das lideranças o desafio da busca por limites e possibilidades a partir do crescente uso da inteligência artificial. Sua conexão com a agenda ESG (e para a boa consecução das finanças sustentáveis) é uma crescente para os próximos anos, devendo ser bem compreendida por gestores(as) em suas respectivas áreas de atuação e aplicabilidade. Assim, as ferramentas provenientes da inteligência artificial, para além do já apresentado nos capítulos anteriores, podem ser aliadas para gestores(as) quanto à quantificação de emissões de CO_2, avaliação de riscos, transparência na gestão de cadeias produtivas, práticas trabalhistas e auxílio na sistematização de informações para a elaboração de relatórios de sustentabilidade. Seu bom uso deve ser acompanhado de perto, sendo tendência crescente para as empresas que buscam uma governança corporativa mais assertiva e ligada aos valores, pressupostos e práticas ESG[43].

Atualmente, um aspecto relevante e que tem ganhado cada vez mais espaço na agenda de governança corporativa em todo o mundo tem sido atrelar a remuneração variável de executivos(as) e gestores(as) ao atingimento de métricas ESG[44]. Essa é uma importante medida para

---

[42] ARCS. **Green hush**: campaigns against sustainable businesses cause them to go silent, study finds. 2018. Disponível em: <https://corporate-sustainability.org/article/green-hush-campaigns-against-sustainable-businesses-cause-them-to-go-silent-study-finds/>. Acesso em: 6 fev. 2024.

[43] S&P GLOBAL. **How can AI help ESG Investing?** 2020. Disponível em: <https://www.spglobal.com/en/research- insights/articles/how-can-ai-help-esg-investing>. Acesso em: 7 fev. 2024.

[44] SPIERINGS, Merel. **Linking Executive Compensation to ESG Performance**. Harvard Law School Forum on Corporate Governance. 2022. Disponível em: <https://corpgov.law.har-

alcançar metas de curto, médio e longo prazo com vistas à proteção socioambiental, promovendo maior engajamento e continuidade de políticas relevantes. Tal medida também auxilia gestores(as) a serem mais eficientes em evitar maiores cortes de gastos para programas dessa natureza, apesar das dificuldades que ainda permeiam esse ponto[45].

Por fim, mas não menos importante: a implementação de mecanismos de denúncia (*grievance mechanisms,* em inglês) efetivos e eficazes que compreendam não somente os(as) trabalhadores(as) internos das empresas, mas todos os terceirizados, fornecedores e consumidores finais dos produtos e serviços oferecidos. Os canais de denúncia devem proteger a identidade dos denunciantes, e as denúncias apresentadas devem ser tratadas com seriedade pelas empresas, sendo buscadas sempre soluções capazes de reparar o *status* das eventuais vítimas ao *status quo ante*, devendo ser: (i) legítimos; (ii) acessíveis; (iii) previsíveis; (iv) equitativos; (v) transparentes; (vi) compatíveis com os direitos humanos; e (vii) fonte de aprendizado contínuo[46].

De tudo que foi analisado até o momento, é evidente que as empresas percebem ganhos de ordem material e imagética com programas de ESG pujantes e transparentes, além da contribuição natural à sobrevivência do planeta e à melhoria das relações humanas.

Conclui-se, assim, que o passo central para que as lideranças se vinculem a políticas e práticas ESG começa com uma boa avaliação de suas políticas internas, bem como de seu compromisso, engajamento e envolvimento com o caminhar para a sustentabilidade. A verificação pormenorizada de eventuais lacunas de governança (*gap analysis*) permite aos(às) gestores(as) a comprovação de quais são os passos mais seguros nessa jornada. Concomitantemente a esse passo, a criação de matrizes de materialidade, KPIs e bons (e recorrentes) programas de devida diligência são capazes de garantir uma gestão eficaz voltada à agenda ESG.

---

vard.edu/2022/11/27/linking-executive-compensation-to-esg-performance/>. Acesso em: 6 fev. 2024.

[45] EY CENTER FOR BOARD MATTERS. **Prioridades dos conselhos de administração para 2024 nas Américas**: enfrentar a crise e abraçar oportunidades. 2024. Disponível em: <https://www.ey.com/pt_br/board-matters/prioridades-dos-conselhos-de-administracao-para-2024-nas-americas>. Acesso em: 31 jan. 2024.

[46] UNITED NATIONS HUMAN RIGHTS. **OHCHR Accountability and Remedy Project**: Meeting the UNGPs' Effectiveness Criteria. 2021. Disponível em: <https://www.ohchr.org/sites/default/files/2022-01/arp-note-meeting-effecti veness-criteria.pdf>. Acesso em: 8 fev. 2024.

Nesse ponto, surgem os questionamentos apresentados por Zenker: "como é possível para uma empresa estar em conformidade com as leis brasileiras, exercer sua função social, agilizar os seus negócios e ainda gerar lucro, ao mesmo tempo?"[47].

Para as lideranças que hoje já se engajam com a temática ESG, é essencial o aprofundamento e o desenvolvimento de estratégias concretas para implementação de programas que façam a efetiva diferença na sociedade e no negócio como um todo. Trata-se de desafio simples de descrever, mas de alta complexidade e que demanda o estabelecimento de metas de curto, médio e longo prazos em um verdadeiro ciclo de aprendizado corporativo e social, sob o risco de, se implementadas erroneamente, se transformarem em mais um modelo de *ESG-washing*[48] e de prática do que mais se busca abolir com todos os programas voltados ao ESG, à sustentabilidade e aos direitos humanos na vertente corporativa: o chamado *business as usual*[49].

---

[47] ZENKER, Marcelo. Sistemas de integridade como ferramentas de inclusão das políticas no âmbito corporativo. NASCIMENTO, Juliana Oliveira (Coord.). **ESG**: o cisne verde e o capitalismo de stakeholder: a tríade regenerativa do futuro global. São Paulo: Thomson Reuters Brasil, 2021, p. 474.

[48] ALPEROWITCH, Fábio. A pandemia do ESG-washing e sua letalidade. **Infomoney**. Disponível em: <https://www.infomoney.com.br/colunistas/convidados/a-pandemia-do-esg-washing-e-sua-letalidade/>. Acesso em: 12 abr. 2022.

[49] A expressão *business as usual*, ou negócios cotidianos, faz referência à maneira que atividades corporativas são comumente executadas. Considerando a trajetória dos negócios ao longo da história, conclui-se que a expressão faz alusão às práticas empresariais que desconsideram todos os imperativos de proteção ambiental e social que foram analisados ao longo de toda a obra. Assim, evitar a incorrência no *business as usual* e todos os *washings* mencionados é medida de rigor para empresas verdadeiramente engajadas em práticas ESG. A esse respeito, ver também: WORLD ECONOMIC FORUM. **The Future of Nature and Business**. Genebra: WEF, 2020.

Conclusão

Este livro buscou apresentar de maneira sistematizada os principais conceitos relacionados às práticas ESG e de sustentabilidade no ambiente corporativo. Os tópicos foram avaliados de maneira não exaustiva, servindo como importante guia e direcionador de atividades a serem implementadas por empresas de todos os portes e setores interessados em se adaptar aos imperativos sociais e planetários da sustentabilidade.

Percebe-se, portanto, que as métricas de ESG representam uma evolução do conceito de Responsabilidade Social Corporativa, antes focada tão-somente em processos de filantropia e com viés relacionado à apresentação da empresa para o mercado externo com vistas à obtenção de lucro. A necessidade cada vez maior de prestação de contas à sociedade sobre a atividade empresarial, seja por meio de normas vinculantes ou mesmo pela autorregulação de determinados setores, fez com que o próprio mercado começasse, de forma voluntária, a se organizar para estabelecer metodologias para a elaboração de relatórios de sustentabilidade, fazendo com que o ESG se transformasse em uma evolução saudável e efetiva do que se espera para uma empresa social e ambientalmente responsável.

Em síntese, como visto, para a boa implementação de um programa de ESG por parte de qualquer empresa, independentemente de seu porte e setor de atuação, os valores que compõem o acrônimo ora analisado devem estar presentes na atuação das lideranças, no caminhar para além do cumprimento das normas existentes, no estabelecimento de políticas, no treinamento contínuo das equipes envolvidas, no monitoramento dos programas implementados, na gestão de riscos e, por fim, nos mecanismos transparentes de reporte, estes últimos independentemente da metodologia escolhida e adotada.

Todos esses critérios precisam partir de um único pressuposto: a coerência, a transparência e a cultura da empresa e de suas lideranças determinarão não somente o sucesso de um bom programa de ESG, mas também os lucros financeiros, sociais e ambientais auferidos a partir de suas práticas sustentáveis.

Assim, é essencial que a busca pela proteção ambiental em sentido amplo e de todas as pessoas envolvidas na atividade corporativa seja, sobretudo, sincera, fruto de um desejo íntimo das lideranças de transformar a sociedade com sua atividade, sendo o lucro a consequência natural de suas práticas positivas e virtuosas. Esse movimento, como visto, se constitui em um processo, um contínuo, especialmente quando gerações anteriores muito próximas às atuais atrelavam a função social da empresa à mera obtenção de lucro, independentemente das consequências ocasionadas ao planeta e às pessoas.

Como então responder aos questionamentos ora apresentados sem cair na falácia de um *ESG-washing* (e viver a contrapartida de empresas que não estejam em verdadeira conformidade, a saber, multas vultosas, sentenças judiciais condenatórias e o cancelamento imagético de toda a sociedade)? A principal forma é por meio da compreensão de que a implementação de programas de ESG é um processo, que depende de tempo e, principalmente, de metas realistas e sinceras para sua completa evolução. Assim, faz-se essencial o estabelecimento de metas de curto, médio e longo prazos para cada uma das letras que compõem a sigla, buscando, em cada etapa do processo, o reconhecimento de que é necessário criar políticas que contemplem de maneira holística a proteção ao meio ambiente, o social e os critérios de governança.

Assumir a postura de aprendiz é o principal diferencial de uma empresa que opta por modificar suas estruturas em prol de uma cultura ESG. Seja no próprio estabelecimento de métricas, mas também na coleta e apresentação de resultados, a compreensão de que a evolução depende da análise crítica dos avanços e fracassos é também parte do processo. Onde houver sucesso, a política deve ser mantida ou aprimorada, e divulgada. Onde houver potenciais falhas, as adversidades e o riscos devem ser reconhecidos, e o projeto redesenhado à luz dos aprendizados. A única proibição nesses movimentos é o retrocesso: não é possível que programas de ESG, uma vez implementados, deixem de ter sua avaliação constante ou, pior, deixem de existir naquela empresa. Mais negativa ainda é a menção a programas inexistentes, o que caminha na contramão de tudo o que foi apresentado ao longo desta obra.

Conforme visto, ser sustentável não é mais uma questão de escolha. É questão de sobrevivência corporativa e planetária. Empresas são fantasias criadas e geridas por pessoas para a produção de produtos ou consecução de serviços para outras pessoas. O diálogo com os CPFs que compõem os CNPJs ou mesmo com os CPFs que consomem os produtos

Conclusão

dos CNPJs é constante e traz a pessoalidade – e a urgência – de programas de ESG. Sem planeta não há sobrevivência humana, sem proteção à pessoa humana não há produtos e serviços criados e prestados, não há mercado consumidor, investidores, cadeias de fornecimento e, claro, lucro. Todas as letras que compõem a sigla objeto deste livro se convergem em uma única certeza: somos nós os responsáveis para que os ponteiros da sustentabilidade se acertem nos próximos poucos anos, sob pena de vivenciarmos catástrofes maiores do que as que a vida na Terra pode suportar e, consequentemente, as empresas deixarem de perceber os lucros que almejam perante o sistema capitalista vigente.

Assim, compreender a urgência do problema que ora se apresenta, realizar o exercício de autocrítica que deve revestir a criação de uma nova cultura e reaprender a gerir sob o olhar ESG são os desafios para as empresas nas próximas décadas. Tais desafios devem ser tratados como prioritários pelas lideranças corporativas, acima até mesmo do próprio lucro, este uma consequência natural da mudança de paradigma sobre o que vem a ser a nova função social da empresa.

A maneira como tais programas serão implementados dependerá, sem dúvida, da observância dos índices, métricas e até mesmo normas vinculantes e voluntárias descritos em cada um dos capítulos voltados especialmente para cada uma das letras que compõe a sigla que intitula este livro. O diálogo direto e constante com os *stakeholders* será também régua para mensurar os impactos positivos do olhar acurado para o aprendizado de ser ESG. O sucesso, assim, será fruto de aprendizado constante e de um caminhar para a sustentabilidade desde a essência.

Não importa o porte e o setor. Para as empresas que ora se constroem, o ESG precisa ser parte de sua origem. Para aquelas que hoje orientam seus processos e práticas para a sigla, o ESG precisa ser sua linha de chegada. Para todas, uma certeza: o ESG veio para ficar e deve ser parte da estratégia corporativa. O nosso papel é um só, o de estarmos preparados para essa maratona que está apenas começando.

Referências

ABADE, Denise Neves. Brazilian Sexual Harassment Law, the #MeToo Movement, and the Challenge of Pushing the Future Away from the Past of Race, Class, and Social Exclusion. NOEL, Ann; M. OPPENHEIMER, David B. **The Global #MeToo Movement**. United States: Berkeley Center on Comparative Equality and Anti-Discrimination Law, 2020, p. 89-106.

ACCENTURE. **Countdown to the Green Asset Ratio**: Insights from EU banks' second EU taxonomy reporting season. 2023. Disponível em: <https://www.accenture.com/content/dam/accenture/final/a-com-migration/r3-3/pdf/pdf-180/accenture-eu-taxonomy-sustainability-banking.pdf>. Acesso em: 16 jan. 2024.

ACCENTURE STRATEGY. **Generation P(urpose)**: from fidelity to future value. 2021. Disponível em: <https://www.accenture.com/_acnmedia/PDF-117/Accenture-Generation-P-urpose-PoV.pdf#zoom=40>. Acesso em: 5 mar. 2022.

AGÊNCIA GOV. **Governo Federal retoma política ambiental e climática em 2023**. Disponível em: <https://agenciagov.ebc.com.br/noticias/202312/governo-federal-retoma-politica-ambiental-e-climatica-em-2023>. Acesso em: 4 jan. 2024.

ALMEIDA, Silvio Luiz de. **Racismo estrutural**. São Paulo: Sueli Carneiro; Polén, 2019.

ALPEROWITCH, Fábio. A pandemia do ESG-washing e sua letalidade. **Infomoney**. Disponível em: <https://www.infomoney.com.br/colunistas/convidados/a-pandemia-do-esg-washing-e-sua-letalidade/>. Acesso em: 12 abr. 2022.

AMAO, Olufemi. **Corporate social responsibility, human rights and the law**: multinational corporations in developing countries. Nova Iorque: Routledge, 2011.

AMAZON. **Our Workforce Data**. Disponível em: <https://www.about amazon.com/working-at-amazon/diversity-and-inclusion/our-workforce-data>. Acesso em: 24 jun. 2020.

ANBIMA. **ANBIMA e CVM ampliam acordo de cooperação para iniciativas de educação, sustentabilidade e inovação financeira**. 2023. Disponível em: <https://www.anbima.com.br/pt_br/noticias/

anbima-e-cvm-ampliam-acordo-de-cooperacao-para-iniciativas-de-educacao-sustentabilidade-e-inovacao-financeira.htm>. Acesso em: 18 jan. 2024.

_____. **ANBIMA lança rede de sustentabilidade para fomentar agenda ESG no mercado de capitais**. 2023. Disponível em: <https://www.anbima.com.br/pt_br/noticias/anbima-lanca-rede-de-sustenta bilidade-para-fomentar-agenda-esg-no-mercado-de-capitais-8A2AB2 AE8AD87EDD018ADC67645B2AAB-00.htm>. Acesso em: 16 jan. 2024.

_____. **Diversidade e inclusão nos mercados financeiros e de capitais**. Edição 2022. Disponível em: <https://www.anbima.com.br/data/files/F5/83/65/64/23B4F710711042F7882BA2A8/ANBIMA_Diversidade%20e%20Inclusao%20nos%20Mercados%20Financeiro%20e%20de%20Capitais%20_2022__cps.pdf>. Acesso em: 18 abr. 2022.

_____. **Guia ASG**. Incorporação dos aspectos ASG nas análises de investimento. 2020. Disponível em: <https://www.anbima.com.br/data/files/1A/50/EE/31/BFDEF610CA9C4DF69B2BA2A8/ANBIMA-Guia-ASG-2019.pdf>.

_____. **Guia ASG II**. Aspectos ASG para gestores e para fundos de investimento. Disponível em: <https://www.anbima.com.br/data/files/93/F5/05/BE/FEFDE71056DEBDE76B2BA2A8/Guia_ASG_II.pdf>. Acesso em: 17 jan. 2024.

_____. **Regras e procedimentos para investimentos em ativos sustentáveis**. 2023. Disponível em: <https://www.anbima.com.br/data/files/C3/03/3E/09/954C88107D83F688EA2BA2A8/1.%20Regras_procedimentos_Fundos%20IS_13.7.23.pdf>. Acesso em: 17 jan. 2024.

_____. **Retrato da sustentabilidade no mercado de capitais**. Disponível em: <https://www.anbima.com.br/data/files/3C/C2/CA/05/72E BD71032ADBBD76B2BA2A8/Retrato%20da%20sustentabilidade%20no%20mercado%20de%20capitais.pdf>. Acesso em: 17 jan. 2022.

_____. **Tutorial para cadastro de fundos sustentáveis**. Disponível em: <https://www.anbima.com.br/data/files/C8/E4/AE/EB/015C88 107D83F688EA2BA2A8/Tutorial_para_cadastro_de_fundos_sus tentaveis.pdf>. Acesso em: 17 jan. 2024.

ANTUNES, Ricardo. Trabalho intermitente e uberização do trabalho no limiar da Indústria 4.0". ANTUNES, Ricardo (Org.). **Uberização, trabalho digital e Indústria 4.0**. São Paulo: Boitempo, 2020.

ANTUNES, Ricardo (Org.). **Uberização, trabalho digital e Indústria 4.0**. São Paulo: Boitempo, 2020.

ARCS. **Green hush**: campaigns against sustainable businesses cause them to go silent, study finds. 2018. Disponível em: <https://corporate-sus

tainability.org/article/green-hush-campaigns-against-sustainable-bu sinesses-cause-them-to-go-silent-study-finds/>. Acesso em: 6 fev. 2024.

ARONOFF, Kate; BATTISTONI, Alyssa; COHEN, Daniel Aldana; RIOFRANCOS, Thea. **Um planeta a conquistar**: a urgência de um Green New Deal. São Paulo: Autonomia, 2020.

ASSEMBLÉE NATIONALE. **Proposition de loi relative ao devoir de vigilance des sociétés mères et des entreprises donneuses d'ordre** (Texte définitif). 2017. Disponível em: <https://www.assemblee-nationale.fr/14/ta/ta0924.asp>. Acesso em: 12 abr. 2022.

ASSOCIAÇÃO BRASILEIRA DE NORMAS TÉCNICAS. **Prática recomendada**: ABNT PR 2030: ambiental, social e governança (ESG) – conceitos, diretrizes e modelo de avaliação e direcionamento para organizações. Rio de Janeiro: ABNT, 2022.

AUSTRALIAN GOVERNMENT. **Modern Slavery Act 2018**. Disponível em: <https://www.legislation.gov.au/Details/C2018A00153>. Acesso em: 31 maio 2020.

AWS. **O que é a tecnologia blockchain?** Disponível em: <https://aws.amazon.com/pt/what-is/blockchain/?aws-products-all.sort-by=item.additionalFields.productNameLowercase&aws-products-all.sortorder=asc>. Acesso em: 10 jan. 2024.

BANCO CENTRAL DO BRASIL. **Grupo dos Vinte (G-20)**. Disponível em: <https://www.bcb.gov.br/rex/g20/port/mencaog20.asp?frame=1>. Acesso em: 30 jan. 2024.

_____. **Relatório de riscos e oportunidades sociais, ambientais e climáticos**, v. 3. Brasília: Banco Central do Brasil, 2023.

_____. **Resolução BCB n. 139, de 15/9/2021**. Disponível em: <https://www.ldr.com.br/wp-content/uploads/2021/09/Resolucao-BCB-n.-139-de-15_9_2021.pdf>. Acesso em: 15 fev. 2022.

_____. **Resolução BCB n. 140, de 15/9/2021**. Disponível em: <https://www.ldr.com.br/wp-content/uploads/2021/09/Resolucao-BCB-n.-140-de-15_9_2021.pdf>. Acesso em: 15 fev. 2022.

_____. **Resolução BCB n. 151, de 6 de outubro de 2021**. Disponível em: <https://www.bcb.gov.br/estabilidadefinanceira/exibenormativo?tipo=Resolu%C3%A7%C3%A3o%20BCB&numero=151>. Acesso em: 15 fev. 2022.

_____. **Resolução BCB n. 153, de 15/9/2021**. Disponível em: <https://www.ldr.com.br/wp-content/uploads/2021/09/Instrucao-Normativa-BCB-n.-153-de-15_9_2021.pdf>. Acesso em: 15 fev. 2022.

_____. **Resolução CMN n. 4.943, de 15/9/2021**. Disponível em: <https://www.ldr.com.br/wp-content/uploads/2021/09/Resolucao-CMN-n.-4.943-de-15_9_2021.pdf>. Acesso em: 15 fev. 2022.

_____. **Resolução CMN n. 4.944, de 15/9/2021**. Disponível em: <https://www.ldr.com.br/wp-content/uploads/2021/09/Resolucao-CMN-n.-4.944-de-15_9_2021.pdf>. Acesso em: 15 fev. 2022.

_____. **Resolução CMN n. 4.945, de 15/9/2021**. Disponível em: <https://www.ldr.com.br/wp-content/uploads/2021/09/Resolucao-CMN-n.-4.945-de-15_9_2021.pdf>. Acesso em: 15 fev. 2022.

_____. **Resolução CNM n. 5.081, de 29 de junho de 2023**. Disponível em: <https://www.bcb.gov.br/estabilidadefinanceira/exibenormativo?tipo=Resolu%C3%A7%C3%A3o%20CM N&numero=5081>. Acesso em: 14 jan. 2024.

BARROSO, Luis Roberto; MELLO, Patrícia Perrone Campos. Los efectos transformadores del Acuerdo de Escazú. GUANIPA, Henry Jiménez; ÁVILA, Lina Muñoz; POISOT, Eduardo Ferrer Mac-Gregor (Ed.). LÓPEZ, Miguel Barboza; RANK, Hartmut (Coord.). **Comentario al Acuerdo de Escazú sobre derechos ambientales en América Latina y el Caribe**. Berlin: Konrad-Adenauer Stiftung e. V., 2023.

BAUMAN, Zygmunt. **Globalização**: as consequências humanas. Trad. Marcus Penchel. Rio de Janeiro: Zahar, 1999.

_____. **Vida para consumo**: a transformação das pessoas em mercadorias. Trad. Carlos Alberto Medeiros. Rio de Janeiro: Zahar, 2008.

BBC. **George Floyd**: why are companies speaking up this time? Disponível em: <https://www.bbc.com/news/business-52896265>. Acesso em: 24 jun. 2020.

BBC NEWS BRASIL. **#MeToo**: a hashtag que expõe a magnitude mundial do assédio sexual. Disponível em: <https://www.bbc.com/portuguese/internacional-41652306>. Acesso em: 16 mar. 2022.

BEDONI, Marcelo. **Direito ambiental e direito climático**: intersecções entre meio ambiente e sistema climático no ordenamento jurídico brasileiro. Rio de Janeiro: Lumen Juris, 2023.

BLACKROCK. **Larry Fink's 2020 letter to CEOs**. Disponível em: <https://www.blackrock.com/corporate/investor-relations/larry-fink-ceo-letter>. Acesso em: 11 jan. 2022.

_____. **Larry Fink's 2022 Letter to CEOs**: the power of capitalism. Disponível em: <https://www.blackrock.com/us/individual/2022-larry-fink-ceo-letter>. Acesso em: 18 jan. 2022.

Referências

_____. **Sustentabilidade como o novo padrão de investimento da BlackRock**. Disponível em: <https://www.blackrock.com/br/blackrock-client-letter>. Acesso em: 16 fev. 2022.

BLOOMBERG. **Bloomberg ESG Indices**. Disponível em: <https://www.bloomberg.com/professional/product/indices/bloomberg-esg-indices/>. Acesso em: 3 fev. 2022.

BNDES. **Blended Finance**. 2021. Disponível em: <https://agenciadenoticias.bndes.gov.br/export/sites/default/.galleries/downloadgallery/BNDES_WHITE_PAPER_BLENDED_FINANCE.pdf>. Acesso em: 14 jan. 2024.

_____. BNDES. **Fundo Clima**. Disponível em: <https://www.bndes.gov.br/wps/portal/site/home/financiamento/produto/fundo-clima>. Acesso em: 22 jan. 2024.

_____. **Painel NDC**: nossa contribuição para as metas de emissões do Brasil. Disponível em: <https://www.bndes.gov.br/wps/portal/site/home/desenvolvimento-sustentavel/resultados/emissoes-evitadas>. Acesso em: 5 jan. 2024.

BONIFÁCIO, Gabriela; GUIMARÃES, Raquel. **Texto para discussão 2698**: projeções populacionais por idade e sexo para o Brasil até 2100. Rio de Janeiro: IPEA, 2021.

BORGES, Caio; VASQUES, Pedro Henrique (Org.). **STF e as mudanças climáticas**: contribuições para o debate sobre o Fundo Clima (ADPF 708). Rio de Janeiro: Telha, 2021.

BOWCOTT, Harry; FOMENKO, Lori; HAMILTON, Alastair; KRISHNAN, Mekala; MYSORE, Mihir; TRITTIPO, Alexis; WALKER, Oliver. **Protecting people from a changing climate**: the case for resilience. McKinsey & Company, 2021.

BRASIL. **Decreto n. 7.037, de 21 de dezembro de 2009**. Aprova o Programa Nacional de Direitos Humanos – PNDH-3 e dá outras providências. Disponível em: <https://www.planalto.gov.br/ccivil_03/_ato2007-2010/2009/decreto/d7037.htm>. Acesso em: 22 jan. 2024.

_____. **Decreto n. 10.657, de 24 de março de 2021**. Institui a Política de Apoio ao Licenciamento Ambiental de Projetos de Investimentos para a Produção de Minerais Estratégicos – Pró-Minerais Estratégicos, dispõe sobre sua qualificação no âmbito do Programa de Parcerias de Investimentos da Presidência da República e institui o Comitê Interministerial de Análise de Projetos de Minerais Estratégicos. Disponível em: <https://www.planalto.gov.br/ccivil_03/_Ato2019-2022/2021/Decreto/D10657.htm>. Acesso em: 9 jan. 2024.

_____. **Decreto n. 10.932, de 10 de janeiro de 2022**. Promulga a Convenção Interamericana contra o Racismo, a Discriminação Racial e Formas Correlatas de Intolerância, firmado pela República Federativa do Brasil, na Guatemala, em 5 de junho de 2013. Disponível em: <https://www.planalto.gov.br/ccivil_03/_Ato2019-2022/2022/Decreto/D10932.htm#:~:text=Os%20Estados%20Partes%20comprometem%2Dse,civil%20e%20criminal%2C%20conforme%20pertinente.>. Acesso em: 24 jan. 2024.

_____. **Decreto n. 10.946, de 25 de janeiro de 2022**. Dispõe sobre a cessão de uso de espaços físicos e o aproveitamento dos recursos naturais em águas interiores de domínio da União, no mar territorial, na zona econômica exclusiva e na plataforma continental para a geração de energia elétrica a partir de empreendimento *offshore*. Disponível em: <https://www.planalto.gov.br/ccivil_03/_ato2019-2022/2022/Decreto/D10946.htm>. Acesso em: 9 jan. 2024.

_____. **Decreto n. 11.120, de 5 de julho de 2022**. Permite as operações de comércio exterior de minerais e minérios de lítio e de seus derivados. Disponível em: <https://www.planalto.gov.br/ccivil_03/_ato2019-2022/2022/decreto/d11120.htm#:~:text=DECRETO%20N%C2%BA%2011.120%2C%20DE%205,l%C3%ADtio%20e%20de%20seus%20derivados.>. Acesso em: 9 jan. 2024.

_____. **Decreto n. 11.546, de 5 de junho de 2023**. Institui o Conselho Nacional para a 30ª Conferência das Partes da Convenção-Quadro das Nações Unidas sobre Mudança do Clima. Disponível em: <https://www.planalto.gov.br/ccivil_03/_ato2023-2026/2023/decreto/D11546.htm#:~:text=DECRETO%20N%C2%BA%2011.546%2C%20DE%205,que%20lhe%20confere%20o%20art.>. Acesso em: 9 jan. 2024.

_____. **Decreto n. 11.547, de 5 de junho de 2023**. Dispõe sobre o Comitê Técnico da Indústria de Baixo Carbono. Disponível em: <https://www.planalto.gov.br/ccivil_03/_ato2023-2026/2023/decreto/D11547.htm.>. Acesso em: 9 jan. 2024.

_____. **Decreto n. 11.548, de 5 de junho de 2023**. Institui a Comissão Nacional para Redução das Emissões de Gases de Efeito Estufa Provenientes do Desmatamento e da Degradação Florestal, Conservação dos Estoques de Carbono Florestal, Manejo Sustentável de Florestas e Aumento de Estoques de Carbono Florestal – REDD+. Disponível em: <https://www.planalto.gov.br/ccivil_03/_ato2023-2026/2023/decreto/d11548.htm>. Acesso em: 9 jan. 2024.

_____. **Decreto n. 11.549, de 5 de junho de 2023**. Altera o Decreto n. 9.578, de 22 de novembro de 2018, que dispõe sobre o Fundo

Nacional sobre Mudança do Clima e a Política Nacional sobre Mudança do Clima. Disponível em: <https://www.planalto.gov.br/ccivil_03/_ato 2023-2026/2023/decreto/D11549.htm>. Acesso em: 9 jan. 2024.

_____. **Decreto n. 11.550, de 5 de junho de 2023**. Dispõe sobre o Comitê Interministerial sobre Mudança do Clima. Disponível em: <https://www.planalto.gov.br/ccivil_03/_Ato2023-2026/2023/Decreto/D11550.htm>. Acesso em: 9 jan. 2024.

_____. **Decreto n. 11.648, de 16 de agosto de 2023**. Institui o Programa Energias da Amazônia. Disponível em: <https://in.gov.br/en/web/dou/-/decreto-n-11.648-de-16-de-agosto-de-2023-503845413>. Acesso em: 9 jan. 2024.

_____. **Decreto n. 11.772, de 9 de novembro de 2023**. Institui o Grupo de Trabalho Interministerial para a elaboração de proposta da Política Nacional de Direitos Humanos e Empresas. Disponível em: <https://www.planalto.gov.br/ccivil_03/_ato2023-2026/2023/decreto/D11772.htm#:~:text=DECRETO%20N%C2%BA%2011.772%2C%20DE%209,que%20lhe%20confere%20o%20art.>. Acesso em: 23 jan. 2023.

_____. **Decreto n. 11.795, de 23 de novembro de 2023**. Regulamenta a Lei n. 14.611, de 3 de julho de 2023, que dispõe sobre igualdade salarial e de critérios remuneratórios entre mulheres e homens. Disponível em: <https://www.planalto.gov.br/ccivil_03/_ato2023-2026/2023/decreto/d11795.htm>. Acesso em: 25 jan. 2024.

_____. **Lei n. 6.938, de 31 de agosto de 1981**. Dispõe sobre a Política Nacional do Meio Ambiente, seus fins e mecanismos de formulação e aplicação, e dá outras providências. Disponível em: <https://www.planalto.gov.br/ccivil_03/leis/l6938.htm>. Acesso em: 11 jan. 2024.

_____. **Lei n. 9.605, de 12 de fevereiro de 1998**. Dispõe sobre as sanções penais e administrativas derivadas de condutas e atividades lesivas ao meio ambiente, e dá outras providências. Disponível em: <https://www.planalto.gov.br/ccivil_03/leis/l9605.htm>. Acesso em: 11 jan. 2024.

_____. **Lei n. 12.187, de 29 de dezembro de 2009**. Institui a Política Nacional sobre Mudança do Clima – PNMC e dá outras providências. Disponível em: <https://www.planalto.gov.br/ccivil_03/_ato2007-2010/2009/lei/l12187.htm>. Acesso em: 10 jan. 2024.

_____. **Lei n. 12.305, de 2 de agosto de 2010**. Institui a Política Nacional de Resíduos Sólidos; altera a Lei n. 9.605, de 12 de fevereiro de 1998; e dá outras providências. Disponível em: <https://www.planal

to.gov.br/ccivil_03/_ato2007-2010/2010/lei/l12305.htm>. Acesso em: 12 jan. 2024.

_____. **Lei n. 12.651, de 25 de maio de 2012**. Dispõe sobre a proteção da vegetação nativa; altera as Leis n. 6.938, de 31 de agosto de 1981, 9.393, de 19 de dezembro de 1996, e 11.428, de 22 de dezembro de 2006; revoga as Leis n. 4.771, de 15 de setembro de 1965, e 7.754, de 14 de abril de 1989, e a Medida Provisória n. 2.166-67, de 24 de agosto de 2001; e dá outras providências. Disponível em: <https://www.planalto.gov.br/ccivil_03/_ato2011-2014/2012/lei/l12651.htm>. Acesso em: 12 jan. 2024.

_____. **Lei n. 12.846, de 1º de agosto de 2013**. Dispõe sobre a responsabilização administrativa e civil de pessoas jurídicas pela prática de atos contra a administração pública, nacional ou estrangeira, e dá outras providências. Disponível em: <https://www.planalto.gov.br/ccivil_ 03/_ato2011-2014/2013/lei/l12846.htm>. Acesso em: 5 fev. 2024.

_____. **Lei n. 13.146, de 6 de julho de 2015**. Institui a Lei Brasileira de Inclusão da Pessoa com Deficiência (Estatuto da Pessoa com Deficiência). Disponível em: <https://www.planalto.gov.br/ccivil_03/_ato 2015-2018/2015/lei/l13146.htm>. Acesso em: 8 fev. 2024.

_____. **Lei n. 13.445, de 24 de maio de 2017**. Institui a Lei de Migração. Disponível em: <https://www.planalto.gov.br/ccivil_03/_ato 2015-2018/2017/lei/l13445.htm>. Acesso em: 26 jan. 2024.

_____. **Lei n. 14.026, de 15 de julho de 2020**. Atualiza o marco legal do saneamento básico e altera a Lei n. 9.984, de 17 de julho de 2000, para atribuir à Agência Nacional de Águas e Saneamento Básico (ANA) competência para editar normas de referência sobre o serviço de saneamento, a Lei n. 10.768, de 19 de novembro de 2003, para alterar o nome e as atribuições do cargo de Especialista em Recursos Hídricos, a Lei n. 11.107, de 6 de abril de 2005, para vedar a prestação por contrato de programa dos serviços públicos de que trata o art. 175 da Constituição Federal, a Lei n. 11.445, de 5 de janeiro de 2007, para aprimorar as condições estruturais do saneamento básico no País, a Lei n. 12.305, de 2 de agosto de 2010, para tratar dos prazos para a disposição final ambientalmente adequada dos rejeitos, a Lei n. 13.089, de 12 de janeiro de 2015 (Estatuto da Metrópole), para estender seu âmbito de aplicação às microrregiões, e a Lei n. 13.529, de 4 de dezembro de 2017, para autorizar a União a participar de fundo com a finalidade exclusiva de financiar serviços técnicos especializados. Disponível em: <https://www.planalto.gov.br/ccivil_03/_ato2019-2022/2020/lei/l14026.htm>. Acesso em: 12 jan. 2024.

_____. **Lei n. 14.119, de 13 de janeiro de 2021**. Institui a Política Nacional de Pagamento por Serviços Ambientais; e altera as Leis n. 8.212, de 24 de julho de 1991, 8.629, de 25 de fevereiro de 1993, e 6.015, de 31 de dezembro de 1973, para adequá-las à nova política. Disponível em: <https://www.planalto.gov.br/ccivil_03/_ato2019-2022/2021/lei/l14119.htm>. Acesso em: 9 jan. 2024.

_____. **Lei n. 14.133, de 1º de abril de 2021**. Lei de Licitações e Contratos Administrativos. Disponível em: <https://www.planalto.gov.br/ccivil_03/_ato2019-2022/2021/lei/l14133.htm>. Acesso em: 9 jan. 2024.

_____. **Lei n. 14.402, de 8 de julho de 2022**. Institui o Dia dos Povos Indígenas e revoga o Decreto-lei n. 5.540, de 2 de junho de 1943.

_____. **Lei n. 14.457, de 21 de setembro de 2022**. Institui o Programa Emprega + Mulheres; e altera a Consolidação das Leis do Trabalho, aprovada pelo Decreto-Lei n. 5.452, de 1º de maio de 1943, e as Leis n. 11.770, de 9 de setembro de 2008, 13.999, de 18 de maio de 2020, e 12.513, de 26 de outubro de 2011. Disponível em: <https://www.planalto.gov.br/ccivil_03/_ato2019-2022/2022/Lei/L14457.htm#:~:text=%C3%80s%20mulheres%20empregadas%20%C3%A9%20garantido,1%C2%BA%20de%20maio%20de%201943.>. Acesso em: 8 fev. 2024.

_____. **Lei n. 14.611, de 3 de julho de 2023**. Dispõe sobre a igualdade salarial e de critérios remuneratórios entre mulheres e homens; e altera a Consolidação das Leis do Trabalho, aprovada pelo Decreto-Lei n. 5.452, de 1º de maio de 1943. Disponível em: <https://www.planalto.gov.br/ccivil_03/_ato2023-2026/2023/lei/L14611.htm>. Acesso em: 23 jan. 2023.

_____. **Lei n. 14.701, de 20 de outubro de 2023**. Regulamenta o art. 231 da Constituição Federal, para dispor sobre o reconhecimento, a demarcação, o uso e a gestão de terras indígenas; e altera as Leis n. 11.460, de 21 de março de 2007, 4.132, de 10 de setembro de 1962, e 6.001, de 19 de setembro de 1973. Disponível em: <https://www.planalto.gov.br/ccivil_03/_ato2023-2026/2023/lei/L14701.htm>. Acesso em: 18 mar. 2024.

_____. **Lei n. 14.801, de 9 de janeiro de 2024**. Dispõe sobre as debêntures de infraestrutura; altera as Leis n. 9.481, de 13 de agosto de 1997, 11.478, de 29 de maio de 2007, e 12.431, de 24 de junho de 2022; e dá outras providências. Disponível em: <https://www2.camara.leg.br/legin/fed/lei/2024/lei-14801-9-janeiro-2024-795227-publicacaooriginal-170797-pl.html>. Acesso em: 5 fev. 2024.

_____. **Lei n. 14.802, de 10 de janeiro de 2024**. Institui o Plano Plurianual da União para o período de 2024 a 2027. Disponível em: <https://www.planalto.gov.br/ccivil_03/_ato2023-2026/2024/lei/L14802.htm#:~:text=LEI%20N%C2%BA%2014.802%2C%20DE%2010,per%C3%ADodo%20de%202024%20a%202027.&text=Art.,165%20da%20Constitui%C3%A7%C3%A3o.>. Acesso em: 5 fev. 2024.

_____. Ministério da Agricultura, Pecuária e Abastecimento. **Potencialidades e desafios do agro 4.0**: GT III "Cadeias Produtivas e Desenvolvimento de Fornecedores" Câmara do Agro 4.0 (MAPA/MCTI). Brasília: Mapa/ACES, 2021.

_____. Ministério do Desenvolvimento, Indústria, Comércio e Serviços. **Nova Indústria Brasil**: forte, transformadora e sustentável. Plano de ação para a neoindustrialização 2024-2026. Brasília: CNDI, MDIC, 2024.

_____. Ministério do Meio Ambiente e Mudança do Clima. Banco Interamericano de Desenvolvimento. **Agenda Transversal Ambiental PPA 2024-2027**. Disponível em: <https://www.gov.br/planejamento/pt-br/assuntos/noticias/2024/relatorio-sintetiza-a-importancia-e-o-grau-de-transversalidade-da-agenda-ambiental-no-ppa-2024-2027/agente-transversal- meio-ambiente.pdf>. Acesso em: 5 fev. 2024.

_____. Ministério dos Povos Indígenas. **Produtos dos territórios indígenas ganharão selo especial**. Portaria interministerial restitui o Selo Indígenas do Brasil para valorizar produtos de diversas etnias nacionais. 2024. Disponível em: <https://www.gov.br/povosindigenas/pt-br/assuntos/noticias/2024/01/produtos-dos-territorios-indigenas-ganharao-selo-espe cial>. Acesso em: 26 jan. 2024.

BREAKTHROUGH ENERGY. **Our Story**: working to achieve net zero emissions. Disponível em: <https://www.breakthroughenergy.org/our-story/our-story>. Acesso em: 18 fev. 2022.

BRITO, Renata; GONZALEZ, Lauro. Finanças sustentáveis. **GVexecutivo**, v. 6, n. 6, 2007.

BROWNEN-TRINH, Ruby; ORUJOV, Ayan. **Corporate Support for Black Lives Matter**: determinants and effects on retail investors. 2020. Disponível em: <https://papers.ssrn.com/sol3/papers.cfm?abstract_id=3742730>. Acesso em: 16 fev. 2022.

BSR. **Human Rights Due Diligence of Products and Services**: assessing the downstream value chain. 2021. Disponível em: <https://www.bsr.org/reports/BSR-Human-Rights-Due-Diligence-Products-Services.pdf>. Acesso em: 6 fev. 2024.

BUSINESS AND HUMAN RIGHTS RESOURCE CENTRE. **EU Commission publishes proposal for a directive on corporate sustainability due diligence**. Disponível em: <https://www.business-humanrights.org/en/latest-news/eu-commission-publishes-proposal-for-a-directive-on-corporate-sustainability-due-diligence/>. Acesso em: 12 abr. 2022.

_____. **Fast and Fair Renewable Energy Investments**: a practical guide for investors. 2019. Disponível em: <https://old.business-humanrights.org/sites/default/files/Renewable%20Energy%20Investor%20Briefing_0.pdf>. Acesso em: 31 jan. 2022.

_____. **John Ruggie highlithgts positive contribution of ESG investing to advancing human rights**. Disponível em: <https://www.business-humanrights.org/en/latest-news/john-ruggie-highlights-positive-contribution-of-esg-investing-to-advancing-human-rights/>. Acesso em: 11 jan. 2022.

_____. **Norwegian parliament adopts the Transparency Act**. Disponível em: <https://www.business-humanrights.org/en/latest-news/norwegian-parliament-adopts-the-transparency-act/>. Acesso em: 12 abr. 2022.

_____. **Open letter from civil society to world leaders**: put human rights at the centre of environmental policy. Disponível em: <https://www.business-humanrights.org/en/latest-news/open-letter-from-civil-society-to-world-leaders-put-human-rights-at-the-centre-of-environmental-policy/>. Acesso em: 16 fev. 2022.

B3. **Braskem é excluída do Índice de Sustentabilidade Empresarial da B3**. 2023. Disponível em: <https://borainvestir.b3.com.br/noticias/braskem-e-excluida-do-indice-de-sustentabilidade-empresarial-da-b3/#:~:text=A%20Braskem%20ser%C3%A1%20exclu%C3%AD da%20do,ativos%20da%20carteira%20do%20ISE>. Acesso em: 14 jan. 2024.

_____. **B3 lança primeiro índice de diversidade com foco em gênero e raça**. 2023. Disponível em: <https://www.b3.com.br/pt_br/noticias/b3-lanca-primeiro-indice-de-diversidade-com-foco-em-genero-e-raca.htm>. Acesso em: 23 jan. 2024.

_____. **Comunicado**: saída da Vale da carteira 2019. Disponível em: <https://iseb3.com.br/comunicado-saida-vale-da-carteira-2019-1>. Acesso em: 15 jan. 2024.

_____. **Entenda o impacto da recuperação judicial da Americanas nos índices da B3**. 2023. Disponível em: <https://www.b3.com.br/pt_br/noticias/entenda-o-impacto-da-recuperacao-judicial-da-americanas-nos-indices-da-b3.htm>. Acesso em: 15 jan. 2024.

_____. **Índice de Ações com Governança Corporativa Diferenciada (IGC B3)**. Disponível em: <https://www.b3.com.br/pt_br/market-data-e-indices/indices/indices-de-governanca/indice-de-acoes-com-governanca-corporativa-diferenciada-igc.htm>. Acesso em: 17 fev. 2022.

_____. **Índice Brasil ESG**. Disponível em: <https://www.b3.com.br/pt_br/market-data-e-indices/indices/indices-em-parceria-s-p-dowjones/indice-brasil-esg.htm>. Acesso em: 3 fev. 2022.

_____. **Índice de Sustentabilidade Empresarial (ISE B3)**. Disponível em: <https://www.b3.com.br/pt_br/market-data-e-indices/indices/indices-de-sustentabilidade/boletim-informativo.htm>. Acesso em: 23 fev. 2022.

_____. Investimos em diversidade, equidade e inclusão. **Guia de boas práticas**. São Paulo: B3, 2023.

_____. **ISE B3**. Carteiras e questionários. 2023. Disponível em: <https://iseb3.com.br/carteiras-e-questionarios>. Acesso em: 16 jan. 2024.

_____. **Metodologia do Índice de Sustentabilidade Empresarial (ISE B3)**. 2023. Disponível em: <https://iseb3-site.s3.amazonaws.com/ISE_B3_-_Metodologia_2023-vf-07jul2023.pdf>. Acesso em: 16 jan. 2024.

_____. **Produtos e Serviços ESG**. Disponível em: <https://www.b3.com.br/pt_br/b3/sustentabilidade/produtos-e-servicos-esg/indices-de-sustentabilidade/>. Acesso em: 4 fev. 2022.

_____. **Segmentos de listagem**. Disponível em: <https://www.b3.com.br/pt_br/produtos-e-servicos/solucoes-para-emissores/segmentos-de-listagem/novo-mercado/>. Acesso em: 18 fev. 2022.

_____. **Títulos Temáticos ESG**. Disponível em: <https://www.b3.com.br/pt_br/b3/sustentabilidade/produtos-e-servicos-esg/green-bonds/>. Acesso em: 15 jan. 2024.

_____. **Tratativas da B3**. Crises que afetam participantes do ISE B3. Disponível em: <https://iseb3-site.s3.amazonaws.com/Monitoramento ParticipantesISEB3_-Tratativas_B3_revVF.pdf>. Acesso em: 14 jan. 2024.

CÂMARA DOS DEPUTADOS. **Parecer do Plenário pelas Comissões de Meio Ambiente e Desenvolvimento Sustentável; minas e Energia; Finanças e Tributação; e de Constituição e Justiça e de Cidadania ao Projeto de Lei n. 11.247, de 2018**. 2023. Disponível em: <https://static.poder360.com.br/2023/11/eolica-offshore-marco-regulatorio.pdf>. Acesso em: 9 jan. 2024.

_____. **PL 572/2022**. Disponível em: <https://www.camara.leg.br/propostas-legislativas/ 2317904>. Acesso em: 22 jan. 2024.

_____. **PL 2.148/2015**. Estabelece redução de tributos para produtos adequados à economia verde de baixo carbono. Disponível em: <https://www.camara.leg.br/propostas-legislativas/ 1548579>. Acesso em: 23 jan. 2024.

CARBON REPORT. **Ministério da Fazenda realiza debate sobre financiamento climático por meio de *blended finance*.** 2023. Disponível em: <https://carbonreport.com.br/ministerio-da-fazenda-realiza-debate-sobre-financiamento-climatico-por-meio-de-blended-finance/>. Acesso em: 14 jan. 2024.

CARDIA A., Ana Cláudia Ruy. Agenda 2030, sustentabilidade e a proteção aos direitos humanos: chegou a hora de modernizar a função social da empresa. **JOTA**. 2020. Disponível em: <https://www.jota.info/opiniao-e-analise/artigos/agenda-2030-sustentabilidade-e-a-protecao-aos-direitos-humanos-28022020>. Acesso em: 25 jan. 2022.

_____. **Empresas, direitos humanos e gênero**: desafios e perspectivas na proteção e no empoderamento da mulher pelas empresas transnacionais. Porto Alegre: Buqui, 2015.

_____. Empresas e direitos humanos e ESG: linhas iniciais de uma relação de gênero e espécie. ZAVANELLA, Fabiano; FELAMINGO, Fabrício; MATTOS, Henrique Araújo Torreira; SOUZA, Lucas Monteiro de (Org.). **Temas de direito internacional, direito do trabalho e direito internacional do trabalho**: estudos em homenagem ao Professor Carlos Roberto Husek. São Paulo: LTr, 2023.

_____. Empresas e Direitos Humanos no pós-pandemia: mudanças efetivas ou manutenção das aparências? FONSECA, Isabel Celeste M.; LIQUIDATO, Vera Lúcia Viegas; PINTO, João Vilas Boas; COELHO, Larissa (Coord.). **Desafios do direito no século XXI**: diálogos luso-brasileiros, governação e COVID-19. Portugal: Escola de Direito da Universidade do Minho. Centro de Investigação em Justiça e Governação GLOB (Globalização, Democracia e Poder), 2021.

_____. **Transterritorialidade**: uma teoria de responsabilização de empresas por violação aos direitos humanos. Rio de Janeiro: Lumen Juris, 2020.

CARDIA A., Ana Cláudia Ruy; VILLAS BOAS, Izabela Zonato. Ativismo corporativo: um possível complemento à atividade sindical em direitos humanos e empresas em diálogo com a sustentabilidade. MANNRICH, Nelson; CAVALCANTE, Jouberto de Quadros Pessoa; VILLATORE, Marco Antônio Cesar. **Direito Internacional do Trabalho e a**

Organização Internacional do Trabalho: direito coletivo e sindical. Curitiba: Instituto Memória. Centro de Estudos da Contemporaneidade, 2021.

_____. Mariana e Brumadinho: o (des)compromisso das empresas mineradoras envolvidas nas duas tragédias com a sustentabilidade e com os direitos humanos. CARDIA A., Ana Cláudia Ruy; VILLAS BOAS, Izabela Zonato (Coord.). **Quanto Vale?**: uma análise interdisciplinar do direito sobre as tragédias de Mariana e Brumadinho. Londrina: Thoth, 2021.

CARDIA A., Ana Cláudia Ruy; VILLAS BOAS, Izabela Zonato (Coord.). **Quanto Vale?**: uma análise interdisciplinar do direito sobre as tragédias de Mariana e Brumadinho. Londrina: Thoth, 2021.

CARDOSO, Evorah Lusci Costa. **Litígio estratégico e sistema interamericano de direitos humanos**. Belo Horizonte: Fórum, 2012.

CARELLA, Francesco; FREAN, Silvia; VELASCO, Juan Jacobo. **Panorama laboral en tiempos de la COVID-19**: migración laboral, movilidad en el mundo del trabajo ante la pandemia de la COVID-19 en América Latina y el Caribe. Nota técnica. Organización Internacional del Trabajo. 2021. Disponível em: <https://www.ilo.org/wcmsp5/groups/public/---americas/---ro-lima/documents/publication/wcms_778606.pdf>. Acesso em: 25 abr. 2022.

CARMO, Jacqueline. **Obstáculos da inclusão**: PcD no mercado de trabalho. Catho. 2019. Disponível em: <https://www.catho.com.br/carreira-sucesso/colunistas/noticias/obstaculos-da-inclusao-pcd-no-mercado-de-trabalho/>. Acesso em: 20 abr. 2022.

CASTRO, Fernando Ferreira de; PEITER, Carlos Cesar; GÓES, Geraldo Sandoval. **Minerais estratégicos e críticos**: uma visão internacional e da política mineral brasileira. Instituto de Pesquisa Econômica Aplicada. Rio de Janeiro: Ipea, 2022.

CAVALCANTI, Tiago Muniz. **Sub-humanos**: o capitalismo e a metamorfose da escravidão. São Paulo: Boitempo, 2021.

CDP. **Capital Markets Signatories to CDP's 2023 Request**. Disponível em: <https://cdn.cdp.net/cdp-production/comfy/cms/files/files/000/007/621/original/CDP_Investor_Signatories_2023.pdf>. Acesso em: 10 jan. 2024.

_____. **Formando um sistema financeiro mais sustentável**: a prova do sistema financeiro global. Brasil CDP Report 2021. Disponível em: <https://cdn.cdp.net/cdp-production/cms/reports/documents/000/005/939/original/NICFI_Country_Profile_Brazil_POR_%281%29_-_Rebeca_Rocha.pdf?1635965644>. Acesso em: 15 jan. 2024.

CEBDS. **Agricultura regenerativa no Brasil**: desafios e oportunidades. Rio de Janeiro: CEBDS, 2023.

_____. **Mercado de carbono**: guia CEBDS. Conselho Empresarial Brasileiro para o Desenvolvimento Sustentável. Rio de Janeiro: CEBDS, 2021.

_____. **Nota Técnica sobre o Projeto de Lei n. 572/2022**. Rio de Janeiro: CEBDS, 2022. Disponível em: <https://cebds.org/wp-content/uploads/2023/06/CEBDS_CTSocial_NT-PL572.pdf>. Acesso em: 23 jan. 2024.

_____. **Reporting Matters Brasil**. Rio de Janeiro: CEBDS, 2023.

CEDEC. CENTRO DE ESTUDOS DE CULTURA CONTEMPORÂNEA. **Mapeamento das pessoas trans no município de São Paulo**: relatório de pesquisa. São Paulo: CEDEC, 2021.

CENTRO DE ESTUDOS EM SUSTENTABILIDADE DA FUNDAÇÃO GETULIO VARGAS. INTERNATIONAL FINANCE CORPORATION. **Grandes obras na Amazônia**: aprendizados e diretrizes. 2016. Disponível em: <https://bibliotecadigital.fgv.br/dspace/bitstream/handle/10438/18603/GVces_Direitos%20humanos_povos%20indigenas%2c%20comunidades%20tradicionais%20e%20quilombolas.pdf?sequence=1&isAllowed=y>. Acesso em: 21 abr. 2022.

CHAISSE, Julien; SOLANKI, Arjun. **Advancing climate-change goals**: from reactive to proactive systemic integration. Columbia Center on Sustainable Investment, n. 344, 2022. Disponível em: <https://ccsi.columbia.edu/sites/default/files/content/docs/fdi%20perspectives/No%20344%20-%20Chaisse%20and%20Solanki%20-%20FINAL.pdf?utm_source=CCSI+Mailing+List&utm_campaign=89848f528a-CCSI%27s+Fall+2020+Speaker+Series_COPY_01&utm_medium=email&utm_term=0_a61bf1d34a-89848f528a-62947537>. Acesso em: 8 jan. 2024.

CHOMSKY, Noam; POLLIN, Robert. **Crise climática e o Green New Deal Global**: a economia política para salvar o planeta. Trad. Bruno Cobalchini Mattos. Rio de Janeiro: Raça Nova, 2020.

CIRCLE ECONOMY. **The Circularity Gap Report 2023**. Disponível em: <https://assets-global.website-files.com/5e185aa4d27bcf348400ed82/63ecb3ad94e12d3e5599cf54_CGR%202023%20-%20Report.pdf>. Acesso em: 10 jan. 2024.

_____. **The Circularity Gap Report 2024**. Disponível em: <https://www.circularity-gap.world/2024>. Acesso em: 24 jan. 2024.

CLIMATE ACTION 100+. **Engagement process**. Disponível em: <https://www.climateaction100.org/approach/engagement-process/>. Acesso em: 22 fev. 2022.

CLIMATE DISCLOSURE STANDARDS BOARD. **CDSB Framework for reporting environmental & social information**. Advancing and aligning disclosure of environmental and social information in mainstream reports. 2022. Disponível em: <https://www.cdsb.net/sites/default/files/cdsb_framework_2022.pdf>. Acesso em: 17 jan. 2024.

CNN BRASIL. **Ministra israelense não participa da COP26 por falta de acessibilidade**. 2021. Disponível em: <https://www.cnnbrasil.com.br/internacional/ministra-israelense-nao-participa-da-cop26-por-falta-de-acessibilidade/>. Acesso em: 20 abr. 2022.

COLLINS, Patricia Hill; BILGE, Sirma. **Interseccionalidade**. Trad. Rane Souza. São Paulo: Boitempo, 2021.

COMISIÓN INTERAMERICANA DE DERECHOS HUMANOS. **Informe empresas y derechos humanos**: estándares interamericanos. Relatoría Especial sobre Derechos Económicos, Sociales, Culturales y Ambientales de la Comisión Interamericana de Derechos Humanos, 2019. Disponível em: <https://www.oas.org/es/cidh/informes/pdfs/EmpresasDDHH.pdf>. Acesso em: 10 abr. 2022.

COMISSÃO DE VALORES MOBILIÁRIOS. **Audiência Pública SDM 09/20**. Disponível em: <https://conteudo.cvm.gov.br/audiencias_publicas/ap_sdm/2020/sdm0920.html>. Acesso em: 14 jan. 2024.

_____. **Finanças sustentáveis**. Plano de Ação da CVM. 2023. Disponível em: <https://www.gov.br/cvm/pt-br/acesso-a-informacao-cvm/acoes-e-programas/plano-de-acao-de-financas-sustentaveis/plano_de_acao_financas_sustentaveis_cvm_bienio_2023_2024.pdf>. Acesso em: 16 jan. 2024.

_____. **Guia CVM Suitability**. Dever de verificação da adequação dos produtos, serviços e operações ao perfil do investidor. Rio de Janeiro: Comissão de Valores Mobiliários, 2022.

_____. **Instrução CVM 480**. Disponível em: <http://conteudo.cvm.gov.br/legislacao/instru coes/inst480.html>. Acesso em: 15 fev. 2022.

_____. **Ofício Circular Conjunto n. 1/2023/CVM/SIN/SMI**. 2023. Disponível em: <https://conteudo.cvm.gov.br/legislacao/oficios-circu lares/sin/oc-sin-smi-0123.html>. Acesso em: 16 jan. 2024.

_____. **Portaria CVM/PTE/N. 10**. 2023. Disponível em: <https://conteudo.cvm.gov.br/export/sites/cvm/legislacao/portarias/anexos/PortariaPTE2023_010.pdf>. Acesso em: 16 jan. 2024.

_____. **Resolução CVM 160**. Rio de Janeiro: Comissão de Valores Mobiliários, 2022.

_____. **Resolução CVM 175**. Rio de Janeiro: Comissão de Valores Mobiliários, 2022.

_____. **Resolução CVM 193**. Rio de Janeiro: Comissão de Valores Mobiliários, 2023.

_____. **Resolução CVM 59**. Rio de Janeiro: Comissão de Valores Mobiliários, 2021.

_____. **Série Educacional Finanças Sustentáveis**. Volume 1: O impacto dos seus investimentos. Brasília: CVM, 2024.

COMISSÃO EUROPEIA. **Concretizar o pacto ecológico europeu**. Disponível em: <https://ec.europa.eu/info/strategy/priorities-2019-2024/european-green-deal/delivering-european-green-deal_pt>. Acesso em: 31 jan. 2022.

COMISSÃO INTERAMERICANA DE DIREITOS HUMANOS. **MC 382/10**: comunidades indígenas da Bacia do Rio Xingu, Pará, Brasil. Disponível em: <https://www.cidh.oas.org/medidas/2011.port.htm>. Acesso em: 21 abr. 2022.

CONSELHO EUROPEU. **Dever de diligência das empresas em matéria de sustentabilidade**: Conselho e Parlamento chegam a acordo para proteger o ambiente e os direitos humanos. 2023. Disponível em: <https://www.consilium.europa.eu/pt/press/press-releases/2023/12/14/corporate-sustainability-due-diligence-council-and-parliament-strike-deal-to-protect-environment-and-human-rights/>. Acesso em: 29 jan. 2024.

CONSELHO NACIONAL DE DIREITOS HUMANOS. **Resolução CNDH n. 5, de 12 de março de 2020**. Disponível em: <https://www.gov.br/mdh/pt-br/acesso-a-informacao/participacao-social/conselho-nacional-de-direitos-humanos-cndh/copy_of_ResoluoDHeempresas.pdf>. Acesso em: 21 jan. 2024.

CONSELHO NACIONAL DE POLÍTICA ENERGÉTICA. **Resolução n. 7, de 20 de abril de 2021**. Institui o Programa Combustível do Futuro, cria o Comitê Técnico Combustível do Futuro e dá outras providências. Disponível em: <https://www.gov.br/mme/pt-br/assuntos/conselhos-e-comites/cnpe/resolucoes-do-cnpe/resolucoes-2021/ResCNPE72021.pdf>. Acesso em: 12 jan. 2024.

CONSERVATION INTERNATIONAL. **Global conservation rollbacks tracker**. 2021. Disponível em: <https://www.conservation.org/projects/global-conservation-rollbacks-tracker>. Acesso em: 19 jan. 2024.

CONVERGENCE. **State of blended finance 2023**. Climate Edition. 2023. Disponível em: <https://www.convergence.finance/resource/state-of-blended-finance-2023/view>. Acesso em: 22 jan. 2024.

COP28 UAE. **COP28 UAE Declaration on Sustainable Agriculture, Resilient Food Systems and Climate Action**. United Nations, 2023.

COUNCIL OF THE EUROPEAN UNION. **Proposal for a Directive of the European Parliament and of the Council on Corporate Sustainability Due Diligence and amending Directive (EU) 2019/1937**: analysis of the final compromise text with a view to agreement. Disponível em: <https://media.licdn.com/dms/document/media/D4E1FAQEQDmbOeCkW3w/feedshare-document-pdf-analyzed/0/1710504856356?e=1711584000&v=beta&t=Dtq6RrXVrnxrFX4UMSQ-cBONQbOpHp3aHVOr5_YC0tU>. Acesso em: 18 mar. 2024.

CRUTZEN, Paul J.; STOERMER, Eugene F. The "Anthropocene". **Global Change Newletter**, n. 41, p. 17-18, maio 2000.

DANG, Hai-Anh H; NGUYEN, Cuong Viet. Gender inequality during the COVID-19 pandemic: income, expenditure, savings, and job loss. **World Development**, v. 140. Elsevier, 2021.

DAVIS, Angela. **Mulheres, raça e classe**. São Paulo: Boitempo, 2016.

DELOITTE. **2023 Gen Z and Millennial Survey**. Waves of change: acknowledging progress, confronting setbacks. 2023. Disponível em: <https://www.deloitte.com/global/en/issues/work/content/genzmillennialsurvey.html>. Acesso em: 22 jan. 2024.

DEVLIN, Hannah. Unconscious bias: what is it and can it be eliminated? **The Guardian**, 2018. Disponível em: <https://www.theguardian.com/uk-news/2018/dec/02/unconscious-bias-what-is-it-and-can-it-be-eliminated>. Acesso em: 18 abr. 2022.

DOBBIN, Frank; KALEV, Alexandra. **Getting to diversity**: what works and what doesn't. United States: Harvard University Press, 2022.

DONAGGIO, Angela. O papel das lideranças para uma abordagem ESG nas Empresas do século XXI. NASCIMENTO, Juliana Oliveira (Coord.). **ESG**: o cisne verde e o capitalismo de stakeholder: a tríade regenerativa do futuro global. São Paulo: Thomson Reuters Brasil, 2021.

EFRAG. **EFRAG Today**. Disponível em: <https://www.efrag.org/About/Facts>. Acesso em: 5 fev. 2024.

ELKINGTON, John. **Green swans**: the coming boom in regenerative capitalism. New York: Fast Company Press, 2020.

EPA. **Overview of Greenhouse Gases**. Disponível em: <https://www.epa.gov/ghgemissions/overview-greenhouse-gases#f-gases>. Acesso em: 10 jan. 2024.

EQUATOR PRINCIPLES. **Os Princípios do Equador**. EP4. 2020. Disponível em: <https://equator-principles.com/app/uploads/EP4_Portuguese.pdf>. Acesso em: 15 jan. 2024.

ERM. **Rate the Raters 2023**. ESG Ratings at a Crossroads. 2023. Disponível em: <https://www.sustainability.com/globalassets/sustainability.com/thinking/pdfs/2023/rate-the-raters-report-april-2023.pdf>. Acesso em: 6 fev. 2024.

ESTEVES, Juliana Teixeira; BITU, Tieta Tenório de Andrade. A transformação organizacional frente à transfiguração do meio ambiente do trabalho: um debate sobre o adoecimento laboral. POLIDO, Fabrício Bertini Pasquot; BARBATO, Maria Rosaria; MOURA, Natália das Chagas (Org.). **Trabalho, tecnologias e os desafios globais dos direitos humanos**: estudos e perspectivas críticas. Rio de Janeiro: Lumen Juris, 2019.

EUROPEAN BANKING AUTHORITY. **Environmental, Social and Governance Pillar 3 Disclosures**. 2022. Disponível em: <https://www.eba.europa.eu/sites/default/files/document_library/News%20and%20Press/Communication%20materials/Factsheets/1026177/EBA%202021.5984%20ESG%20Factsheet%20update2.pdf>. Acesso em: 16 jan. 2024.

EUROPEAN COMMISSION. **Carbon Border Adjustment Mechanism**. Disponível em: <https://taxation-customs.ec.europa.eu/carbon-border-adjustment-mechanism_en>. Acesso em: 23 jan. 2024.

_____. **Communication from the Commission**: The European Green Deal. COM (2019) 640. Disponível em: <https://eur-lex.europa.eu/legal-content/EN/TXT/HTML/?uri=CELEX: 52019DC0640>. Acesso em: 8 jan. 2024.

_____. **Communication from the Commission to the European Parliament, the Council, the European Economic and Social Committee and the Committee of the Regions**. A sustainable finance framework that works on the ground. European Commission: Brussels, 2023.

_____. **Nature restoration law**. Disponível em: <https://environment.ec.europa.eu/topics/nature-and-biodiversity/nature-restoration-law_en>. Acesso em: 18 jan. 2024.

_____. **Proposal for a Directive of the European Parliament and of the Council on Corporate Sustainability Due Diligence and amending Directive (EU) 2019/1937**. 2022/0051(COD). Disponível em: <https://ec.europa.eu/info/sites/default/files/1_1_183 885_prop_dir_susta_en.pdf>. Acesso em: 10 abr. 2022.

_____. **Proposal for a Regulation of the European Parliament and of the Council on the transparency and integrity of Environmental, Social and Governance (ESG) rating activities**. 2023. Disponível em: <https://eur-lex.europa.eu/resource.html?uri=cellar:1243bcf3-0ac8-11ee-b12e-01aa75ed71a1.0001.02/DOC_1&format=PDF>. Acesso em: 14 jan. 2024.

_____. **Questions and answers on the adoption of European Sustainability Reporting Standards**. 2023. Disponível em: <https://ec.europa.eu/commission/presscorner/detail/en/qanda_23_4043>. Acesso em: 15 jan. 2024.

_____. **Targeted consultation document**. Implementation of the Sustainable Finance Disclosures Regulation (SFDR). European Commission: Brussels, 2023.

_____. **The European Green Deal Investment Plan and Just Transition Mechanism**. Disponível em: <https://ec.europa.eu/info/publications/200114-european-green-deal-investment-plan_en>. Acesso em: 31 jan. 2022.

_____. **Timeline**: European Green Deal and Fit for 55. Disponível em: <https://www.consilium.europa.eu/en/policies/green-deal/timeline-european-green-deal-and-fit-for-55/>. Acesso em: 5 jan. 2024.

_____. **2030 Climate Target Plan**. Disponível em: <https://ec.europa.eu/clima/eu-action/ european-green-deal/2030-climate-target-plan_en>. Acesso em: 31 jan. 2022.

EUROPEAN PARLIAMENT. **Circular economy**: definition, importance and benefits. 2023. Disponível em: <https://www.europarl.europa.eu/news/en/headlines/economy/20151201STO05603/circular-economy-definition-importance-and-benefits#:~:text=What%20is%20the%20circular%20economy,products%20as%20long%20as%20possible.>. Acesso em: 24 jan. 2024.

_____. **'Green claims' directive**: protecting consumers from greenwashing. Disponível em: <https://www.europarl.europa.eu/RegData/etudes/BRIE/2023/753958/EPRS_BRI(2023)753958_EN.pdf>. Acesso em: 8 jan. 2024.

_____. **Environmental crimes**: deal on new offences and reinforced sanctions. 2023. Disponível em: <https://www.europarl.europa.eu/news/en/press-room/20230929IPR06108/environmental-crimes-deal-on-new-offences-and-reinforced-sanctions>. Acesso em: 21 jan. 2024.

_____. **MEPs adopt new law banning greenwashing and misleading product information**. 2024. Disponível em: <https://www.europarl.

europa.eu/news/en/press-room/20240112IPR16772/meps-adopt-new-law-banning-greenwashing-and-misleading-product-information>. Acesso em: 18 jan. 2024.

_____. **Regulation (EU) 2019/2088 of the European Parliament and of the Council of 27 November 2019 on sustainability-related disclosures in the financial services sector**. Disponível em: <https://eur-lex.europa.eu/legal-content/EN/TXT/PDF/?uri=CELEX:02019R2088-20200712&from=EN>. Acesso em: 11 fev. 2022.

EUR-LEX. **Directive 2014/95/EU of the European Parliament and of the Council of 22 October 2014 amending Directive 2013/34/EU as regards disclosure of non-financial and diversity information by certain large undertakings and groups**. 2014. Disponível em: <https://eur-lex.europa.eu/legal-content/EN/TXT/PDF/?uri=CELEX:32014L00 95>. Acesso em: 14 jan. 2024.

_____. **Directive (EU) 2019/904 of the European Parliament and of the Council of 5 June 2019 on the reduction of the impact of certain plastic products on the environment**. 2019. Disponível em: <https://eur-lex.europa.eu/eli/dir/2019/904/oj>. Acesso em: 8 jan. 2024.

_____. **Directive (EU) 2022/2464 of the European Parliament and of the Council of 14 December 2022 amending Regulation (EU) n. 537/2014, Directive 2004/109/EC, Directive 2006/43/EC and Directive 2013/34/EU, as regards corporate sustainability reporting (Text with EEA relevance)**. 2022. Disponível em: <https://eur-lex.europa.eu/legal-content/EN/TXT/PDF/?uri=CELEX:32022L2464>. Acesso em: 14 jan. 2024.

_____. **Regulation (EU) 2020/852 of the European Parliament and of the Council of 18 June 2020 on the establishment of a framework to facilitate sustainable investment, and amending Regulation (EU) 2019/2088 (Text with EEA relevance)**. 2020. Disponível em: <https://eur-lex.europa.eu/legal-content/EN/TXT/PDF/?uri=CELEX:32020 R0852>. Acesso em: 14 jan. 2024.

_____. **Regulation (EU) 2023/1115 of the European Parliament and of the Council of 31 May 2023 on the making available on the Union market and the export from the Union of certain commodities and products associated with deforestation and forest degradation and repealing Regulation (EU) n. 995/2010**. 2023. Disponível em: <https://eur-lex.europa.eu/legal-content/EN/TXT/PDF/?uri=CELEX:32023R1115>. Acesso em: 4 jan. 2024.

_____. **Regulation (EU) 2023/2631 of the European Parliament and the Council of 22 November 2023 on European Green Bonds and optional disclosures for bonds marketed as environmentally sustainable and for sustainability-linked bonds**. 2023. Disponível em: <https://eur-lex.europa.eu/legal-content/EN/TXT/PDF/?uri=OJ:L_20230 2631>. Acesso em: 14 jan. 2024.

EUROPEAN SECURITIES AND MARKETS AUTHORITY. **Progress Report on Greenwashing Response to the European Commission's request for input on "greenwashing risks and the supervision of sustainable finance policies"**. 2023. Disponível em: <https://www.esma.europa.eu/sites/default/files/2023-06/ESMA30-1668 416927-2498_Progress_Report_ESMA_response_to_COM_RfI_on_greenwashing_risks.pdf>. Acesso em: 18 jan. 2024.

EXAME. **Salário digno**: como a Natura calcula o mínimo que seus funcionários devem receber para viver bem. 2024. Disponível em: <https://exame.com/esg/salario-digno-como-a-natura- calcula-o-minimo-que-seus-funcionarios-devem-receber-para-viver-bem/>. Acesso em: 24 jan. 2024.

EY. **Does your nonfinancial reporting tell your value creation story?** Disponível em: <https://www.ey.com/en_gl/assurance/does-nonfinancial-reporting-tell-value-creation-story>. Acesso em: 11 jan. 2022.

_____. **How can bold CFOs reframe their role to optimize performance?** 2023. Disponível em: <https://assets.ey.com/content/dam/ey-sites/ey-com/en_gl/topics/cfo/ey-dna-of-the-cfo-2023-report-low-res.pdf>. Acesso em: 31 jan. 2024.

_____. **IFRS S1 e IFRS S2**: implicações para o mercado brasileiro. 2023. Disponível em: <https://www.ey.com/pt_br/sustainability/ifrs-implicacoes-mercado-brasileiro>. Acesso em: 17 jan. 2024.

_____. **Interoperability considerations for GHG emissions when applying GRI Standards and ISSB Standards**. 2024. Disponível em: <https://www.ifrs.org/content/dam/ifrs/supporting-implementation/ifrs-s2/interoperability-considerations-for-ghg-emissions-when-applying-gri-standards-and-issb-standards.pdf>. Acesso em: 23 jan. 2024.

_____. **Tomorrow's investors rules 2017**: ¿Tu información no financiera muestra el valor real que genera tu empresa? Disponível em: <https://www.comunicarseweb.com/sites/default/files/ey-resumen-ejecutivo-tomorrows-investors-rules-2017.pdf>. Acesso em: 10 abr. 2022.

EY CENTER FOR BOARD MATTERS. **Prioridades dos Conselhos de Administração para 2024 nas Américas**: enfrentar a crise e abraçar oportunidades. 2024. Disponível em: <https://www.ey.com/pt_br/board-matters/prioridades-dos-conselhos-de-administracao-para- 2024-nas-americas>. Acesso em: 31 jan. 2024.

FINANCIAL TIMES. **Osage Nation seeks damages from Enel over wind turbines on tribal land**. 2024. Disponível em: <https://www.ft.com/content/93fc1aed-0afc-48bd-8491-997631f4a316>. Acesso em: 29 jan. 2024.

FONSECA, Isabel Celeste M.; LIQUIDATO, Vera Lúcia Viegas; PINTO, João Vilas Boas; COELHO, Larissa (Coord). **Desafios do Direito no século XXI**: Diálogos Luso-Brasileiros, Governação e COVID-19. Portugal: Escola de Direito da Universidade do Minho. Centro de Investigação em Justiça e Governação GLOB (Globalização, Democracia e Poder), 2021.

FÓRUM DE EMPRESAS E DIREITOS LGBTI+. **10 Compromissos**. Disponíveis em: <https://www.forumempresaslgbt.com/10-compromissos>. Acesso em: 18 abr. 2022.

FREEMAN, R. Edward; HARRISON, Jeffrey S.; WICKS, Andrew C.; PARMAR, Bidhan; COLLE, Simone de. **Stakeholder theory**: the state of the art. Reino Unido: Cambridge University Press, 2010.

FRIEDMAN, Milton. The social responsibility of business is increase its profits. **The New York Times Magazine**. Nova Iorque: The New York Times Company, 1970.

FGVCES. **Considerações para uma taxonomia sustentável no Brasil com foco em biodiversidade**. São Paulo: FGV, 2023.

FULLERTON, John. **Regenerative Capitalism**: how universal principles and patterns will shape our new economy. Capital Institute, 2015. Disponível em: <https://capitalinstitute.org/wp-content/uploads/2015/04/2015-Regenerative-Capitalism-4-20-15-final.pdf>. Acesso em: 4 jan. 2024.

FSB. **About the FSB**. Disponível em: <https://www.fsb.org/about/>. Acesso em: 15 fev. 2022.

GARCIA, Beatriz; RIMMER, Lawrence; CANAL VIEIRA, Leticia; MACKEY, Brendan. REDD+ and forest protection on indigenous lands in the Amazon. **RECIEL**, v. 30, p. 207-219, 2021.

GATES, Bill. **Como evitar um desastre climático**: as soluções que temos e as inovações necessárias. Trad. Cássio Arantes Leite. São Paulo: Companhia das Letras, 2021.

GBI. **Effective downstream human rights due diligence**: key questions for companies. Disponível em: <https://gbihr.org/images/docs/

GBI_Effective-Downstream-HRDD_Key-Questions-for-Companies_-_Feb_2023.pdf>. Acesso em: 6 fev. 2024.

GEREFFI, Gary. **How to make global supply chains more resilient**. Columbia FDI Perspectives. Columbia Center on Sustainable Investment, n. 348, 2023. Disponível em: <https://ccsi.columbia.edu/sites/default/files/content/docs/fdi%20perspectives/No%20348%20-%20Gereffi%20-%20FINAL.pdf>. Acesso em: 29 jan. 2024.

GLOBAL BUSINESS INITIATIVE ON HUMAN RIGHTS. **Integrating human rights into company climate action**: insights from business practitioners. UK: GBI, 2024.

GLOBAL COMPACT NETWORK GERMANY. **Assessing human rights risks and impacts**. Perspectives from corporate practice. Germany: Global Compact Network Germany, 2016.

GLOBAL CSR. **BEWARE**: the liability trap by introducing CSRD before CSDDD. Disponível em: <https://globalcsr.net/wp-content/uploads/2019/02/24_BEWARE_TRAP_CSRD_CSDDD20.pdf>. Acesso em: 29 jan. 2024.

GLOBAL SUSTAINABLE INVESTMENT ALLIANCE. **2018 Global Sustainable Investment Review**. Disponível em: <http://www.gsi-alliance.org/wp-content/uploads/2019/03/GSIR_Review2018.3.28.pdf>. Acesso em: 24 jan. 2022.

GLOBO. **Especial mulheres**: o complexo mercado de trabalho para mulheres trans e travestis. 2022. Disponível em: <https://gente.globo.com/texto-especial-mulheres-o-complexo-mercado-de-trabalho-para-mulheres-trans-e-travestis/>. Acesso em: 25 jan. 2024.

GORDON, Oliver. **The interwoven fortunes of carbon markets and indigenous communities**. Energy Monitor, 2022. Disponível em: <https://www.energymonitor.ai/carbon-markets/the-interwoven-fortunes-of-carbon-markets-and-indigenous-communities/?cf-view>. Acesso em: 17 jan. 2024.

GRI. **Consolidated Set of GRI Sustainability Reporting Standards 2020**. Disponível em: <https://www.globalreporting.org/how-to-use-the-gri-standards/gri-standards-english-language/>. Acesso em: 12 abr. 2022.

_____. **Consolidated Set of the GRI Standards 2021**. Disponível em: <https://www.globalreporting.org/how-to-use-the-gri-standards/gri-standards-english-language/>. Acesso em: 12 abr. 2022.

_____. **Corporate sustainability due diligence policies and sustainability reporting**. A state-of-play report by the GRI Policy team. 2023. Disponível em: <https://www.globalreporting.org/media/cqho

34tm/corporate_sustainability-due_diligence_and_sustainability_reporting_final.pdf>. Acesso em: 29 jan. 2024.

_____. **GRI raises the global bar for due diligence and human rights reporting**. 2021. Disponível em: <https://www.globalreporting.org/about-gri/news-center/gri-raises-the-global-bar-for-due-diligence-and-human-rights-reporting/>. Acesso em: 13 jan. 2022.

_____. **GRI 101**: Biodiversity 2024. The Netherlands: GRI, 2024.

GRUPO DE TRABAJO SOBRE EMPRESAS Y DERECHOS HUMANOS DE NACIONES UNIDAS. **Como integrar los derechos humanos en las finanzas en América Latina y el Caribe**. Recomendaciones de acción para estados, inversionistas institucionales y bancos comerciales. 2022. Disponível em: <https://empresasyderechoshumanos.org/wp-content/uploads/2023/12/COMO-INTEGRAR-LOS-DERECHOS-HUMANOS-EN-LAS-FINANZAS-EN-AMERICA-LATINA-Y-EL-CARIBE.pdf>. Acesso em: 15 jan. 2024.

GUANIPA, Henry Jiménez; ÁVILA, Lina Muñoz; POISOT, Eduardo Ferrer Mac-Gregor (Ed.). LÓPEZ, Miguel Barboza; RANK, Hartmut (Coord.). **Comentario al Acuerdo de Escazú sobre derechos ambientales en América Latina y el Caribe**. Berlin: Konrad-Adenauer Stiftung e. V., 2023.

HADDAD, Carlos H. B.; MIRAGLIA, Lívia M. M. (Coord.). MONTEIRO, Lucas Fernandes; PEREIRA, Marcela Rage; BUENO, Marina de Araújo. **Trabalho escravo**: entre os achados da fiscalização e as respostas judiciais. Florianópolis: Tribo da Ilha, 2018.

HARRIS, Kamala D. **The California transparency in supply chains act**: a resource guide. California Department of Justice, 2015. Disponível em: <https://oag.ca.gov/sites/all/files/agweb/pdfs/sb657/resource-guide.pdf>. Acesso em: 14 nov. 2018.

HARVARD LAW SCHOOL FORUM ON CORPORATE GOVERNANCE. **What Board Members Need to Know about the "E" in ESG**. Disponível em: <https://corpgov.law.harvard.edu/2020/07/09/what-board-members-need-to-know-about-the-e-in-esg/>. Acesso em: 22 fev. 2022.

HAZAN, Eric; SMIT, Sven; WOETZEL, Jonathan; CVETANOVSKI, Biljana; KRISHNAN, Mekala; GREGG, Brian; PERREY, Jesko; HJARTAR, Klemens. **Getting tangible about intangibles**: the future of growth and productivity? 2021. McKinsey Global Institute. Disponível em: <https://www.mckinsey.com/business-functions/marketing-and-sales/our-insights/getting-tangible-about-intangibles-the-future-of-growth-and-productivity>. Acesso em: 19 fev. 2022.

HENISZ, Witold; KOLLER, Tim; NUTTALL, Robin. **Five ways that ESG create value**. McKinsey Quartely. 2019. Disponível em: <https://www.mckinsey.com/~/media/McKinsey/Business%20Functions/Strategy%20and%20Corporate%20Finance/Our%20Insights/Five%20ways%20that%20ESG%20creates%20value/Five-ways-that-ESG-creates-value.ashx>. Acesso em: 11 jan. 2022.

IBP. **O mecanismo de ajuste fronteiriço de carbono e seus desafios para uma transição energética justa**. Rio de Janeiro: IBP, 2022.

ICL ECONOMIA. **Inserir população indígena no mercado de trabalho está entre os desafios da ministra Sonia Guajajara**. 2023. Disponível em: <https://icleconomia.com.br/populacao-indigena-no-mercado-de-trabalho/>. Acesso em: 26 jan. 2024.

ICMA. **Green Bond Principles**. Voluntary Process Guidelines for Issuing Green Bonds. 2021. Disponível em: <https://www.icmagroup.org/assets/documents/Sustainable-finance/2022-updates/Green-Bond-Principles-June-2022-060623.pdf>. Acesso em: 13 jan. 2024.

ICMM. **ICMM Human Rights Due Diligence Guidance**. 2023. Disponível em: <https://www.icmm.com/website/publications/pdfs/social-performance/2023/guidance_human-rights-due-diligence.pdf?cb=58439>. Acesso em: 25 jan. 2024.

_____. **Our Principles**. 2024. Disponível em: <https://www.icmm.com/en-gb/our-principles>. Acesso em: 25 jan. 2024.

IEA. **Critical minerals market review 2023**. IEA: 2023.

_____. **Latin America Energy Outlook**. Overview: Brazil. IEA. 2023.

IFRS. **About the International Sustainability Standards Board**. Disponível em: <https://www.ifrs.org/groups/international-sustainability-standards-board/>. Acesso em: 17 jan. 2024.

_____. **ISSB issues inaugural global sustainability disclosure standards**. 2023. Disponível em: <https://www.ifrs.org/news-and-events/news/2023/06/issb-issues-ifrs-s1-ifrs-s2/>. Acesso em: 17 jan. 2024.

_____. **SASB Standards**. Under the stewardship of the International Sustainability Standards Board. Basis for Conclusions on Enhancing the International Applicability of the SASB Standards. Londres: IFRS, 2023.

IIRC. **International Integrated Reporting Framework**. 2021. Disponível em: <https://www.integratedreporting.org/wp-content/uploads/2021/01/InternationalIntegratedReportingFramework.pdf>. Acesso em: 2 fev. 2022.

INFOMONEY. **Americanas (AMER3)**: 7 questões um ano após a fraude bilionária e queda de 93% das ações. 2024. Disponível em: <https://www.infomoney.com.br/mercados/americanas-amer3-7-questoes-um-ano-apos-a-fraude-bilionaria-e-o-futuro-das-acoes/>. Acesso em: 30 jan. 2024.

INFOSYS. **ESG Radar 2023**: ESG Redefined: from compliance to value creation. 2022. Disponível em: <https://www.infosys.com/about/esg-radar-report/esg-radar-report-2023.pdf>. Acesso em: 4 jan. 2024.

INGRAMS, Marian; BOOTH, Katharine. **Hardening soft law**: strategic use of the OECD Guidelines to achieve meaningful outcomes. Columbia Center on Sustainable Investment, n. 351, 2023. Disponível em: <https://ccsi.columbia.edu/sites/default/files/content/docs/fdi%20perspectives/No%20351%20-Ingrams%20and%20Booth%20-%20FINAL.pdf>. Acesso em: 8 jan. 2024.

INICIATIVA BRASILEIRA PARA O MERCADO VOLUNTÁRIO DE CARBONO. **Sobre nós**. Disponível em: <https://www.brvcm.org/>. Acesso em: 9 jan. 2024.

INSTITUTO BRASILEIRO DE GEOGRAFIA E ESTATÍSTICA. **Desigualdades sociais por cor ou raça no Brasil**. 2019. Disponível em: <https://biblioteca.ibge.gov.br/visualizacao/livros/liv101681_informativo.pdf>. Acesso em: 20 abr. 2022.

_____. **Síntese de indicadores sociais**: uma análise das condições de vida da população brasileira. IBGE, Coordenação de População e Indicadores Sociais. Rio de Janeiro: IBGE, 2021. Disponível em: <https://biblioteca.ibge.gov.br/visualizacao/livros/liv101892.pdf>. Acesso em: 17 abr. 2022.

INSTITUTO BRASILEIRO DE GOVERNANÇA CORPORATIVA. **Agenda positiva de governança**: medidas para uma governança que inspira, inclui e transforma. São Paulo: IBGC, 2020. Disponível em: <https://conhecimento.ibgc.org.br/Lists/Publicacoes/Attachments/24360/Agenda%20Positiva.pdf>. Acesso em: 10 abr. 2022.

_____. **Código Brasileiro de Governança Corporativa**. São Paulo: Grupo de Trabalho Interagentes, 2016. Disponível em: <https://www.anbima.com.br/data/files/F8/D2/98/00/02D885104D66888568A80AC2/Codigo-Brasileiro-de-Governanca-Corporativa_1_.pdf. Acesso em: 2 fev. 2022.

_____. **Código das Melhores Práticas de Governança Corporativa**. 5. ed. São Paulo: IBGC, 2015.

_____. **Código das Melhores Práticas de Governança Corporativa**. 6. ed. São Paulo: IBGC, 2023.

_____. **Diversidade de gênero e raça nas lideranças organizacionais**. São Paulo: IBGC, 2021.

_____. **União de relatórios de sustentabilidade visa maior clareza**: SASB e IIRC fundem-se em organização internacional para simplificar divulgação de desempenho ASG das companhias. 2020. Disponível em: <https://www.ibgc.org.br/blog/uniao-relatorios-sustentabilidade>. Acesso em: 13 fev. 2022.

INSTITUTO BRASILEIRO DE PETRÓLEO. **Implicações da Lei de Redução da Inflação nos Estados Unidos**. 2022. Disponível em: <https://www.ibp.org.br/personalizado/uploads/2022/10/lei-de-reducao-da-inflacao.pdf>. Acesso em: 4 jan. 2024.

INSTITUTO ETHOS. **Perfil social, racial e de gênero das 500 maiores empresas do Brasil e suas ações afirmativas**. São Paulo: Instituto Ethos, 2016.

INTERNATIONAL LABOUR ORGANIZATION. **C169 Indigenous and Tribal Peoples Convention**. 1989. Disponível em: <https://www.ilo.org/dyn/normlex/en/f?p=NORMLEXPUB:55:0::NO::P55_TYPE,P55_LANG,P55_DOCUMENT,P55_NODE:REV,en,C169,/Document>. Acesso em: 13 abr. 2022.

_____. **ILO Monitor**: COVID-19 and the world of work. Second Edition. Updated Estimates and Analysis. Disponível em: <https://www.ilo.org/wcmsp5/groups/public/---dgreports/---dcomm/documents/briefingnote/wcms_740877.pdf>. Acesso em: 21 abr. 2022.

INTERNATIONAL ORGANIZATION OF SECURITIES COMMISSIONS. **Recommendations on Sustainability-Related Practices, Policies, Procedures and Disclosure in Asset Management**. 2021. Disponível em: <https://www.iosco.org/library/pubdocs/pdf/IOSCOPD688.pdf>. Acesso em: 8 fev. 2022.

INTERNATIONAL TRADE UNION CONFEDERATION. **2020 ITUC Global Rights Index**: the world's worst countries for workers. Disponível em: <https://www.business-humanrights.org/sites/default/files/documents/ituc_globalrightsindex_2020_en%5B1%5D%5B1%5D.pdf>. Acesso em: 21 abr. 2022.

IOSCO. **Supervisory Practices to Address Greenwashing**. Final Report. IOSCO, 2023. Disponível em: <https://www.iosco.org/library/pubdocs/pdf/IOSCOPD750.pdf>. Acesso em: 14 jan. 2024.

IPCC. **Climate Change 20222**: impacts, adaptation and vulnerability. Contribution of Working Group II to the Sixth Assessment Report of the Intergovernmental Panel on Climate Change. Cambridge: Cambridge University Press, 2022.

IPEN. **ABNT NBR ISO 14001**. Sistemas de gestão ambiental: requisitos com orientações para uso. 2015. Disponível em: <https://www.ipen.br/biblioteca/slr/cel/N3127.pdf>. Acesso em: 26 abr. 2022.

IPIECA. **Accelerating action**: an SDG Roadmap for the oil and gas sector. United Kingdom: IPIECA, 2021.

_____. **Sustainability reporting guidance for the oil and gas industry**. 4th edition. United Kingdom: IPIECA, 2020.

ISO. **ISO 9001:2015**. Quality management systems. Disponível em: <https://www.iso.org/standard/62085.html>. Acesso em: 2 fev. 2024.

_____. **ISO 14001:2015**. Environmental management systems. Disponível em: <https://www.iso.org/standard/60857.html>. Acesso em: 2 fev. 2024.

_____. **ISO 14064-1:2018**. Greenhouse gases. Part 1: Specification with guidance at the organization level for quantification and reporting of greenhouse gas emissions and removals. Disponível em: <https://www.iso.org/standard/66453.html>. Acesso em: 2 fev. 2024.

_____. **ISO 14064-2:2019**. Greenhouse gases. Part 2: Specification with guidance at the project level for quantification, monitoring and reporting of greenhouse gas emission reductions or removal enhancements. Disponível em: <https://www.iso.org/standard/ 66454.html>. Acesso em: 2 fev. 2024.

_____. **ISO 14064-3:2019**. Greenhouse gases. Part 3: Specification with guidance for the verification and validation of greenhouse gas statements. Disponível em: <https://www.iso.org/standard/66455.html>. Acesso em: 2 fev. 2024.

_____. **ISO 26000:2010**. Guidance on social responsibility. Disponível em: <https://www.iso.org/standard/42546.html>. Acesso em: 2 fev. 2024.

_____. **ISO 45001 and related standards**. Disponível em: <https://www.iso.org/iso-45001-occupational-health-and-safety.html>. Acesso em: 2 fev. 2024.

_____. **ISO/IEC 27001:2022**. Information security, cybersecurity and privacy protection. Disponível em: <https://www.iso.org/standard/27001>. Acesso em: 2 fev. 2024.

IUCN. **Guidance for using the IUCN Global Standard for Nature-based Solutions**. A user- friendly framework for the verification, design and scalling up of Nature-based Solutions. Switzerland: IUCN, 2020.

G1. **Fraude na Amazônia**: empresas usam terras públicas como se fossem particulares para vender créditos de carbono a gigantes multinacionais. 2023. Disponível em: <https://g1.globo.com/pa/para/noticia/

2023/10/02/fraude-na-amazonia-empresas-usam-terras-publicas-como-se-fossem-particulares-para-vender-creditos-de-carbono-a-gigantes-multinacionais.ghtml>. Acesso em: 19 jan. 2024.

JOHNSON, Stefanie K. **Inclusifique**: como a inclusão e a diversidade podem trazer mais inovação à sua empresa. Trad. Ada Felix. São Paulo: Benvirá, 2020.

JUMA. **Boletim da litigância climática no Brasil**. 2. ed. Danielle de Andrade Moreira (Coord). Rio de Janeiro: Grupo de Pesquisa Direito, Ambiente e Justiça no Antropoceno, 2023.

_____. **Justiça climática**. Disponível em: <https://www.juma.nima.puc-rio.br/pesquisas-justica-climatica#:~:text=A%20nova%20%C3%A9poca%20geol%C3%B3gica%20da,funcionamento%20b%C3%A1sico%20do%20sistema%20terrestre.>. Acesso em: 4 jan. 2024.

KAYAPÓ, Aline Ngrenhtabare Kaxiriana Lopes; KAYAPÓ, Esdon Bepkro; PEREIRA, Flávio de Leão Bastos. **O acesso dos povos indígenas ao ensino superior**. Le Monde Diplomatique, 2022. Disponível em: <https://diplomatique.org.br/o-acesso-dos-povos-indigenas-ao-ensino-superior/>. Acesso em: 26 jan. 2022.

KAZA, Silpa; YAO, Lisa; BHADA-TATA, Perinaz; VAN WOERDEN, Frank. **What a Waste 2.0**: a Global Snapshot of Solid Waste Management to 2050. Washington: World Bank, 2018.

KELLY, Marjorie. **Capitalismo alternativo e o futuro dos negócios**: construindo uma economia que funcione para todos. Trad. Claudia Gerpe Duarte. São Paulo: Cultrix, 2016.

KINLEY, David; TADAKI, Junko. From talk to walk: the emergence of human rights responsibilities for corporations at international law. **Virginia Journal of International Law**, v. 44, n. 4, p. 931-1023, 2004.

KNOX, John. **Greening Human Rights**. Open Democracy, 2015. Disponível em: <https://www.opendemocracy.net/en/openglobalrights-openpage/greening-human-rights/>. Acesso em: 18 jan. 2022.

KPMG. **A Governança corporativa e o mercado de capitais 2023/2024**. 18. ed. Disponível em: <https://conhecimento.ibgc.org.br/Lists/Publicacoes/Attachments/24664/A-Governanca-Corporativa-e-o-Mercado-de-Capitais-18-ed-2023.pdf>. Acesso em: 6 fev. 2024.

KRAJEWSKI, Markus; TONSTAD, Kristel; WOHLTMANN, Franziska. Mandatory Human Rights Due Diligence in Germany and Norway: Stepping, or Striding, in the Same Direction? **Business And Human Rights Journal**, v. 6, issue 3. Cambridge University Press: October 2021. Disponível em: <https://www.cambridge.org/core/journals/business-and-human-rights-journal/article/mandatory-human-rights-

due-diligence-in-germany-and-norway-stepping-or-striding-in-the-same-direction/85815FE5F1D1F64208B0068B7FB BECF8>. Acesso em: 16 fev. 2022.

KRISHNAN, Mekala; SAMANDARI, Hamid; WOETZEL, Jonathan; SMIT, Sven; PACTHOD, Daniel; PINNER, Dickon; NAUCLÉR, Tomas; TAI, Humayun; FARR, Annabel; WU, Weige; IMPERATO, Danielle. **The net-zero transition**: what it would cost, what it could bring. McKinsey Global Institute in collaboration with McKinsey Sustainability and McKinsey's Global Energy & Materials and Advanced Industries Practices, 2022.

KUNUJI, Valentine. **Sustainable Finance and the UNGPs**: towards a grievance mechanism for victims of climate action. Cambridge Core Blog. Disponível em: <https://www.cambridge.org/core/blog/2021/08/06/sustainable-finance-and-the-ungps-towards-a-grievance-mechanism-for-victims-of-climate-action/>. Acesso em: 25 jan. 2022.

KUPTSCH, Christiane; CHAREST, Éric (Editors). **The future of diversity**. Genebra: ILO, 2021.

LAB. **Taxonomia em finanças sustentáveis**: panorama e realidade nacional. 2021. Disponível em: <https://labinovacaofinanceira.com/2021/04/20/taxonomia-em-financas-sustentaveis-panorama-e-realidade-nacional/>. Acesso em: 14 jan. 2024.

LIGHTFOOT, Elizabeth Bradford. Consumer Activism for Social Change. **Social Work**, v. 64, issue 4. NASW: 2019.

LINKLATERS. **The Netherlands**: a dutch initiative for a value chain due diligence. 2023. Disponível em: <https://sustainablefutures.linklaters.com/post/102i833/the-netherlands-a-dutch-initiative-for-a-value-chain-due-diligence>. Acesso em: 29 jan. 2024.

LOVDATA. **Act relating to enterprises' transparency and work on fundamental and decent working conditions (Transparency Act)**. Disponível em: <https://lovdata.no/dokument/NLE/lov/2021-06-18-99>. Acesso em: 12 abr. 2022.

MACHADO, Cecília; PINHO NETO, Valdemar. **The Labor Market Consequences of Maternity Leave Policies**: evidence from Brazil. 2016. Disponível em: <https://portal.fgv.br/sites/portal.fgv.br/files/the_labor_market_consequences_of_maternity_leave_policies_evidence_from_brazil.pdf>. Acesso em: 8 fev. 2024.

MAHANTY, Sango; MCDERMOTT, Constance L. How does 'Free, Prior and Informed Consent' (FPIC) impact social equity? Lessons from mining and forestry and their implications for REDD+. **Land Use Policy**, v. 35, p. 406-416, 2013.

MAIS DIVERSIDADE. **O cenário brasileiro LGBTI+**. São Paulo: Mais Diversidade, 2021. Disponível em: <https://drive.google.com/file/d/1uIwHu1nyqUrnOfJWol9gCAfJe3XQiDOb/view>. Acesso em: 24 abr. 2022.

MANNRICH, Nelson; CAVALCANTE, Jouberto de Quadros Pessoa; VILLATORE, Marco Antônio Cesar. **Direito Internacional do Trabalho e a Organização Internacional do Trabalho**: direito coletivo e sindical. Curitiba: Instituto Memória. Centro de Estudos da Contemporaneidade, 2021.

MANZOLLI, Bruno; RAJÃO, Raoni; BRAGANÇA, Ana Carolina Haliuc; OLIVEIRA, Paulo de Tarso Moreira; ALCÂNTARA, Gustavo Kenner; NUNES, Felipe; FILHO, Britaldo Soares. **Legalidade da produção de ouro no Brasil**. Belo Horizonte: Editora IGC/UFMG, 2021.

MCKINSEY & COMPANY. **Diversity matters**: Latin America. Disponível em: <https://www.mckinsey.com/br/~/media/mckinsey/locations/south%20america/brazil/our%20insights/diversity%20matters/diversitymatters_en.pdf?shouldIndex=false>. Acesso em: 10 abr. 2022.

_____. **Diversity wins**: how inclusion matters. 2020. Disponível em: <https://www.mckinsey.com/~/media/mckinsey/featured%20insights/diversity%20and%20inclusion/diversity%20wins%20how%20inclusion%20matters/diversity-wins-how-inclusion-matters-vf.pdf?shouldIndex=false>. Acesso em: 22 abr. 2022.

_____. **The economic impact of ageism**. 2021. Disponível em: <https://www.mckinsey.com/about-us/social-responsibility/the-economic-impact-of-ageism#>. Acesso em: 25 abr. 2022.

_____. **Women in the Workplace 2023**. Disponível em: <https://www.mckinsey.com/featured-insights/diversity-and-inclusion/women-in-the-workplace>. Acesso em: 8 fev. 2024.

MELOTTI, L.M.D.; BASSO, M.; CRUVINEL, G.F.A.; NASCIMENTO, R.C. do. Utilização do sistema *blockchain* e sua rastreabilidade no agronegócio. **Cadernos de Prospecção**, v. 16, n. 5, p. 1543-1554, 2023.

MERINERO, Sara Gonzalez; TIGRE, Maria Atonia. **Understanding unsuccessful climate litigation**: the Spanish Greenpeace Case. Columbia Climate School. Sabin Center for Climate Change Law. 2023. Disponível em: <https://blogs.law.columbia.edu/climatechange/2023/09/11/understanding-unsuccessful-climate-litigation-the-spanish-greenpeace-case/>. Acesso em: 22 jan. 2024.

MICROSOFT. **Diversity and Inclusion Report 2019**. Disponível em: <http://query.prod.cms.rt.microsoft.com/cms/api/am/binary/RE4aqv1>. Acesso em: 24 jun. 2020.

MINISTÉRIO DA FAZENDA. **Taxonomia sustentável brasileira**. Plano de ação para consulta pública. Brasília: Ministério da Fazenda, 2023.

MINISTÉRIO DE MINAS E ENERGIA. **Alexandre Silveira lança Plano Nacional de Transição Energética justa e inclusiva na ONU**. 2023. Disponível em: <https://www.gov.br/mme/pt-br/assuntos/noticias/alexandre-silveira-lanca-plano-nacional-de-transicao-energetica-justa-e-inclusiva-na-onu>. Acesso em: 9 jan. 2024.

_____. **Programa Nacional do Hidrogênio**. Proposta de Diretrizes. 2021.

_____. **União Europeia anuncia construção de usina de hidrogênio verde no Brasil**. 2023. Disponível em: <https://www.gov.br/mme/pt-br/assuntos/noticias/uniao-europeia-anuncia-construcao-usina-de-hidrogenio-verde-no-brasil>. Acesso em: 9 jan. 2024.

MINISTÉRIO DO MEIO AMBIENTE E MUDANÇA DO CLIMA. **Governo Federal lança novo PAC e Plano de Transição Ecológica**. 2023. Disponível em: <https://www.gov.br/mma/pt-br/governo-federal-lanca-novo-pac-e-plano-de-transicao-ecologica>. Acesso em: 12 jan. 2024.

MINISTÉRIO DO TRABALHO E EMPREGO. **Cadastro de Empregadores que tenham submetido trabalhadores a condições análogas à de escravo**. 2023. Disponível em: <https://www.gov.br/trabalho-e-emprego/pt-br/assuntos/inspecao-do-trabalho/areas-de-atuacao/cadastro_de_empregadores.pdf>. Acesso em: 24 jan. 2024.

MINISTÉRIO PÚBLICO FEDERAL. **Mineração ilegal de ouro na Amazônia**: marcos jurídicos e questões controversas. Brasília: MPF, 2020.

MINISTRY OF FOREIGN AFFAIRS OF DENMARK. Permanent Mission of Denmark to the UN in Geneva. The **Sustainable Recovery Pledge**: building a better future for all, with human rights at its heart. Disponível em: <https://fngeneve.um.dk/en/copy-of-human-rights/sustainable-recovery-pledge>. Acesso em: 18 jan. 2022.

MIRAGLIA, Lívia Mendes Moreira; PEREIRA, Marcela Rage; BRASILEIRO, Ana Clara Matias (Org.). **Trabalho escravo contemporâneo**: governança e compliance. Belo Horizonte: Livraria e Distribuidora, 2019.

MONTEIRO, Guilherme Fowler A.; MIRANDA, Bruno Varella; RODRIGUES, Vinicius Picanço; SAES, Maria Sylvia Macchione. ESG: disentangling the governance pillar. **Revista de Administração – RAUSP**. São Paulo, v. 56, p. 482-487, out. 2021. Disponível em: <https://www.revistas.usp.br/rmj/article/view/193224/178061>. Acesso em: 7 jan. 2022.

MOREIRA, Adilson José. **O que é discriminação?** Belo Horizonte: Letramento: Casa do Direito: Justificando, 2017.

MSCI. **MSCI ESG Fund Ratings Methodology**. 2023. Disponível em: <https://www.msci.com/documents/1296102/34424357/MSCI+ESG+Fund+Ratings+Methodology.pdf/f80cf80c3897-85f4-0cc4-3c38-9537b7ea83a3?t=1672936698044#:~:text=MSCI%20ESG%20Fund%20Ratings%20include,Union%20(EU)%20sustainable%20finance.&text=Metrics%20are%20calculated%20using%20the%20weighted%20average%20of%20a%20given%20me tric.>. Acesso em: 12 jan. 2024.

_____. **MSCI Ratings ESG Methodology**. 2020. Disponível em: <https://www.msci.com/documents/1296102/4769829/MSCI+ESG+Ratings+Methodology+-+Exec+Summary+Dec+2020.pdf/15e36bed-bba2-1038-6fa0-2cf52a0c04d6?t=1608110671584>. Acesso em: 4 fev. 2022.

_____. **Sustainability & Climate Trends to Watch for 2024**. New York: MSCI ESG Research LLC, 2024.

NAÇÕES UNIDAS. ONU News. **"Passo importante, mas não suficiente", afirma Guterres sobre o acordo da COP-26**. Disponível em: <https://news.un.org/pt/story/2021/11/1770432>. Acesso em: 24 jan. 2022.

NAÇÕES UNIDAS BRASIL. **Objetivo de Desenvolvimento Sustentável 8**. Disponível em: <https://brasil.un.org/pt-br/sdgs/8>. Acesso em: 21 abr. 2022.

NASCIMENTO, Juliana Oliveira (Coord.). **ESG**: o cisne verde e o capitalismo de stakeholder: a tríade regenerativa do futuro global. São Paulo: Thomson Reuters Brasil, 2021.

_____. ESG vivo: a nova jornada da globalização pela transformação do capitalismo regenerativo e de stakeholder no mundo dos negócios. NASCIMENTO, Juliana Oliveira (Coord.). **ESG**: o cisne verde e o capitalismo de stakeholder: a tríade regenerativa do futuro global. São Paulo: Thomson Reuters Brasil, 2021.

NATIONAL CONFEDERATION OF INDUSTRY. **Circular economy**: strategic path for Brazilian industry. Brasília: CNI, 2020.

NIKE. **Representation in leadership**. Disponível em: <https://purpose.nike.com/ fy19-representation-and-pay>. Acesso em: 24 jun. 2020.

NOBRE, Carlos Afonso. Bioeconomia de floresta em pé e rios fluindo: uma solução para a Amazônia. BORGES, Caio; VASQUES, Pedro Henrique (Org.). **STF e as mudanças climáticas**: contribuições para o debate sobre o Fundo Clima (ADPF 708). Rio de Janeiro: Telha, 2021.

NOEL, Ann M.; OPPENHEIMER, David B. **The Global #MeToo Movement**. United States: Berkeley Center on Comparative Equality and Anti-Discrimination Law, 2020.

O ESTADO DE SÃO PAULO. **Mulheres negras são apenas 3% entre líderes, diz estudo.** 2023. Disponível em: <https://www.estadao.com.br/economia/sua-carreira/mulheres-negras-lideres-empresas-estudo-gestao-kairos/>. Acesso em: 25 jan. 2024.

OCDE. **Guia da OCDE de devida diligência para uma conduta empresarial responsável.** OCDE, 2018. Disponível em: <http://mneguidelines.oecd.org/guia-da-ocde-de-devida- diligencia-para-uma-conduta-empresarial-responsavel-2.pdf>. Acesso em: 10 abr. 2022.

OECD. **Building Back Better**: a sustainable, resilient recovery after COVID-19. Disponível em: <https://www.oecd.org/coronavirus/policy-responses/building-back-better-a-sustainable-resilient-recovery-after-covid-19-52b869f5/#section-d1e45>. Acesso em: 17 jan. 2022.

_____. **Green bonds**: mobilizing the debt capital markets for a low-carbon transition. Policy Perspectives. 2015. Disponível em: <https://www.oecd.org/environment/cc/Green%20bonds%20PP%20%5Bf3%5D%20%5Blr%5D.pdf>. Acesso em: 27 abr. 2022.

_____. **G20/OECD Principles of Corporate Governance.** Paris: OECD Publishing, 2023.

_____. **OECD Guidelines for Multinational Enterprises on Responsible Business Conduct.** Paris: OECD Publishing, 2023.

OLIVEIRA, A.S.F.; MACHADO, M. Mais do que dinheiro: *pink money* e a circulação de sentidos na comunidade LGBT+. **Signos do Consumo**, São Paulo, v. 13, n. 1, p. 20-31, jan./jun. 2021.

OLIVEIRA, Karen. O Fundo Clima e a importância do financiamento de soluções baseadas na natureza. BORGES, Caio; VASQUES, Pedro Henrique (Org.). **STF e as mudanças climáticas**: contribuições para o debate sobre o Fundo Clima (ADPF 708). Rio de Janeiro: Telha, 2021.

ORGANIZAÇÃO DAS NAÇÕES UNIDAS. **Objetivo de Desenvolvimento Sustentável 13**. Disponível em: <https://brasil.un.org/pt-br/sdgs/13>. Acesso em: 24 jan. 2022.

OVERHEID.NL. **Wet van 24 oktober 2019 houdende de invoering van een zorgplicht ter voorkoming van de levering van goederen en diensten die met behulp van kinderarbeid tot stand zijn gekomen (Wet zorgplicht kinderarbeid)**. Disponível em: <https://zoek.officielebekendmakingen.nl/stb-2019-401.html>. Acesso em: 12 abr. 2022.

O'CONNOR, Casey; LABOWITZ, Sarah. **Putting the "S" in ESG**: measuring human rights performance for investors. Nova Iorque: NYU Stern Center for Business and Human Rights, 2017.

O'CONNOR-WILLIS, Casey. **Making ESG Work**: how investors can help improve low-wage labor and ease income inequality. Nova Iorque: NYU Stern Center for Business and Human Rights, 2021.

ØRSTED. **Ørsted becomes the first energy company in the world with a science-based net-zero target**. Disponível em: <https://orsted.com/en/sustainability/our-stories/orsted-becomes-first-energy-company-in-the-world-with-a-science-based-net-zero-target>. Acesso em: 18 fev. 2022.

PACTO GLOBAL REDE BRASIL. **Toolkit sobre a devida diligência em direitos humanos**: para gestores do setor elétrico-energético. Disponível em: <https://go.pactoglobal.org.br/l/979353/2023-12-13/541qf/979353/1702466816iUyGeVzY/toolkit.pdf>. Acesso em: 1º fev. 2024.

PARAVENTI, Ágatha; FARIAS, L. A. de; LOPES, V. de S. C. Novos públicos, dialetos e ESG: a inflexão da comunicação financeira no Brasil. **Organicom**. [S.l.], v. 18, n. 35, p. 117-127, 2021. Disponível em: <https://www.revistas.usp.br/organicom/article/view/185459>. Acesso em: 12 jan. 2022.

PARLIAMENT OF CANADA. **Bill S-211**. An act to enact the figthing against forced labour and child labour in supply chains act and to amend the customs tariff. 2022. Disponível em: <https://www.parl.ca/DocumentViewer/en/44-1/bill/S-211/third-reading>. Acesso em: 29 jan. 2024.

PASQUALETO, Olívia de Q. F.; BARBOSA, Ana Laura Pereira; FIOROTTO, Laura Arruda. **Terceirização e pejotização no STF**: análise das reclamações constitucionais. São Paulo: FGV Direito SP, 2023.

PIETRULLA, Felicitas; FRANKENBERGER, Karolin. a research model for circular business models – antecedents, moderators, and outcomes. **Sustainable Futures**, v. 4, 2022.

PNUMA. **Fundo Verde para o Clima**. Disponível em: <https://www.unep.org/pt-br/sobre-o-pnuma/financiamento-e-parcerias/parceiros-de-financiamento/fundo-verde-para-o-clima>. Acesso em: 9 jan. 2024.

POLIDO, Fabrício Bertini Pasquot. Serviços de tecnologia da informação, plataformas de intermediação do trabalho e processos legais transnacionais. POLIDO, Fabrício Bertini Pasquot; BARBATO, Maria Rosaria; MOURA, Natália das Chagas (Org.). **Trabalho, tecnologias e os desafios globais dos direitos humanos**: estudos e perspectivas críticas. Rio de Janeiro: Lumen Juris, 2019.

POLIDO, Fabrício Bertini Pasquot; BARBATO, Maria Rosaria; MOURA, Natália das Chagas (Org.). **Trabalho, tecnologias e os desafios** globais dos direitos humanos: estudos e perspectivas críticas. Rio de Janeiro: Lumen Juris, 2019.

POPE, Nicholas; SMITH, Peter. **Minerais críticos e estratégicos do Brasil em um mundo em transformação**. Instituto Igarapé, 2023.

PRESIDÊNCIA DA REPÚBLICA. **Conheça o Novo PAC**. Disponível em: <https://www.gov.br/casacivil/pt-br/novopac/conheca-o-plano>. Acesso em: 9 jan. 2024.

_____. **Consulta Pública para atualização da Estratégia e Plano de Ação Nacionais para a Biodiversidade – EPANB**. Disponível em: <https://www.gov.br/participamaisbrasil/consulta-publica-epanb>. Acesso em: 9 jan. 2024.

_____. **Rumo à COP30**. Disponível em: <https://www.gov.br/planalto/pt-br/assuntos/cop28/cop-30-no-brasil>. Acesso em: 5 jan. 2024.

PRINCIPLES FOR RESPONSIBLE INVESTMENT. **Materiality of ESG KPIs**: a perspective from Brazil. Disponível em: <http://www.sitawi.net/wp-content/uploads/2016/02/PRI_materiality-of-ESG-KPIs_BRAZIL.pdf>. Acesso em: 26 abr. 2022.

_____. **What are the Principles for Responsible Investment?** Disponível em: <https://www.unpri.org/about-us/what-are-the-principles-for-responsible-investment>. Acesso em: 3 fev. 2022.

PROLO, C.D.; PENIDO, G.; SANTOS, I.T.; LA HOZ THEUER, S. **Explicando os mercados de carbono na era do Acordo de Paris**. Rio de Janeiro: Instituto Clima e Sociedade, 2021.

PWC. **Dupla materialidade**: uma nova perspectiva sobre a identificação dos temas materiais para a sua organização. 2022. Disponível em: <https://www.pwc.pt/pt/sustentabilidade/docs/pwc-sustentabilidade-dupla-materialidade-metodologia.pdf>. Acesso em: 14 jan. 2024.

QUOTED COMPANIES ALLIANCE. **ESG in Small and Mid-Sized Quoted Companies**: perceptions, myths and realities. Reino Unido: 2020. Disponível em: <https://centaur.reading.ac.uk/94646/1/QCA_Research_Report_ESG_in_Small_and_Mid-Sized_Quoted_Companies.pdf>. Acesso em: 8 jan. 2024.

RASCHE, A.; WADDOCK, S. The UN Guiding Principles on Business and Human Rights: implications for corporate social responsibility research. **Business and Human Rights Journal**, v. 6, n. 2, p. 227-240, 2021.

RECOFTC – THE CENTER FOR PEOPLE AND FORESTS. **Free, Prior and Informed Consent in REDD+**: principles and approaches for policy and project development. Bangkok: 2011.

RESPONSIBLE INVESTMENT ASSOCIATION OF CANADA. Annual Conference Keynote Address. John Ruggie's lecture: "**ESG Investing**: coming into its own—and not a moment too soon". Disponível em: <https://media.business-humanrights.org/media/documents/files/documents/Montreal_RIA_John_Ruggie_speech.pdf>. Acesso em: 22 fev. 2022.

REZNIK, Luís (Org.). **História da imigração no Brasil**. Rio de Janeiro: FGV Editora, 2020.

RHODIUM GROUP. MIT CENTER FOR ENERGY AND ENVIRONMENTAL POLICY RESEARCH. **Clean Investment Monitor**: Q3 2023 Update. Disponível em: <https://assets-global.website-files.com/64e31ae6c5fd44b10ff405a7/6571521b4738065807118c37_Clean%20Investment%20Monitor_Q3%202023.pdf>. Acesso em: 5 jan. 2024.

RIBEIRO, Djamila. **O que é lugar de fala?** Belo Horizonte: Letramento, 2017.

RISÉRIO, Fábio; AVELAR, Sérgio; FREITAS, Viviane. **Gestão de impactos sociais nos empreendimentos**: riscos e oportunidades. Instituto Ethos. 2013. Disponível em: <https://www.ethos.org.br/cedoc/gestao-de-impactos-sociais-nos-empreendimentos-riscos-e-oportunidades/>. Acesso em: 13 abr. 2022.

ROBINSON, Mary. **Justiça climática**: esperança, resiliência e a luta por um futuro sustentável. Trad. Leo Gonçalves. Rio de Janeiro: Civilização Brasileira, 2021.

ROMANELLO, M. Trabalhadores migrantes no mercado de trabalho formal brasileiro. **Revista Labor**, v. 1, n. 25, p. 475-492, 2 maio 2021.

RUGGIE, John Gerard. **Just business**: multinational corporations and human rights. Nova Iorque: The Penguin Press, 2005.

_____. **Keynote address by John Ruggie at the Event "The "S" in ESG**: best practices and the way forward?". Shift, 2021. Disponível em: <https://shiftproject.org/keynote-ruggie-s-esg-july-2021/>. Acesso em: 13 abr. 2022.

_____. **Quando negócios não são apenas negócios**: as corporações multinacionais e os direitos humanos. São Paulo: Planeta Sustentável, Abril, Pacto Global Brasil, 2014.

SAKAMOTO, Leonardo (Org.). **Escravidão contemporânea**. São Paulo: Contexto, 2020.

SASSEN, Saskia. **Expulsões**: brutalidade e complexidade na economia global. Trad. Angélica Freitas. Rio de Janeiro; São Paulo: Paz e Terra, 2016.

SCABIN, Flavia Silva; CRUZ, Julia Cortez da Cunha; HOJAIJ, Tamara Brezighello. Processos de auditoria em direitos humanos e mecanismos de participação: lições e desafios advindos do licenciamento ambiental. **Aracê– Direitos Humanos em Revista**, São Paulo, ano 2, n. 3, set., 2015. Disponível em: <https://bibliotecadigital.fgv.br/dspace/bitstream/handle/10438/18803/GDHeE_Scabin%3b%20Cruz%3b%20Hojaij.pdf?sequence=1&isAllowed=y>. Acesso em: 7 jan. 2022.

SCHRODERS. **Schroders Institutional Investor Study**: optimism surges for investment returns. Disponível em: <https://www.schroders.com/en/insights/economics/schroders-institutional-investor-study-optimism-surges-for-investment-returns-2021/>. Acesso em: 25 jan. 2022.

SCHWAB, Klaus. **A Quarta Revolução Industrial**. Trad. Daniel Moreira Miranda. São Paulo: Edipro, 2019.

_____. **Capitalismo stakeholder**: uma economia global que trabalha para o progresso, as pessoas e o planeta. Trad. Vic Vieira. Rio de Janeiro: Alta Books, 2023.

SCHWAB, Klaus; VANHAM, Peter. **Stakeholder Capitalism**: a global economy that works for progress, people and planet. World Economic Forum. John Wiley & Sons, Inc: New Jersey, 2021.

_____. **What is stakeholder capitalism?** World Economic Forum, 2021. Disponível em: <https://www.weforum.org/agenda/2021/01/klaus-schwab-on-what-is-stakeholder-capitalism-history-relevance/>. Acesso em: 18 jan. 2022.

SCIENCE BASED TARGETS INITIATIVE. **Set a target**. Disponível em: <https://sciencebasedtargets.org/step-by-step-process>. Acesso em: 18 fev. 2022.

SCIENCE BASED TARGETS NETWORK. **Take action**: setting science-based targets for nature: a step-by-step guide. Disponível em: <https://sciencebasedtargetsnetwork.org/take-action-now/take-action-as-a-company/what-you-can-do-now/>. Acesso em: 6 fev. 2024.

SEBRAE. **Como a Síndrome de Burnout afeta o dia a dia das empresas**. 2020. Disponível em: <https://www.sebrae.com.br/sites/PortalSebrae/ufs/pe/artigos/como-a-sindrome-de-burnout-afeta-o-dia-a-dia-das-empresas,14f4536044395710VgnVCM1000004c00210aR CRD>. Acesso em: 21 abr. 2022.

_____. **Empreendedorismo em 2024**: descubra as melhores áreas para investir. 2023. Disponível em: <https://sebrae.com.br/sites/PortalSebrae/artigos/empreendedorismo-em-2024-descubra-as-melhores-areas-para-investir,d9eed9ee8b44c810VgnVCM1000001b00320aR CRD?vgnextrefresh=1>. Acesso em: 30 jan. 2024.

SENADO FEDERAL. **Projeto de Lei n. 412/2022**. Regulamenta o Mercado Brasileiro de Redução de Emissões (MBRE), previsto pela Lei n. 12.187, de 29 de dezembro de 2009, e altera as Leis n. 11.284, de 2 de março de 2006; 12.187 de 29 de dezembro de 2009; e 13.493 de 17 de outubro de 2017. Brasil: 2022.

_____. **Projeto de Lei n. 1874/2022**. Institui a Política Nacional de Economia Circular e altera a Lei n. 10.332, de 19 de dezembro de 2001, a Lei n. 12.351, de 22 de dezembro de 2010, e a Lei n. 14.133, de 1º de abril de 2021, para adequá-las à nova política. Disponível em: <https://www25.senado.leg.br/web/atividade/materias/-/materia/153918>. Acesso em: 12 jan. 2024.

SENADOR, André; JOSGRILBERG, Fabio B. ESG, Reputação e "a razão da simpatia, do poder, do algo mais e da alegria". NASCIMENTO, Juliana Oliveira (Coord.). **ESG**: o cisne verde e o capitalismo de stakeholder: a tríade regenerativa do futuro global. São Paulo: Thomson Reuters Brasil, 2021.

SETZER, Joana; HIGHAM, Catherine. **Global trends in climate change litigation**: 2021 snapshot. Londres: Grantham Research Institute on Climate Change and the Environment and the Centre for Climate Change Economics and Policy, 2021. Disponível em: <https://www.lse.ac.uk/granthaminstitute/wp-content/uploads/2021/07/Global-trends-in-climate-change-litigation_2021-snapshot.pdf>. Acesso em: 11 jan. 2022.

S&P GLOBAL. **DJSI Index Family**. Disponível em: <https://www.spglobal.com/esg/performance/indices/djsi-index-family#objective>. Acesso em: 3 fev. 2022.

_____. **How can AI help ESG Investing?** 2020. Disponível em: <https://www.spglobal.com/en/research-insights/articles/how-can-ai-help-esg-investing>. Acesso em: 7 fev. 2024.

_____. **Nature Positive**. Disponível em: <https://www.spglobal.com/esg/solutions/nature?utm_source=google&utm_medium=cpc&utm_campaign=Carbon_Search&utm_term=biodiversity%2520data&utm_content=658261747154&gclid=Cj0KCQiAgK2qBhCHARIsAGACuznbf6P7K7dv5JpbKxH_vhZghk2TT8vjwezyAWgHQGhlIfMnpqLyrY8aApsuEALw_wcB>. Acesso em: 4 jan. 2024.

SIDLEY. **Update on New Swiss Conflict Minerals and Child Labor Due Diligence Obligations**. 2023. Disponível em: <https://www.sidley.com/en/insights/publications/2023/04/update-on-new-swiss-conlict-minerals-and-child-labor-due-diligence-obligations>. Acesso em: 29 jan. 2024.

SIMÕES, A.; HALLAK NETO, J.; CAVALCANTI, L.; OLIVEIRA, T.; MACEDO, M. **Relatório RAIS**: a inserção socioeconômica dos imigrantes no mercado de trabalho formal. Observatório das Migrações Internacionais; Ministério da Justiça e Segurança Pública/Coordenação Geral de Imigração Laboral. Brasília, DF: OBMigra, 2019.

SKINNER, Claire. **How to move beyond the anti-ESG backlash**. World Economic Forum. 2023. Disponível em: <https://www.weforum.org/agenda/2023/11/esg-backlash/?utm_content=05%2F12%2F2023+20%3A00&utm_medium=social_scheduler&utm_source=linkedin&utm_term=ESG>. Acesso em: 6 fev. 2024.

SLEE, Tom. **Uberização**: a nova onda do trabalho precarizado. Trad. João Peres. São Paulo: Editora Elefante, 2017.

SMANIO, Gianpaolo Poggio; PINTO, Felipe Chiarello de Souza; ATCHABAHIAN, Ana Cláudia Ruy Cardia; ANDREUCCI, Ana Claudia Pompeu Torezan; JUNQUEIRA, Michelle Asato. **Pessoas invisíveis**: prevenção e combate ao tráfico interno e internacional de seres humanos. Londrina: Editora Thoth, 2020.

SOANES, Marek; RAI, Neha; STEELE, Paul; SHAKYA, Clare; MACGREGOR, James. **Delivering real change**: getting international climate finance to the local level. IIED Working Paper London: IIED, 2017.

SPARREBOOM, Theo; KUPS, Sarah; MERTENS, Jesse; BERGER, Sandra. Diversity, migration and the economy. KUPTSCH, Christiane; CHAREST, Éric (Editors). **The future of diversity**. Genebra: ILO, 2021.

SPIERINGS, Merel. **Linking Executive Compensation to ESG Performance**. Harvard Law School Forum on Corporate Governance. 2022. Disponível em: <https://corpgov.law.harvard.edu/2022/11/27/linking-executive-compensation-to-esg-performance/>. Acesso em: 6 fev. 2024.

SUPERINTENDÊNCIA DE SEGUROS PRIVADOS. **Edital de Consulta Pública n. 44/2021/ SUSEP**. Disponível em: <https://www.in.gov.br/en/web/dou/-/edital-de-consulta-publica-n-44/2021/susep-364830279>. Acesso em: 18 fev. 2022.

SUPREMO TRIBUNAL FEDERAL. **Arguição de Descumprimento de Preceito Fundamental 708**. Distrito Federal. Rel. Min. Luís Roberto Barroso, j. 4-7-2022.

_____. **Embargos de Declaração no Mandado de Injunção 4.733 Distrito Federal**. Rel. Min. Edson Fachin, j. 22-8-2023.

_____. **Recurso Extraordinário n. 1.017.365-SC**. Processo n. 0000168-27.2009.4.04.7214. Rel. Min. Edson Fachin, j. 27-09-2023. Disponível em: <https://portal.stf.jus.br/processos/downloadPeca.asp?id=1536 4370153&ext=.pdf>. Acesso em: 18 mar. 2024.

_____. **Tema 1.031**: definição do estatuto jurídico-constitucional das relações de posse das áreas de tradicional ocupação indígena à luz das regras dispostas no artigo 231 do texto constitucional. Rel. Min. Edson Fachin. Disponível em: <https://portal.stf.jus.br/jurisprudenciaRepercussao/verAndamentoProcesso.asp?incidente=5109720&numeroProcesso=1017365&classeProcesso=RE&numeroTema=1031>. Acesso em: 18 mar. 2024.

SUSTAINABILITY ACCOUNTING STANDARDS BOARD (SASB). **Standards Overview**. Disponível em: <https://www.sasb.org/standards/>. Acesso em: 22 jan. 2022.

TASK FORCE ON CLIMATE-RELATED FINANCIAL DISCLOSURES. **Overview**. 2021. Disponível em: <https://assets.bbhub.io/company/sites/60/2020/10/TCFD_Booklet_FNL_Digital_March-2020.pdf>. Acesso em: 15 fev. 2022.

_____. **Recommendations of the Task Force on Climate-Related Financial Disclosures**. 2017. Disponível em: <https://assets.bbhub.io/company/sites/60/2021/10/FINAL-2017-TCFD-Report.pdf>. Acesso em: 15 fev. 2022.

_____. **2021 Status Report**. 2021. Disponível em: <https://assets.bbhub.io/company/sites/60/2021/07/2021-TCFD-Status_Report.pdf>. Acesso em: 15 fev. 2022.

_____. **2023 Status Report**. 2023. Disponível em: <https://assets.bbhub.io/company/sites/60/2023/09/2023-Status-Report.pdf>. Acesso em: 14 jan. 2024.

TAUB, Amanda. **Pandemic will 'take our women 10 years back' in the workplace**. The New York Times. 2021. Disponível em: <https://www.nytimes.com/2020/09/26/world/covid-women-childcare-equality.html>. Acesso em: 20 abr. 2022.

TÁVORA, Fernando Lagares; FRANÇA, Fabiano Franco; LIMA, José Roberto Pinho de Andrade. **Impactos das mudanças climáticas na agropecuária brasileira, riscos políticos, econômicos e sociais e os desafios para a segurança alimentar e humana**. Brasília: Núcleo de Estudos e Pesquisas/CONLEG/Senado, 2022.

TAYLOR, Mark B.; ZANDVLIET, Luc; FOROUHAR, Mitra. **Due Diligence for Human Rights**: a risk-based approach. Corporate Social Responsibility Initiative Working Paper n. 53. Cambridge, MA: John F. Kennedy School of Government, Harvard University, 2009.

TGEU. **Research on murders of trans and gender-diverse people around the world**. Disponível em: <https://transrespect.org/en/>. Acesso em: 10 abr. 2022.

THE DANISH INSTITUTE FOR HUMAN RIGHTS. **Due Diligence in the downstream value chain**: case studies of current company practice. Copenhagen: The Danish Institute for Human Rights, 2023.

_____. **Human rights impact assessment**: guidance and toolbox. Copenhagen: The Danish Institute for Human Rights, 2020.

_____. **Human Rights in climate actions**: an analysis of nationally determined contributions to the Paris Agreement (NDCs) and EU National Energy and Climate Plans (NECPS). Copenhagen: The Danish Institute for Human Rights, 2023.

_____. **Respecting the rights of indigenous peoples**: a due diligence checklist for companies. 2019. Disponível em: <https://www.humanrights.dk/files/media/migrated/dihr_-_respecting_the_rights_of_indigenous_peoples_-_a_due_diligence_checklist_for_companies.pdf>. Acesso em: 19 jan. 2024.

_____. **Top 10 Business and Human Rights issues 2024**: new frontiers. Copenhagen: IHRB, 2024.

THE ECONOMIST. **What Gen-Z graduates want from their employers**: more flexibility, more security – and more money. 2022. Disponível em: <https://www.economist.com/business/2022/07/21/what-gen-z-graduates-want-from-their-employers?utm_medium=cpc.adword.pd&utm_source=google&ppccampaignID=19495686130&ppcadID=&utm_campaign=a.22brand_pmax&utm_content=conversion.direct-response.anonymous&gad_source=1&gclid=Cj0KCQiAqsitBhDlARIsAGMR1Rhkvp0tLV9E_CgkC4R7wA4g5rMLIES5Adc6bGyAvl5xQQD9jm-y9QIaApa2EALw_wcB&gclsrc=aw.ds>. Acesso em: 25 jan. 2022.

THE GLOBAL COMPACT. **Who Cares Wins**: connecting financial markets to a changing world. Recommendations by the financial industry to better integrate environmental, social and governance issues in analysis, asset management and securities brokerage. 2005. Disponível em: <https://pt.scribd.com/fullscreen/16876740?access_key=key-16pe23pd759qalbnx2pv>. Acesso em: 24 jan. 2022.

THE GREENHOUSE GAS PROTOCOL. **A Corporate Accounting and Reporting Standard**. Revised Edition. 2004. Disponível em: <https://ghgprotocol.org/sites/default/files/standards/ghg-protocol-revised.pdf>. Acesso em: 10 jan. 2024.

THE GUARDIAN. **Revealed**: more than 90% of rainforest carbon offsets by biggest certifier are worthless, analysis shows. 2023. Disponível em: <https://www.theguardian.com/environ ment/2023/jan/18/reve aled-forest-carbon-offsets-biggest-provider-worthless-verra-aoe>. Acesso em: 19 jan. 2024.

_____. **$700m pledged to loss and damage fund at Cop28 covers less than 0.2% needed**. 2023. Disponível em: <https://www.the guardian.com/environment/2023/dec/06/700m-pledged-to-loss-and-damage-fund-cop28-covers-less-than-02-percent-needed>. Acesso em: 5 jan. 2024.

THE REPTRAK COMPANY. **Global RepTrak® 100 2022**. Disponível em: <https://2963875.fs1.hubspotusercontent-na1.net/hubfs/2963 875/2022%20Global%20RepTrak%20100%20(5).pdf>. Acesso em: 18 abr. 2022.

THE WHITE HOUSE. **Building a clean energy economy**: a guidebook to the Inflation Reduction Act's investments in clean energy and climate action. Disponível em: <https://www.whitehouse.gov/wp-content/uploads/2022/12/Inflation-Reduction-Act-Guidebook.pdf>. Acesso em: 4 jan. 2024.

THUNBERG, Greta. **No one is too small to make a difference**. United Kingdom: Penguin Books, 2019.

TIGRE, Maria Antonia; BARRY, Margaret. **Climate Change in the Courts**: a 2023 Retrospective. Sabin Center for Climate Change Law. 2023. Disponível em: <https://scholarship.law.columbia.edu/sabin_ climate_change/212>. Acesso em: 21 jan. 2024.

TNFD. **Recommendations of the Taskforce on Natute-related Financial Disclosures**. 2023. Disponível em: <https://tnfd.global/wp-con tent/uploads/2023/08/Recommendations_of_the_Taskforce_on_ Nature-related_Financial_Disclosures_September_2023.pdf?v=1695118661>. Acesso em: 5 fev. 2024.

TRANSEMPREGOS. **Oportunidades**. Disponível em: <https://www.trans empregos.com.br/>. Acesso em: 25 jan. 2024.

TRANSITION PATHWAY INITIATIVE. **Overview of the TPI**. Disponível em: <https://www.transitionpathwayinitiative.org/overview>. Acesso em: 18 fev. 2022.

TRIBUNAL REGIONAL DO TRABALHO DA 10ª REGIÃO. **Ação Civil Pública**. Processo n. APCiv 0000790-37.2020.5.10.0015. Juíza Laura Ramos Morais, j. 3-11-2022.

UN CLIMATE CHANGE CONFERENCE UK 2021. **COP 26**: The Glasgow Climate Pact. Disponível em: <https://ukcop26.org/wp-content/up

loads/2021/11/COP26-Presidency-Outcomes-The-Climate-Pact. pdf>. Acesso em: 24 jan. 2022.

UNFCCC. **Adaptation and resilience**. Disponível em: <https://unfccc.int/topics/adaptation-and-resilience/the-big-picture/introduction>. Acesso em: 5 jan. 2024.

_____. **COP28 Agreement Signals "Beginning of the End" of the Fossil Fuel Era**. 2023. Disponível em: <https://unfccc.int/news/cop28-agreement-signals-beginning-of-the-end-of-the-fossil-fuel-era>. Acesso em: 5 jan. 2024.

_____. **COP-28 The UAE Consensus**. United Nations, 2023.

_____. **Glasgow Climate Pact**. Disponível em: <https://unfccc.int/sites/default/files/resource/cop26_auv_2f_cover_decision.pdf>. Acesso em: 24 jan. 2022.

_____. **Operationalization of the funding arrangements for responding to loss and damage referred to in paragraph 2, including the fund established in paragraph 3, of decisions 2/CP.27 and 2/CMA.4**. United Nations, 2023.

_____. **UAE Just Transition work programme**. United Nations, 2023.

UNITED KINGDOM. **Modern slavery act**. Reino Unido: 2015. Disponível em: <http://www.legislation.gov.uk/ukpga/2015/30/pdfs/ukpga_20150030_en.pdf?>. Acesso em: 25 maio 2018.

UNITED NATIONS. **A/HRC/26/L.22/Rev.1**. Disponível em: <https://documents-dds-ny.un.org/doc/UNDOC/LTD/G14/064/48/PDF/G1406448.pdf?OpenElement>. Acesso em: 11 jul. 2018.

_____. **A/HRC/47/L.19**. 2021. Disponível em: <https://documents.un.org/doc/undoc/ltd/g21/175/21/pdf/g2117521.pdf?token=hLBGbQgJG9K1osc5h7&fe=true>. Acesso em: 7 fev. 2024.

_____. **A/HRC/RES/48/13**. 2021. Disponível em: <https://documents.un.org/doc/undoc/gen/g21/289/50/pdf/g2128950.pdf?token=7gVOLIYusRAZu0Do9W&fe=true>. Acesso em: 7 fev. 2024.

_____. **A/RES/76/300**. 2022. Disponível em: <https://documents.un.org/doc/undoc/gen/n22/442/77/pdf/n2244277.pdf?token=Aiynfm6NLdAmaUCjbP&fe=true>. Acesso em: 7 fev. 2024.

_____. **A/RES/77/215**. 2023. Disponível em: <https://documents.un.org/doc/undoc/gen/n22/762/38/pdf/n2276238.pdf?token=ZXoL5gBWneRamlIb6t&fe=true>. Acesso em: 7 fev. 2024.

_____. **A/RES/77/276**. 2023. Disponível em: <https://documents.un.org/doc/undoc/ltd/n23/094/52/pdf/n2309452.pdf?token=3rvsr9hT8hGy1ZYHNw&fe=true>. Acesso em: 7 fev. 2024.

_____. **Guiding principles on business and human rights**: implementing the United Nations "protect, respect and remedy" framework. 2011. Disponível em: <http://www. ohchr.org/Documents/Publications/GuidingPrinciplesBusinessHR_EN.pdf>. Acesso em: 24 jan. 2022.

_____. **Kyoto Protocol to the United Nations Framework Convention on Climate Change**. 1998. Disponível em: <https://unfccc.int/resource/docs/convkp/kpeng.pdf>. Acesso em: 15 fev. 2022.

_____. **Paris Agreement**. 2015. Disponível em: <https://unfccc.int/sites/default/files/english_ paris_agreement.pdf>. Acesso em: 26 jan. 2022.

_____. **Regional Agreement on Access to Information, Public Participation and Justice in Environmental Matters in Latin America and the Caribbean**. 2018. Disponível em: <https://treaties.un.org/doc/Treaties/2018/03/20180312%2003-04%20PM/CTC-XXVII-18.pdf>. Acesso em: 31 jan. 2022.

_____. **Standards of Conduct for Business**: tacking discrimination against lesbian, gay, bi, trans & intersex people. Disponível em: <https://www.unfe.org/standards/>. Acesso em: 24 abr. 2022.

_____. **UNEP/EA.5/Res.5**. 2022. Disponível em: <https://digitallibrary.un.org/record/3999268 #record-files-collapse-header>. Acesso em: 7 fev. 2024.

_____. **UNEP/EA.5/Res.14**. 2022. Disponível em: <https://digitallibrary.un.org/record/3999 257>. Acesso em: 7 fev. 2024.

UNITED NATIONS ENVIRONMENT PROGRAMME. **Are we building back better?**: evidence from 2020 and pathways to inclusive green recovery spending. Disponível em: <https://wedocs. unep.org/bitstream/handle/20.500.11822/35281/AWBBB.pdf>. Acesso em: 17 jan. 2022.

_____. **COP15**: nations adopt four goals, 23 targets for 2030 in landmark UN Biodiversity Agreement. Disponível em: <https://www.cbd.int/article/cop15-cbd-press-release-final-19dec2022>. Acesso em: 8 jan. 2024.

_____. **Frontiers 2016 Report**: emerging issues of environmental concern. United Nations Environment Programme: Nairobi, 2016.

_____. **UNEP and nature-based solutions**. Disponível em: <https://www.unep.org/unep-and-nature-based-solutions>. Acesso em: 10 jan. 2024.

_____. WORLD CONSERVATION MONITORING CENTRE. **Accountability for Nature**: comparison of nature-related assessment and disclosure frameworks and standards. 2024. Disponível em: <https://www.unepfi.org/wordpress/wp-content/uploads/2024/01/Accountability-for-Nature.pdf>. Acesso em: 6 fev. 2024.

UNITED NATIONS GLOBAL COMPACT. **Living wage analysis tool**. Make living wages a reality. Disponível em: <https://livingwagetool.unglobalcompact.org/>. Acesso em: 24 jan. 2024.

_____. **The Ten Principles of the UN Global Compact**. Disponível em: <https://www.unglo balcompact.org/what-is-gc/mission/principles>. Acesso em: 13 abr. 2022.

UNITED NATIONS HUMAN RIGHTS. **OHCHR Accountability and Remedy Project**: meeting the UNGPs' effectiveness criteria. 2021. Disponível em: <https://www.ohchr.org/sites/default/files/2022-01/arp-note-meeting-effectiveness-criteria.pdf>. Acesso em: 8 fev. 2024.

UNITED NATIONS TREATY COLLECTION. **Agreement under the United Nations Convention on the Law of the Sea on the conservation and sustainable use of marine biological diversity of areas beyond national jurisdiction**. United Nations, 2023. Disponível em: <https://treaties.un.org/doc/Treaties/2023/06/20230620%2004-28%20PM/Ch_XXI_10.pdf>. Acesso em: 8 jan. 2024.

_____. **Paris Agreement**. Disponível em: <https://treaties.un.org/Pages/ViewDetails.aspx?src=TREATY&mtdsg_no=XXVII-7-d&chapter=27&clang=_en>. Acesso em: 31 jan. 2022.

UNITED STATES DEPARTMENT OF TRANSPORTATION. **Bipartisan Infrastructure Law**. Disponível em: <https://www.transit.dot.gov/BIL#:~:text=The%20Bipartisan%20Infrastructure%20Law%2C%20as,transportation%20in%20the%20nation's%20history.>. Acesso em: 4 jan. 2024.

UN NEWS. **COVID-19**: impact could cause equivalent of 195 million job losses, says ILO chief. Disponível em: <https://news.un.org/en/story/2020/04/1061322>. Acesso em: 22 jun. 2020.

UN WOMEN. **COVID-19**: rebuilding for resilience. 2022. Disponível em: <https://www.unwomen.org/en/hq-complex-page/covid-19-rebuilding-for-resilience?gclid=CjwKCAjwx46TBhBh EiwArA_DjDWzYjCab JCTNigv5JkKbOyeQNm8lYIUMsBrT_5RVwKSWIYk_c_mGBoCGws QAvD_BwE>. Acesso em: 24 abr. 2022.

U.S. SECURITIES AND EXCHANGE COMMISSION. **Brazilian Mining Company to pay $55.9 Million to settle charges related to misleading disclosures prior to deadly dam collapse**. Press Release.

2023. Disponível em: <https://www.sec.gov/news/press-release/2023-63>. Acesso em: 12 jan. 2024.

_____. **Deutsche Bank Subsidiary DWS to pay $25 Million for anti-money laundering violations and misstatements regarding ESG investments**. Press Release. 2023. Disponível em: <https://www.sec.gov/news/press-release/2023-194>. Acesso em: 12 jan. 2024.

_____. **Enhancement and Standardization of Climate-Related Disclosures**. 2022. Disponível em: <https://www.sec.gov/files/33-11042-fact-sheet.pdf>. Acesso em: 17 jan. 2024.

_____. **Investment Company Names**. Final Rule. 2023. Disponível em: <https://www.sec.gov/files/rules/final/2023/33-11238.pdf>. Acesso em: 12 jan. 2024.

_____. **SEC Announces Enforcement Task Force Focused on Climate and ESG Issues**. Disponível em: <https://www.sec.gov/news/press-release/2021-42>. Acesso em: 15 fev. 2022.

_____. **The Division of Examinations' Review of ESG Investing**. Disponível em: <https://www.sec.gov/files/esg-risk-alert.pdf>. Acesso em: 15 fev. 2022.

VALOR INVESTE. **Títulos verdes do governo federal serão lançados na Bolsa de Nova York**. 2023. Disponível em: <https://valorinveste.globo.com/produtos/investimento-no-exterior/noticia/2023/09/18/titulos-verdes-do-governo-federal-na-bolsa-de-nova-york.ghtml>. Acesso em: 15 jan. 2024.

VERRA. **Methodologies**. Disponível em: <https://verra.org/methodologies-main/>. Acesso em: 12 jan. 2024.

VIDAL, A.; MARTINEZ, G.; DRION, B.; GLADSTONE, J.; ANDRADE, A.; VASSEUR, L. **Nature-based Solutions for corporate climate targets**. Views regarding the corporate use of Nature-based Solutions to meet net-zero goals. Switzerland: IUCN, 2023.

VILLAS BOAS, Izabela Zonato; CARDIA A., Ana Cláudia Ruy. Mariana e Brumadinho: o (des)compromisso das empresas mineradoras envolvidas nas duas tragédias com a sustentabilidade e com os direitos humanos. CARDIA A., Ana Cláudia Ruy; VILLAS BOAS, Izabela Zonato (Coord.). **Quanto Vale?**: uma análise interdisciplinar do Direito sobre as tragédias de Mariana e Brumadinho. Londrina: Thoth, 2021.

WBCSD. **Guia para a Liderança ESG**. Trabalho realizado em parceria com as principais empresas agrícolas e de alimentos com o intuito de mapear as oportunidades e desafios que moldam o desempenho de líderes ESG. 2022. Disponível em: <https://www.wbcsd.org/content wbc/download/14685/209298/1>. Acesso em: 31 jan. 2024.

WEETMAN, Catherine. **Economia circular**: conceitos e estratégias para fazer negócios de forma mais inteligente, sustentável e lucrativa. Trad. Afonso Celso da Cunha Serra. São Paulo: Autêntica Business, 2019.

WESTIN, Ricardo. **Por preconceito e desinformação, empresas evitam contratar refugiados**. Senado Federal. Especial Cidadania, Edição 690. 2019. Disponível em: <https://www12.senado.leg.br/noticias/especiais/especial-cidadania/por-preconceito-e-desinformacao-empresas-evitam-contratar-refugiados>. Acesso em: 25 abr. 2022.

WOLSINK, Maarten. The social impact of a large wind turbine. **Environmental Impact Assessment Review**, v. 8, issue 4, p. 323-334, 1998.

WORLD BENCHMARKING ALLIANCE. **Corporate Human Rights Benchmark 2023**. Clear responsibility and capacity building is key for translating commitments into action. Disponível em: <https://www.worldbenchmarkingalliance.org/publication/chrb/findings/clear-responsibility-and-capacity-building-is-key-for-translating-commitments-into-action/>. Acesso em: 1º fev. 2024.

WORLD ECONOMIC FORUM. **Davos Manifesto 2020**: the universal purpose of a company in the fourth industrial revolution. Disponível em: <https://www.weforum.org/agenda/2019/12/davos-manifesto-2020-the-universal-purpose-of-a-company-in-the-fourth-industrial-revolution/>. Acesso em: 9 fev. 2022.

_____. **Finding Pathways, Financing Innovation**: tackling the brasilian transition challenge. White paper. Genebra: World Economic Forum, 2023.

_____. **Global Gender Gap Report 2023**. Genebra: World Economic Forum, 2023.

_____. **Measuring Stakeholder Capitalism**: towards common metrics and consistent reporting of sustainable value creation. World Economic Forum, 2020. Disponível em: <https://www3.weforum.org/docs/WEF_IBC_Measuring_Stakeholder_Capitalism_Report_2020.pdf>. Acesso em: 12 abr. 2022.

_____. **The Future of Nature and Business**. Genebra: WEF, 2020.

_____. **The Global Risks Report 2024**. 19th Edition. Genebra: WEF, 2024.

WORLD HEALTH ORGANIZATION. **Coronavirus Disease (COVID-19) Pandemic**. Disponível em: <https://www.who.int/emergencies/diseases/novel-coronavirus-2019>. Acesso em: 24 jan. 2022.

_____. **ICD-11 for Mortality and Morbidity Statistics**. QD 85 Burnout. Disponível em: <https://icd.who.int/browse11/l-m/en#/http://id.who.int/icd/entity/129180281>. Acesso em: 22 jan. 2024.

WTW. **Counting the true cost of reputation and ESG risk**. Reputational Risk Readiness Survey Report 2023. Disponível em: <https://www.wtwco.com/en-us/insights/2023/10/counting-the-true-cost-of-reputation-and-esg-risk>. Acesso em: 22 jan. 2024.

WWF. **TNFD**: conheça a plataforma que orienta organizações contra riscos à biodiversidade. 2021. Disponível em: <https://www.wwf.org.br/?80168/tnfd-conheca-a-plataforma-que-orienta-organizacoes-contra-riscos-a-biodiversidade>. Acesso em: 5 fev. 2024.

YAMAHAKI, Camila; FELSBERG, Annelise Vendramini; KÖBERLE, Alexandre C; GURGEL, Angelo Costa; STEWART-RICHARDSON, Janaína. Structural and specific barriers to the development of a green bond market in Brazil. **Journal of Sustainable Finance & Investment**, v. 12, issue 2, p. 389-406, 2022.

ZAVANELLA, Fabiano; FELAMINGO, Fabrício; MATTOS, Henrique Araújo Torreira; SOUZA, Lucas Monteiro de (Org.). **Temas de Direito Internacional, Direito do Trabalho e Direito Internacional do Trabalho**: estudos em homenagem ao Professor Carlos Roberto Husek. São Paulo: LTr, 2023.

ZENKER, Marcelo. Sistemas de integridade como ferramentas de inclusão das políticas no âmbito corporativo. NASCIMENTO, Juliana Oliveira (Coord.). **ESG**: o cisne verde e o capitalismo de stakeholder: a tríade regenerativa do futuro global. São Paulo: Thomson Reuters Brasil, 2021, p. 471-489.